重庆外语外事学院
《乡村振兴》科研创新团队建设资助

西南地区乡村振兴研究

——以经济发展视域

主　编　何关银
副主编　胡洪林　杨　茜

重庆大学出版社

图书在版编目(CIP)数据

西南地区乡村振兴研究：以经济发展视域／何关银
主编. --重庆：重庆大学出版社，2022.7
ISBN 978-7-5689-3040-6

Ⅰ．①西… Ⅱ．①何… Ⅲ．①农村—社会主义建设—
研究—西南地区 Ⅳ．①F327.7

中国版本图书馆 CIP 数据核字(2021)第 237300 号

西南地区乡村振兴研究

——以经济发展视域

主 编 何关银

副主编 胡洪林 杨 茜

策划编辑:沈 静

责任编辑:夏 宇 版式设计:沈 静
责任校对:王 倩 责任印制:张 策

*

重庆大学出版社出版发行

出版人:饶帮华

社址:重庆市沙坪坝区大学城西路 21 号

邮编:401331

电话:(023)88617190 88617185(中小学)

传真:(023)88617186 88617166

网址:http://www.cqup.com.cn

邮箱:fxk@cqup.com.cn(营销中心)

全国新华书店经销

重庆市圣立印刷有限公司

*

开本:787mm×1092mm 1/16 印张:15.5 字数:372 千
2022 年 7 月第 1 版 2022 年 7 月第 1 次印刷
印数:1—1 000
ISBN 978-7-5689-3040-6 定价:59.00 元

乡村振兴要把扎实抓与认真研究相结合

（代序）

陈流汀

中共中央、国务院印发《乡村振兴战略规划（2018—2022 年）》指出，党的十九大作出中国特色社会主义进入新时代的科学论断，提出实施乡村振兴战略的重大历史任务，在我国"三农"发展进程中具有划时代里程碑的意义。农业农村部负责人指出，实施乡村振兴战略，是以习近平同志为核心的党中央着眼党和国家事业全局作出的重大决策部署。

2003 年中央一号文件把实现农业现代化的任务摆在了全党面前。文件提出，2020 年中国的农业现代化要取得重要进展，2035 年要实现农业现代化。

环顾已经实现现代化的发达国家，不仅城市的高科技、服务业、制造业发达，农村也发展起来，农产品的国际竞争力很强。要么占据较大市场份额，要么成为世界农产品交易中心和有农产品定价权。比较起来，农业仍然是中国现代化的"短板"。中央及时部署了 2035 年实现农业现代化，体现了中央对现代化全局的指导与掌控能力。实施乡村振兴战略，就是实现"2020 年中国的农业现代化要取得重要进展"的举措。

中国农业现代化，如果以 2035 年为界，还要奋斗十几年的时间。怎么奋斗？我以为，在乡村振兴中，要把扎实抓与认真研究相结合，这两个方面同等重要。在乡村振兴中如果不扎实抓，将空谈误国，半点马克思主义也没有；只顾扎实抓，不认真研究也不行。毛泽东同志在《实践论》中提出，感性认识与理性认识是缺一不可，是相互促进的关系。

乡村振兴是全党、全国的战略行动，乡村振兴也存在很多差异，值得研究的问题、对象很多。我校由何关银科研创新团队带领几位青年教师运用经济学理论，从经济发展角度展开了中国西南地区乡村振兴研究。这个切入点有特色：既有实际研究对象，也有明确的学术内容。重庆外语外事学院决定资助这个课题的研究。从 2017 年夏天开始，历时几年，终于有了这个研究成果，我想是应该值得肯定的。

何关银教授是重庆市学术界有一定影响且取得成就的学者，是享受国务院特殊津贴专家，曾获重庆市政府一等奖 4 项。

我国学术界围绕"乡村振兴"专题开展的研究、发表的学术论文和专著也不少。但这项研究将"乡村振兴"的研究锁定在西南地区，目前全国还很少见。

本书有以下五个特点值得关注：

第一，从经济发展学术角度，对中国乡村振兴的适用性展开研究。课题是从经济发展的视野看待乡村振兴，这里首先要解决经济发展哪些内容对乡村振兴有理论支持、思想启示作用？课题采用了公认的权威经济学的观点，开展对乡村振兴重大问题的研究。比如，林毅夫、厉以宁、张维迎、凯恩斯、诺思、科斯、韦伯等，都是经济学界公认的权威专家。

第二，概括了西南地区农村的特殊性特点。课题研究对象是中国西南地区的乡村振兴，如果对西南地区农村的特殊性特点没有研究、没有概括，要达到研究目标就困难了。概括出西南地区农村高山峡谷地貌、山地特色经济、以省会为中心的城市至村交通网络等基础设施条件等，这些都反映了西南地区不同于全国其他地区的特殊性。这些特点，有些是西南地区乡村振兴有望走在西部前列的条件，有些是西南地区乡村振兴从实际出发、实事求是的立足点，也有些是西南地区乡村振兴的制约因素。

第三，中国乡村振兴的研究应有明确的"问题域"或学术"边界"。课题对中国西南地区乡村振兴的研究，明确主要问题是研究中国西南农村如何与市场经济接轨，根据经济发展的特点提供学术上的支持。

第四，对中国乡村振兴的研究具有世界格局的视域。课题是研究中国西南地区的乡村振兴，但是，就西南说西南，可能很多事情说不清楚。课题在分析西南地区乡村振兴的各种有利条件、问题，都贯穿着从全局看问题、从全局找办法的基本研究思想。当然，这个"全局"，包括中国、世界这两个方面。

第五，把中国乡村振兴研究落脚点放在"怎么干"上。比如，中国西南地区与市场经济接轨主要是"两个取代"；理性成本观、结构性成本观，是中国西南地区最需要的；中国西南地区农村创造的"联合指挥"制度与机制，不仅有实际操作性，也有学术价值；中国包括西南地区的乡村振兴中运用的管理理论，既不是宏观管理，也不是企业管理，是以"关联事件"为中心的系统管理；等等。我认为，一项研究成果有这些"管用"建议提出，也是难能可贵的。

愿这项《西南地区乡村振兴研究——以经济发展视域》成果，对我们党和国家正在进行的乡村振兴伟业有所裨益！

2021 年 10 月

（陈流汀，中共党员、教授，享受国务院特殊津贴专家，曾任重庆外语外事学院院长）

目　录

第 1 编　西南地区乡村振兴的制度与机制
建构的经济发展的基础研究

第3编　西南地区乡村振兴的主要机制建构研究

第4编　西南地区乡村振兴的实证分析

乡村振兴可以指导或者借助的理论"拐杖"很多,经济学关于发展的理论,是众多理论"拐杖"好用的一个。

　　经济学关于发展的理论,从来就有农村研究的内容,可以为乡村振兴提供很多思想的启示与行动支持。

导论　西南地区乡村振兴问题需要创新了的经济发展理论的学术支持

　　一个国家实现现代化,纵向讲是一个要若干代人接力奋斗的过程。在这个过程中,农业是最后才实现现代化的。为什么农业是最后才实现现代化的部门?因为农业受自然规律制约,还有经济、社会规律制约。自然的力量有多厉害?美国是当今世界上现代化程度最高的国家,面对飓风、旱涝灾害,也只有灾后想办法重建!在殖民地独立运动的强大外部力量压迫下,发达国家在工业化若干年后都先后开启了农业现代化的进程,目前发达国家基本上已经实现了农业现代化。

　　如果能用以经济学的各种关于发展、包括如何发展农业的观点,认识与解决乡村振兴中面临的问题,或许有所帮助。所以,我们进行本课题的研究。

0.1　乡村振兴问题与经济发展理论学术之间的关系

　　乡村振兴是中国在实现现代化道路上所必须解决的"二元经济结构"问题。经济发展理论的各种理论观点,为落后国家加快农业、农村经济发展,摆脱"二元经济结构"的困扰,提出了一系列学术建树和政策指导。

0.1.1　农业现代化是经济学关于发展理论的内容

　　1776 年,亚当·斯密《国富论》正式出版,这对经济学是一个重要节点:经济学有了自己的学术专著、理论形态。《国富论》正式出版以前,经济学术思想是有的。比如,色诺芬的"经济论",古希腊的亚里士多德提出了"家政管理",被认为是世界上较早的经济学术思想。

经济学术论文也是有的，比如，1615 年法国人孟奇里梯安《献给国王和王太后的政治经济学》只是一篇阐述重商主义观点的文章。

经济学诞生后，如何看待农业有一个认识的过程。从总体来看，农村、农业关于农业现代化为中心的内容，在经济学理论中的地位是呈不断上升的。

从斯密、马歇尔到萨缪尔森都研究过土地、地租，就是研究市场经济的框架中农业的地位与影响。比如，斯密《国富论》第十一章就探讨了土地地租价格对工资与利润的影响。斯密认为，地租价格和工资与利润不同，地租是承租人所能支付的最高价格，这是不需要原因的结果；工资与利润的升降，是有一系列原因引起的结果①。马歇尔在《经济学原理》主要探讨了"土地肥力报酬递减规律"，及其这个规律发生作用的条件和影响。"报酬递减"，原因在于有一个"最大报酬"的存在，一旦资本与劳动投入超过了"最大报酬"的存在，土地肥力报酬递减规律就会现身。"土地肥力报酬递减规律"，实际是"边际收益下降"现象在农业生产中的反映。

土地肥力—收益是否是一个规律，在学术上是有争议的。比如，列宁就批判把土地肥力递减看成是一个规律。列宁认为，在社会主义社会，运用科学技术，土地肥力递减规律就不存在。土地肥力报酬递减规律，也不都是坏事，这一规律会在农村空间上显现贫瘠土地的价值②。

萨缪尔森、诺德豪斯主编的《经济学》教材，是迄今为止世界经济学界公认的再版次数多的权威经济学入门教材。这本权威经济学入门教材，只是在"微观经济学生产要素"中讲了农业土地"作为固定要素收入租金"③。同前辈经济学讲地租只是结果如出一辙，在经济学理论上没有创新，在地位上，从斯密、马歇尔的设专章到一个内容，农业土地的地位明显下降了。

在西方经济学的"部门经济学"中，有一个学科叫作"发展经济学"。发展经济学把对农业的研究地位提升到了一个新高度。发展经济学产生后，研究农业又有三个特色。

一是设专章从发展战略上来研究农业问题。瑟尔瓦尔所著的《增长与发展》指出，土地—土地率的差别，造成生产率和人均收入的差别，是发展中国家与发达国家差别的部分原因。今天的发达国家，不仅工业、高科技发达，农业也比较发达，在世界农产品贸易中的出口额、定价权也居于主导地位④。在 2018 年开始的中美贸易战中，中国反制美国的是以大豆为代表的农产品，美国制裁中国的是以中兴通讯、华为为代表的新兴企业。经济现象与本质的巨大反差，令外行大惑不解！

二是把农业研究的空间扩大了。比如，瑟尔瓦尔在《增长与发展》中研究了农业地位与作用、农业组织与改革、农业供给等制约农业发展的根本问题。郑晓幸主编的《发展经济学》

① 亚当·斯密.国富论:上、下卷[M].杨敬年,译.西安:陕西人民出版社,2001:181-200.
② 阿弗里德·马歇尔.经济学原理[M].廉运杰,译.北京:华夏出版社,2005:126-130.
③ 保罗·萨缪尔森,威廉·诺德豪斯.经济学:第16版[M].萧琛,等译.北京:华夏出版社,1999:202.
④ A.P.瑟尔瓦尔.增长与发展[M].金碚,李扬,等编译.北京:中国人民大学出版社,1992:63.

研究了农业发展阶段、发展战略，总结了中国农村以联产承包为代表的制度创新的经验①。

三是有影响世界农业发展的理论成果。刘易斯的"二元结构理论"、张培刚的"农村工业化理论"、谭崇台的"农业与可持续发展理论"、林毅夫的"结构主义经济学视域中的比较优势理论"，这些都是发展经济学影响世界农业发展的理论成果②。刘易斯的"二元结构理论"，基本主张是在农产品供给价格的"刘易斯拐点"，用市场经济取代农村的自然经济；张培刚的"农村工业化理论"，在刘易斯理论的基础上进行了根本创新，我们不能等待"刘易斯拐点"到来，要用农村工业化加快农业的发展；谭崇台的"农业与可持续发展理论"中提出，可持续发展是发展经济学的新阶段；可持续发展是主张自然、经济、社会综合发展；农业作为自然资源的平台，是经济发展的环境。林毅夫"结构主义经济学视域中的比较优势理论"，创新了李嘉图对外贸易视域中的比较优势，主张建立和发展阶段相适应的比较优势，加快包括农业在内的发展中国家的经济发展。

凯恩斯的宏观经济调节、政策理论，科斯的"交易成本"理论，诺思的"国家是重要的经济发展力量"理论，这些虽然在学术上并不属于学术门派上的"发展经济学"，亦对农业发展有重要意义。学术也必须兼收并蓄，摒弃门户之见。所谓江河不拒涓流，方成其深；泰山不弃壤土，方成其高。

0.1.2　二元结构理论是研究农业、农村问题的切入点

对二元结构理论，目前学术界褒贬不一。且不要过分关注对二元结构理论的褒贬，运用理论如同农民使镰刀、锄头，不在于这些工具有多完美、漂亮，在于"实用+适用"。目前中国农村、尤其是中国西南地区农村二元结构理论还有很大的"实用+适用"空间。

2018 年 10 月 23 日，习近平总书记在出席港珠澳大桥开通仪式后，来到位于广东省中北部地区的清远市。习近平总书记看了产品的销路后，他强调，要下功夫解决广东城乡发展二元结构问题，力度要更大一些，措施要更精准一些，久久为功，把短板变成"潜力板"。广东省属于中国发达地区，人均 GDP 接近发达国家水平，尚有二元结构问题，何况中国其他地区、中国西南地区农村。

二元经济结构理论是由英国经济学家刘易斯于 1954 年首先提出的。在其《劳动无限供给条件下的经济发展》一文中，阐述了工业与农业"两个部门结构发展模型"的概念，揭示了发展中国家并存着由传统的自给自足的农业经济体系和城市现代工业体系两种不同的经济体系，这两种体系构成了"二元经济结构"。刘易斯指出，农业是传统的人口过剩的劳动部门，以劳动边际生产率等于零为特点；另一个是高劳动生产率的现代工业部门。值得指出的是，刘易斯的二元经济结构理论，核心是指出了农村的自然经济体制与城市市场经济的"二元"。因为，农业并不从来都是低效率，传统奴隶社会、封建社会的富人都产生于农业。由于发展中国家作为一个整体，出现了"二元化"的趋势，即新兴工业化国家和地区与落后的发展中国家。

---

① 郑晓幸.发展经济学:发展经济理论与中国经济发展[M].北京:西南交通大学出版社,1994:165.
② 谭崇台.发展经济学的新发展[M].武汉:武汉大学出版社,1999:305,601.

有人指出,中国目前的二元结构,主要表现在两个方面。

1)城乡之间的户籍壁垒

1958 年 1 月全国人大常委会第三次会议讨论通过《中华人民共和国户口登记条例》。这标志着中国以严格限制农村人口向城市流动为核心的户口迁移制度的形成。户籍制度为基础的城乡壁垒,事实上是将城乡两部分居民分成了两种不同的社会身份。这两种社会身份在地位上的差别,从城乡之间存在的事实上的不通婚、有城乡居民结婚的也是个别(甚至为当时习俗与心理不支持)上就可以看得出来。在改革以后,暂住证制度既可以看作是这种城乡壁垒存在的标志,也可以看作是弱化这种壁垒的一种措施。

2)两种不同的资源配置制度

改革前中国社会中的资源是行政性的再分配,比如,教育和公共设施的投入。城市中的教育和基础设施,几乎完全是由国家财政投入的。而农村中的教育和设施,国家的投入则相当有限,有相当一部分要由农村自己来负担。改革开放以后,"政府直接投资"在全社会日益减少的背景下,依靠市场投资在农村又没有发展起来。所以,农村发展就累积起了各种盲区、短板。

以上二元经济理论对中国的分析,随着中国城镇化的推进,户籍制度日益成为农村发展的障碍。但是,中国农村,特别是中国西南地区农村不同程度存在的"资源配置制度"问题就日益成为应该关注的问题。政府、市场、企业、居民都可以成为资源配置的参与者和受益人,其中,政府和企业的资源配置力量最大,在中国西南地区的乡村振兴中,要发挥政府和企业的资源配置作用,特别要加大支持企业在资源配置中的作用。

无论是"三农"问题、新农村建设,还是乡村振兴,都是从不同角度解决农村中的二元结构问题。实际很多例子证明,中国农村发展的实际效果如何,主要取决于用市场经济取代农村的自然经济。

改革开放以来涌现出来的明星村,除了华西村,其他出名的,比如:河南的南街村、山东的南山村、浙江的滕头村、北京的留民营,它们都是以发展市场经济的第二产业乃至第三产业致富扬名的。这些所谓的明星村,都有一批成功的企业作为支撑。既然是企业,它们的组织结构、运行机制以及分配制度、企业文化本质上都要符合和遵循市场经济条件下的现代企业制度的基本规律及其要求。华西村是一种保有集体分配和公共生活方式的村庄,只是过去名称的沿用,实行"集体经济"和"共同富裕"。这些例子证明:资本主义制下的市场经济才导致两极分化,社会主义市场经济可以与"集体经济"和"共同富裕"一致,形成因果链甚至无缝对接。

0.1.3 乡村振兴难题需要用各种经济学的发展观点来认识与解决

改革开放以来,中国共产党和她领导的政府,根据现代化的发展立足点应该转向工业、城市,但不能忽视农业发展的经济学原理。在抓好工业化、城市发展的同时,从来没有忽视农村发展。历年中央一号文件,都是关于农村工作的内容就是证明。

为什么这样重视农村工作,农村发展任务还如此艰巨?"三农"工作、新农村建设都已经取得阶段性的重要成果,为什么还要提出乡村振兴?一切来自中国农村发展差异性、复杂性,使农村发展不可能"毕其功于一役"。目前,农村发展任务之所以还相当艰巨,农业比较优势的塑造、从传统农业向现代农业的转型发展、农村发展制度与机制创新这三个问题,都还没有完全解决。

农业比较优势的塑造、从传统农业向现代农业的转型发展、农村发展制度与机制创新,经济学的发展理论对认识与解决这三个问题,都可以提供理论工具。特色产业—有市场竞争力的比较优势产业,这个逻辑关系可能更能彰显经济发展理论对乡村振兴的价值。

农业比较优势的塑造,林毅夫教授的新结构主义经济学可以提供问题认识与解决的理论工具。马克思主义政治经济学认为,经济结构是国民经济的要素、相互关系、相互联系和作用的方式。简单说来,经济结构是要素、是关系、是相互联系和作用的方式。经济结构有什么作用?经济结构的功能或所以能推动农业发展,在于塑造农业比较优势。林毅夫教授认为,比较优势是与发展阶段相联系的概念,每个发展阶段有自己的比较优势。林毅夫教授的比较优势,重点是探讨发展阶段中的比较优势。将这个理论应用在乡村振兴中,特别是西南地区还应该探讨纵向同一发展阶段中,横向不同空间自然条件下的比较优势内容差异、培育成长路径与特点问题。在现实中,比较优势与特色产业是既有联系又有区别的两个问题。它们的联系是,特色产业是比较优势的基础,任何有比较优势的存在都必须有特色。它们的区别是,不是任何特色产业与产品,都可以发展成为比较优势。道理很简单,现行的"特色"大多数地方是自己与自己比,所参照的外部比较范围也不大,这样的特色产业与产品,"特色"相对太大了。比较优势是以发展阶段、市场为标准谈"有没有优势"。

农村转型发展、发展制度与机制创新,现实中表现为两个问题,本质是一个创新的问题。农村转型发展,要依靠创新了的制度与机制支撑。什么制度与机制?主要是市场经济的制度与机制。农村转型发展和制度与机制的关系,在理论上像先有蛋还是有鸡的关系,在实践中却先要建立适合市场经济的制度与机制,才能转型发展。因为,发展的差距与动力支持,来源于制度与机制。

邓小平同志有一个观点,值得在发展农村工作中引起重视。邓小平同志认为,好的制度要有好的人相匹配。如果制度不好,好人也容易变坏;好人没有好制度,人好的作用也难以发挥出来。中国包括西南地区的农村,不仅缺少市场经济的制度与机制,也缺乏能适应市场经济、能够驾驭市场经济的人。讲这个问题,之所以要引入不是经济学家的邓小平同志的观点,是因为在经济学中讲制度多,人被简化为一系列数据。西方经济学中,很少有主张好的制度,要有好的人相匹配的观点。西方经济学的创始人斯密是从"经济人假设",即从人切入研究经济问题的。但是,"边际革命"后数学方法代替了"经济人假设"方法,数学的"理性本质"发扬不多,数学公式模型的形式却像神一样异化,成了经济学的统治幽灵!人被要素化、数学化,讲制度与机制就在那里计算一堆数字、数据、公式、模型。用这种数学公式、模型的经济学去搞乡村振兴,结果可能不那么好。

我们认为,研究中国西南地区乡村振兴,基本的研究路径或者方法论,应该在重视数据的同时,也要用历史问题经验回答式、逻辑演绎式解决西南地区乡村振兴中的问题。有一个简单的中国改革开放被几十年事实证明了的经济真理：中国的经济奇迹全赖改革开放政策，过去与现在也没有人做出改革开放的公式和模型；邓小平同志的"三步走战略"、一带一路、中国梦、乡村振兴等经济实践都是有效率的，也不是靠公式和模型做出来的；华尔街的金融精英们数学公式和模型都是做到世界级水平了，他们谁预见了金融危机？他们谁又提出了让世界走出金融危机的办法？总之，经济研究要重视数据，我们仅仅是反对把数学当神一样崇拜。社会问题、包括经济问题都是复杂的，解决路径都是"条条道路通罗马"！

0.2　为什么要对中国西南地区乡村振兴进行单列研究

对中国西南地区进行乡村振兴的单独研究，是有文件根据的、是有必要的。通过这种研究，希望为中国西南地区的乡村振兴走在中国西部的前列提供一些支持。

0.2.1　对中国西南地区进行乡村振兴的单独研究的文件根据

对中国西南地区进行乡村振兴的单独研究，其文件根据是：中共中央、国务院 2018 年 9月印发了《乡村振兴战略规划（2018—2022 年）》。其中，第十二章第一节讲到"优化农业生产力布局"时，把中国西部划分为三个经济地理单元：西北、西南、青海与西藏等高原生态脆弱区域。

中共中央、国务院关于《乡村振兴战略规划（2018—2022 年）》第十二章的主题，是讲"农业的转型升级"。怎么才能实现"农业的转型升级"？文件实际上讲要正确处理两个关系，即自然禀赋与主体功能区的关系。这种关系是一个复杂的逻辑方阵循环链条，如下所示：

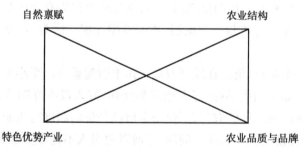

中国西南地区有不同于西部乃至全国的自然禀赋，因而必然形成独特的农业结构、特色优势产业、农业品质与品牌，其他的经济规律、技术成果、社会规律都必须遵循这种基于自然禀赋的逻辑、因果链条，才能发挥其正常作用。淮南橘，淮北枳，这种自然禀赋的逻辑、因果链条，人们迄今还怀有敬畏之心。

中共中央、国务院关于《乡村振兴战略规划（2018—2022 年）》，遵循这种基于自然禀赋的逻辑、因果链条的认识，反映了以习近平同志为核心的党中央尊重农业发展规律的科学态度。中国是一个农业文明历史悠久的国家，中国共产党从党员到各级干部同农村、农业都存在各种联系。所以，"熟悉农业"的人不少，但事实证明，懂得并遵循农业发展规律的人，特别是干部甚少。有句话说"熟悉的,常常弄不懂"。生活中这样的例子太多了。吃好与吃出健康、做饭与烹调大师、生孩子与优生,这些看来是一回事的事情,真是熟悉与规律之间相差甚远。我们党在农业工作问题上教训够多了。从集体所有制建立搞运动、到"一大二公"的人民公社体制、不准农民到市场出售剩余的"割资本主义尾巴",等等。回顾历史,更加能认识我们在乡村振兴中这种自然禀赋的逻辑、因果链条的认识之宝贵。

0.2.2　单独研究西南地区乡村振兴的必要性

中共中央、国务院关于《乡村振兴战略规划(2018—2022 年)》,可以简称《规划》。为什么《规划》要把中国西部农村一分为三:西北、西南、青藏高原。大家应该注意到中央讲西部大开发时却没有这样区分。因为,西部大开发重点是在中心城市及其城镇群体系,西部城市虽然有地域特点,但是,与东部、中部城市相同的东西占主导。比如,站在成都、西安、重庆市中心见到的景象,与站在北京、上海、南京看到的景象大体相同:高楼林立、车流如织、人潮涌动。但是,在北京、上海、南京看到的农村景象,与重庆、贵阳、新疆农村看到的差别很大。为什么同样是农村,无论是田地、村庄乃至道路其差别这样大? 只能用自然禀赋来解释。同样是山,江南水乡的山,黄公望可以画出《富春山居图》;在西部四川,杜甫见到的是"唯有天设险,剑门天下壮"。这说明,在西南地区搞乡村振兴,必须立足于中国西南地区的自然禀赋。

中国西南地区的自然禀赋是什么? 我们认为,是高山峡谷。也就是说,西南地区的自然是高山峡谷。人口、城市、经济、社会都星罗棋布在高山峡谷之中,一切也都受这种高山峡谷自然禀赋制约与影响,特别是农村受影响更大。高山对农村的影响到底有多大? 河南红旗渠和郭亮挂壁公路、西藏玉麦乡、四川悬崖村,这些都是形象的具体例证。

我们认为,中国西南地区高山峡谷的自然禀赋,对乡村振兴的影响主要表现在三个方面:

一是山高谷深、呈垂直空间布局的经济地理结构,影响西南地区的农业结构与特色产业。"一山分四季,十里不同天",从山脚到山顶垂直落差 1 000 米以上的山谷随处可见。李白有诗形象地写出了西南地区的山高谷深地貌:"见说蚕丛路,崎岖不易行。山从人面起,云傍马头生。芳树笼秦栈,春流绕蜀城。升沉应已定,不必问君平。"比如,重庆发展山地特色农业,考虑了山的高低,分为水面、低丘、中丘、山地,与之匹配农业结构与特色产业为鱼、农、果、林。而高山峡谷的自然禀赋条件下的农业结构与特色产业无法形成大平原那样的规模化、集中化,因而不便于管理及机械作业。

二是中国西南地区的少数民族形成了其他地区少数民族没有的优势与劣势。中国少数民族主要分布在西北、西南和东北地区,西南地区是少数民族集中的地区。长期生活在高山峡谷中的西南地区少数民族形成了独特的优势,主要有三个:①特别吃苦耐劳;②掌握着与山区动植物资源共处并节制性利用的智慧与技能;③民族风俗与文化特色。这些优势,可以在乡村振兴中起着重要支撑并有广阔的开发空间与潜力。长期生活在高山峡谷中的西南地区少数民族也有阻碍乡村振兴的一些不足或缺陷,主要有两个方面:①知识与技能离市场经济及现代化要求差距较大,且要经历一个较长时期才能把这个"短板"补起来。②开放发展客观难度与主观狭隘劣势叠加。无论是城市工业或者是农村农业,开放给发展提供的机会、动力都是越来越大。但是,中国西南地区开放发展的条件因高山阻断、峡谷阻滞变得举步艰难,如再加上人的主观狭隘,其难度系数会倍增。西南地区除云南的鲜花产业出口较多外,农产品出口数量都较少。这也从一个侧面证明了中国西南地区开放发展的条件差距较大。乡村振兴中产业振兴是基础,产业振兴发展到较高阶段,农产品必然、必须参与国际竞争。这也是衡量乡村振兴质量的一个重要标志。

三是西南地区乡村振兴的确有特殊性需要分析。西南地区乡村振兴有什么特殊性需要分析? 我们认为:这方山水、这方人,对要干的事相互影响。提出这个观点的依据是毛泽东思想。毛泽东同志在《中国革命战争的战略问题》《论持久战》①中,就分析了中国这方山水、这方人对革命战争、抗日战争的影响。由于中国统治者的中心是在城市,特别是大城市,而且实行的是残酷的独裁统治。中国革命就不能像俄国一样搞城市暴动,要建立农村革命根据地;中国没有民主制度可以利用,只能是"枪杆子里面出政权"。由于日本的强大和经不起长期战争,也由于军阀混战造成中国弱势但国土面积大,所以,抗日中的"亡国论"和"速胜论"都不对,只能是"持久战"。中国西南地区乡村振兴需要研究特殊性的全部,由于乡村振兴的实践还处于"初战"阶段,特殊性的全貌还看不清楚,但也能看出一些轮廓。我们认为,中国西南地区乡村振兴特殊性的"轮廓"主要由五个方面构成:

其一,乡村振兴从实际出发、因地制宜特别重要。同东部、中部、西部内部相比较,中国西南地区有许多特殊性。西南地区内部川、渝、贵、云农村内部存在各种交织的主客体共性与个性。因此,乡村振兴从实际出发、因地制宜特别重要。具体是,尊重、鼓励镇和村的创造最重要! 只要有利于用市场经济代替中国西南地区农村的自然经济残余,只要有利于脱贫致富和提高农村生产总值的都在尊重、鼓励之列。

其二,乡村振兴要不拘一格用人才。无论是"下派",还是外来,或者是土生土长的,只要能在乡村振兴舞台上显示才能、做出成绩,都应给予肯定。市场经济拓宽了肯定的空间。传统肯定只有做官、即任命职务给待遇办法,市场经济条件下运用各种法人平台,给予乡村振兴涌现的人才以名利双收的空间很大。我们在乡村调研中发现,中国西南地区乡村振兴的人才缺乏,同时乡村振兴中各种人才在西南地区的农村立足、干事面临着各种不能及时、适当的肯定;不能及时、适当的肯定,各种"红眼病"像瘟疫一样蔓延开来,怎么干事情? 我们要做的事可能就是肯定、制止各种"红眼病"。要像邓小平同志肯定"傻子瓜子"那样,肯定乡村振兴涌现的人才也不容易。

其三,品牌建设可能是中国西南地区乡村振兴中的一个"牛鼻子"。在中国西南地区搞特色产品相对容易,形成特色产业、做成特色品牌可能是最困难的。还有更困难的是,使这些特色产品、产业不是昙花一现,而是能够逐步在区内、国内、世界农产品市场竞争中立住脚,从"价值发现"到"合理价格"。

其四,中国西南地区受高山峡谷地貌制约,乡村振兴中通达到村的公路、互联网技术应

---

① 毛泽东选集:第1卷、第2卷[M].2版.北京:人民出版社,1991.

用作用最突出,发挥作用的空间最大。从产业振兴到乡村文化和治理,互联网技术应用产生的社会与经济效益都最明显。我们在调研中看到,建立"微信群"已经被应用到村民加强联系、特色农产品销售、产业发展等方面,效果与群众反映都很好。

其五,乡村振兴的"村",如何从行政区域跃升为经济单元。乡村振兴的村,现在大多是一个面积不大、人口不多的行政区域,如何从行政区域跃升为经济单元?或许关系乡村振兴的空间真正开拓出来的问题。华西村、南街村等全国著名的村,还是叫"村",其实已经是年产 GDP 几百亿的经济单元了。华西村、南街村等全国著名的村的今天,就是中国、也是中国西南地区振兴了的村的明天。

0.2.3　西南地区乡村振兴有望走在西部前列

西南地区在乡村振兴中,有望走在西部前列。这是我们通过一年几次调研、看各种乡村振兴资料后获得的使命性认识。

西南地区在乡村振兴中走在西部前列,这种认识也不是没有依据的想法。将西部农村同西北、青藏高原相比较,中国西南地区乡村振兴的基础、条件相对较好,理应在乡村振兴中走在西部前列。说西南地区在乡村振兴中应该和可以走在西部前列,主要依据有两个:

一是经济中心为核心的城市体系带动力量较西北、青藏高原要强。乡村振兴虽然由主张"以城带乡"到"城乡融合发展",但是,城市实力强,支持乡村振兴的要素就充足,客观上是乡村振兴的必需条件之一。城市发展如何?目前有两个视角:一是城乡人口对比,即城镇化率;二是一万平方千米国土空间上城市的数量,一般是以小城镇的密度来衡量。在中国,小城镇东部地区平均是 56 个,中部是 17 个,西部是 8 个。一万平方千米国土空间上小城镇密度最大的是广东省,超过 100 个。反映中国西南地区一万平方千米小城镇的数据目前没有,我们选择西部最发达的关中地区、成渝地区作比较。据西安建筑科技大学王翠萍等人研究,关中地区每一万平方千米国土空间上小城镇密度为 73 个,成渝地区每一万平方千米国土空间上小城镇密度为 113 个。小城镇密度,说明了西南地区为乡村振兴、城乡融合发展提供的各种条件、要素动力要充足一些。

二是中国西南地区乡村振兴的路、网、电、水等基础设施的"发展必要条件"已经初步具备。在中国西南地区,高速公路已经把县城串连起来,高速铁路已经把省会城市串联起来,这就为西南地区的乡村振兴走向全国市场乃至走向世界市场提供了条件。也就是说,中国西南地区乡村振兴困难、问题都是战役、战术性的,乡村振兴的战略空间已经打开。就像当年红军长征中的征途一样,各路红军部队已经抵近陕西,只要克服眼前的困难,胜利会师就在望了。从西南地区农村内部的基础设施的"发展必要条件"来看,乡村振兴的必要条件也已经具备。中国西南地区 90% 以上建制村,都已经村村通了公路;大城市方圆 30 千米以内、小城市方圆 10 千米的建制村还通了公交车;网约车的覆盖范围也可以达到城市 50～80 千米范围内。网络通畅率农村已经达到 36.4%,贵州农村宽带普及率达 28.6%,云南 78% 通了宽带,2016 年四川通宽带的村也达到了 80%,2018 年广西和重庆实现了宽带村村通。总之,中国西南地区运用信息技术助力乡村振兴的条件还是较好的。电、水等基础设施在中国西南地区的农村,通达是做到了,但是问题不少,水平低。比如电,有电了,但电压、停电、能否负荷产业发展,问题还不少。水是西南地区的优势,但是,这个优势在生活、生产中的支撑、便利作用并未显现出来。资料显示,水资源丰富是西南地区的优势。西南地区水资源拥有量8 804.5亿立方米,占全国的32.1%。但是,西南地区云贵高原多是喀斯特地貌,加上山高谷深,水资源丰富与干旱造成的损失并存,一直是影响西南地区农业发展的问题。有资料显示,以30年为周期计算,西南各省区发生重度、极端干旱平均在13～20次。什么原因造成西南地区的水资源丰富与干旱造成的损失并存?水利设施不足或缺乏养护是根本原因。有专家研究认为,西南地区2/3的水资源可以通过水利设施得到利用。但是,水利设施不足或缺乏养护,所以,西南地区特别是农村"看着滔滔水流,却受缺水之苦"。

中国西南地区有了乡村振兴的这两个根本条件,就具备了乡村振兴在西部走到前头的优势。就像一家人要出门一样,屋子外头出门的障碍已经清除,"走不走出去,全看你们了"!列宁在纪念"十月革命"时也说过,坚冰已经打破、航向已经指明,剩下的事情就是行动了。西方有句谚语——上帝只帮助自己努力的人。中国西南地区乡村振兴事业,千条件万条件,还是要依靠村庄的干部、村民干起来。

0.3　中国西南地区乡村振兴课题研究的前期准备

本课题研究的酝酿准备,从2017年夏天就开始了。党的十九大提出了乡村振兴战略,这个战略关键是要在各个农村"落地"。怎么才能使党的乡村振兴战略"落地"?国务院关于《乡村振兴战略规划(2018—2022年)》发布后,更加坚定了我们研究这个问题的决心。我们的能力是有限的,但我们还是尽可能地为课题研究做了以下三个方面的准备。

0.3.1　国外、国内乡村振兴的资料搜集

搜集了数十份外国学者研究农村发展的材料,从中对国外关于农村发展有代表性的观点有了掌握。国外学者关于发展农村有三个观点值得重视。

1)农村发展的可能性

基于文献、实地观察、电脑搜索以及美国农业普查的数据,人们对乡村风光的喜爱是农村繁荣的保证。

2)发展农村需要解决的主要问题

企业家被农村资本吸引,需要一种"灵活态度的联结",农村政策和区域发展活力之间关系密切,微区域合作不仅解决了法国面临的很多困难,也促进了建立一个更协调与融合的发展政策,加快了决定性要素内生动力进程。

3）怎样才能发展农村

对外来农民的安置不仅可以传承宝贵的当地知识,还可以振兴当地社会。村级领导促进了人们参与项目的积极性,而且在村民之间形成了发展所需要的规范、信任和联系。村民的参与反过来也成为农村发展的中坚力量。加拿大的农村地区,中小企业在可持续发展中起着至关重要的作用。

0.3.2　国内学者对乡村振兴战略的相关研究

乡村振兴战略是党的十九大正式提出的,目前研究状况正处于从造氛围向深度研究的过渡阶段。

1）乡村振兴概念研究

"农村"更突出农村,是农民搞农业、生活的地方;"乡村振兴"更突出地域概念,乡村不能只搞农业,乡村是农民生产生活居住的地方;乡村振兴是"三农"问题的演进过程划分为四个阶段的结果。

2）乡村振兴战略实施的意义

乡村振兴战略背后的历史发展规律:国家的发展和进步一定是城市和乡村两种功能的协调发挥。

3）怎么进行乡村振兴

要抓住乡村振兴的四个核心目标;乡村振兴的历史使命与动力机制有三个;实施乡村振兴战略值得注意的若干制度性问题有三个;乡村振兴战略创新的三个维度;乡村要振兴,新农村要成功,关键还在制度创新;乡村振兴要注意三个机制创新;乡村振兴要应用40年农村改革的两条经验:一是赋权;二是市场化。

4）乡村振兴模式研究

四类八种模式,此外,还有田园综合体、文旅等专题探讨。

0.3.3　在大学组织乡村振兴的社团组织

我们在所在大学组织了"乡村振兴研究促进会"。凡是对乡村振兴有兴趣的同学,不论什么学院、什么专业都可以参加。"乡村振兴研究促进会"半年已经发展到了80多位同学。

"乡村振兴研究促进会"主要做了三个方面的工作:一是定期学习各级党和政府有关方面对乡村振兴的有关理论、文件;二是收集国内外关于发展农村有关理论、事例、经验;三是开展乡村振兴的调查研究。研究促进会开展组织了三次调研活动。大学生参加乡村振兴的研究,主要是在年轻一代中强化对以习近平同志为核心的党中央乡村振兴战略的认识,了解实际。研究能力有一个形成的过程,眼下主要是打下一些基础。

0.3.4　进行实地调研

为了掌握农村干部、村民对乡村振兴的看法与观点,我们以大学校园为中心,由近及远地进行实地调研。调研对象有不同层次与环境的村民、干部,大量进行无组织地个别交谈;也有镇党委、村支部组织调研各进行一次。我们还有组织地在远离中心城市300多千米的农村进行过调研,实地看过不同类型与做法的三个村庄的乡村振兴情况。

通过调研,我们深感以习近平同志为核心的党中央在十九大报告中提出乡村振兴战略是正确的、合适的,反映了广大农民的热情期望。有村民说:"过去城乡统筹,我们是希望有城市来带;现在乡村振兴,关键在我们干起来!"

当然,我们在调研中也发现一些不利于乡村振兴的认识与心态。从认识来说,主要是从"等、靠、要"转变为"自己干起来"。马克思在评述印度、中国传统社会时说,小农的实力与活动范围狭窄,使小农的主体意识不足,不相信自己有掌握与改变自己命运的力量[①]。中国西南地区的村民,主体意识亟待提高,从而树立相信自己有掌握与改变自己命运的力量。从心态角度讲,眼下关键是树立在乡村振兴起点低、困难大的条件下推进乡村振兴的信心。任何时候、干任何事情都是有困难。毛泽东同志在《论持久战》中说,正义的、革命的、受到人民真心拥护的事业的困难,经过努力,给予一定时间,是可以克服。我们今天干的乡村振兴,是正义的、革命的、受到人民真心拥护的事业,面临的困难,在党的领导下,在各种因素的支持下,通过我们干部、村民创新性地奋斗,是可以克服的。在这些困难面前,我们有什么理由不树立必胜的信心呢?!

0.4　本课题的研究对象、总体框架、主要目标

0.4.1　研究对象

1)认识西南地区乡村振兴的发展实际

根据毛泽东同志在《实践论》和《矛盾论》中的观点,认识事物要通过实践来进行,认识的重点是认识事物的特殊性及其受普遍规律制约的特殊规律。

改革开放以来,中国共产党领导下的改革开放始于农村的联产承包责任制,后来改革开放的实践重点虽然转向了城市与企业,但是,中国共产党领导下的改革开放从未忽视过发展

---

① 中共中央马克思 恩格斯 列宁 斯大林著作编译局.马克思恩格斯选集:第2卷[M].北京:人民出版社,1972:16,62.

农村,历年的中央一号文件都是谈农村工作就是证明。从"三农"、城乡统筹到乡村振兴,由此形成了一个连续性的历史逻辑。"三农"问题抓住了中国农村落后的总问题。中国农村为什么总体上还落后? 农民、农业、农村陷入恶性循环的怪圈。发展农村,培养城市的带动力是切入点,只有在市场经济的基础上,城市才能带动乡村发展。乡村振兴是要把城市市场经济移植到农村去,才能带得动。由此可见,乡村振兴虽然是十九大才提出来的,但是,由于有几十年"三农"问题、新农村建设、城乡统筹的实践经验,乡村振兴又是在"三农"问题、新农村建设、城乡统筹的实践经验基础上,把党在农村工作推向适应"新时代"的城乡融合的新阶段。

根据上述陈述,认识中国西南地区乡村振兴受普遍规律制约的特殊性、特殊规律是完全有必要的、是可能的。因此也说明,本课题的研究是有必要的、有意义的。

2)进行乡村振兴的制度机制建构与创新

中国包括中国西南地区的乡村振兴需要研究的问题很多。但是,本课题是立足于经济学学术视野,特别是发展经济学学术平台看待乡村振兴的。经济学包括发展经济学看待发展有一个基本的观点:一切发展差距鸿沟都是由制度、体制差别决定的。

文明历史几千年,人变化不大。同样是中国人,汉代长沙马王堆贵妇人辛追夫人,身高、肤色、衣服质地、食物结构与现代中国人没有天壤之别,但是,从汉朝到现代中国制度、体制变化有多大,一进行历史比较就清楚了。中国汉、唐因为当时制度、体制创新力强而在世界上的优势明显,国力强大,后来也因制度、体制创新力逐步衰减而陷于积贫积弱的境地,最后沦为半殖民地半封建社会。近代中国无数仁人志士,毛泽东同志在《中国革命和中国共产党》《新民主主义》等文章中梳理了这种探索,并得出了只有社会主义能够救中国的结论。中国开拓出了新民主主义革命的道路,正因为建立了社会主义制度,开辟了有中国特色的社会主义道路,中国共产党成立的90多年时间里,成功地取得了民族独立,建立了现代工业体系,在21世纪又成为世界第二大经济体。中国从1978年改革开放开始时的人均300多美元,2018年上升为9 000多美元。中国的历史,证明了制度、体制的力量。

有一个经济学效率与制度、体制关系的例子,也不时被经济学人引证。西方在现代化发展中有一个今天看来是不光彩、反人道的事情:贩卖黑奴。将黑人从遥远的非洲运输到美洲等地,在当时运输条件下也是充满疾病与死亡减员风险的事情。起初,以上船人数为基准计算价格,运输黑人的船主就拼命多装人数,以取得更多收益。由于船上载的人数太多,超过了淡水、食物、起码卫生与生存空间许可,加之长达数月的运输时间,死亡减员的黑人很多! 后来,改为以运输到美洲等地的黑人人数为计算收入标准,致使运输黑人的船主就要依据淡水、食物、起码卫生与生存空间许可计算运输黑人的人数,疾病与死亡减员的黑人明显减少。

总之,本课题研究的基本立论是:乡村振兴关键要建立制度、体制,重点是与市场经济接轨、相适应的制度、体制。

0.4.2　总体框架

本课题要努力研究具有发展经济学意蕴、在中国西南地区也有实际问题与应用价值的以下问题。

1）第1编：研究西南地区乡村振兴制度与机制建构发展经济学的五个基础

制度与机制建构本质、制度与机制建构的基本遵循、制度与机制建构的关键、制度与机制建构的特征、制度与机制建构路径，这五个问题是中国西南地区乡村振兴的制度与机制建构中必然要提出的问题。不解决这些问题，中国西南地区乡村振兴的制度与机制建构就会遇到麻烦、甚至曲折。那么，广义的发展经济学，为这五个问题的认识与解决提供了理论上的指导与支持吗？我们认为，总体上是提供了，现在需要的就是要努力回答这些问题，并且阐述我们对这些回答的理解。

乡村振兴中的制度与机制建构，其本质是从狭义上来理解、确定其"边界"的，是有其特指性的，主要就是市场经济。从这个角度来理解乡村振兴中的制度与机制建构本质的意义是符合实际的。西南地区农村社会主义制度已经建立几十年了，为什么还贫穷落后？社会主义制度是有优越性的（当然还需要在改革开放中完善），贫穷的原因在于自然经济残余还较重，农村生产、生活与城市的市场经济还没有接轨。

制度与机制建构的基本遵循是节约交易成本。列宁说过，劳动生产率是新制度战胜旧制度具有决定意义的东西[①]。资本主义创造了比封建制度更高的劳动生产率，所以，资本主义尽管有剩余价值的剥削弊端，同样战胜了封建社会。怎样才能提高劳动生产率？中国西南地区传统农村节约交易成本的认识、实际问题很多。关于经济发展要节约交易成本的观点，中国西南地区农村目前仍有很大的适用性，能起大作用。

制度与机制建构的关键可能是要抓住"经济预期"。经济发展总是要从短期的供不应求发展到常态的供大于求阶段，也就是激烈的竞争阶段，现实是"赚钱不容易"（农村是增产不增收）。供大于求阶段发展的前提是什么？经济预期。没有了经济预期，就没有了信心，就不干原来的经济活动了，赚钱就一点希望也没有了。有人说，世界上很多人不能成功、事情办不成，许多是因为丧失了预期、信心。

制度与机制建构的特征是强制性制度变迁。强制性制度变迁是一种"顶层设计"，这种类型在中国就必须发挥党组织在乡村振兴中的核心作用，同时也要注意克服各种"局外人""看客"的心态。

制度与机制建构路径要注意应用林毅夫的新结构主义经济学理论，特别是在不同阶段都要创造哪个阶段的比较优势。

2）第2编：研究中国西南地区在乡村振兴中应该考虑建立有四个基础性的制度

产权制度、组织制度、系统管理制度、文化制度，这四个方面的制度的关系，是并列性的关系。也就是说，这四个制度具有同等重要性。

---

① 中共中央马克思 恩格斯 列宁 斯大林著作编译局.列宁选集：第4卷［M］.2版.北京：人民出版社，1972：16.

发展特别是经济发展,产权是第一制度。产权虽然重要,没有产权激励与约束,任何真正的、持续性的发展都是不可能发生的。产权必须以一定的组织结构与形式固定下来,现代市场经济的基本组织形式是法人、宏观调控组织。有组织就必须进行管理,管理对文化即认同为核心的主体价值系统依赖性很大。

3)第3编:研究中国西南地区乡村振兴中机制建构的五个方面

投入机制、经营机制、领导机制、政策机制、风险防范机制是中国西南地区应该优先关注的五个机制。

这五个方面机制的关系,实际上是两组因果链条。投入、经营、风险防范是一组因果链条,正确的投入其效益取得依赖于高水平的经营;领导推动与政策推动既可以形成因果组合,也可以独立发挥作用。运用之妙,取决于审时度势的权衡决断。

4)第4编:采用西南地区乡村振兴若干类型的实证材料及其对每个实例的理论评述

这部分是以中共中央、国务院关于《乡村振兴战略规划(2018—2022年)》为依据,从中国西南地区的情况出发,选取了从县到村庄、从四川郫县这样的农村发达地区到重庆武陵山区望岭村这样的落后村庄类型的调研报告,课题组对这些调研报告进行适当的"理论评述"分析。这样做的目的有两个:一是对中国西南地区的乡村振兴有具体了解;二是希望通过这些材料分析,从操作层面推动中国西南地区乡村振兴的工作。

0.4.3 课题要达到的主要目标

运用经济学关于发展的各种观点,分析西南地区乡村振兴的转型发展及其比较优势的规律。

我们认为,比较优势是市场核心竞争力的一种理论表达方式。中国的农村、农业、农民贫穷落后的原因很多,其中一个根本原因是在市场经济的世界性背景、平台下与工业、城市相比较,优势没有或者太小。

"比较优势",说起来容易做起来千难万难!原因在于发展中的比较优势像人的学习好、身体好,牵涉一系列的复杂条件及过程。在城市、在工业100个创业企业,95%的活不过5年,原因在于不能形成生存、发展所需要的比较优势。可见,比较优势的解决不是那么容易、那么简单的事情。正因为不那么容易、不那么简单,才需要实践探索与必须的理论研究并重。我们认为,乡村振兴中培育、创新发展中的比较优势,根据发展经济学观点,联系着一系列的制度、机制。

因为发达国家的农村、农业农民,在市场经济的世界性背景、平台下与工业、城市相比较有优势,所以,发达国家的农民贫穷、收入很少的人很少。例如,以色列农民人均年收入达25.6万元人民币,荷兰农民人均年收入更是高达30万元人民币。

第1编 西南地区乡村振兴的制度与机制建构的经济发展的基础研究

本编的范式或集中指向：立论主要是彰显经济学各种关于发展观点的指导性。确定这样的研究范式，表面上是一个学术问题。但是，毛泽东同志在实践中认为，理论的价值与应用程度，取决于实际生活的需要。中国农村发展的实际，契合了经济发展的有关观点。所以，中国的经济学权威人物厉以宁、林毅夫的理论创新成果，无论是转型发展理论或是新结构主义经济学，都有明确的经济发展学的指向，这些观点都可以应用于中国西南地区的乡村振兴实际。

我们认为，中国西南地区乡村振兴，首先是一个制度与机制的建构问题。从经济学的视角看发展，制度与机制建构是一个前提条件。中国40年的改革开放也证明了一个发展的基本事实，无论是农村、工厂和城市，还是原来那些地、设备与人，只要制度机制发生了根本变化，发展状况就是两重天。中国西南地区乡村振兴中要建立什么样的制度与机制？

为什么在中国西南地区乡村振兴中要提出关于制度与机制建构的逻辑？因为这五个问题构成了制度与机制从构建起始到动态运作的基本关系即逻辑。这五个问题是：

第一，市场经济理论。发展必须选择市场经济。市场经济是一个体系，既包括制度，也包括各种运行机制。迄今为止，人类文明时代先后实行了贯穿于奴隶制、封建社会的自然经济，社会主义国家建立后一个时期的计划经济，以及率先在资本主义国家实行的市场经济。如果把经济发展的制度机制与社会根本制度（生产关系）看作可以相对独立的"社会中性领域"，单独把自然经济、计划经济、市场经济进行比较，市场经济促进发展的能力是其他经济制度机制无法比拟的。中国经济40年的发展，也证明了市场经济促进发展的能力。当然，市场经济也是有缺点的，可能因"强资本，弱劳动"导致各种侵犯人权与贫富悬殊过大，也可能因经济各种非理性导致各种经济犯罪，等等。这些都可以通过制度与机制完善，特别是加强法制予以遏制。中国西南农村地区最缺的制度机制是什么？根据"二元结构理论"，最缺的制度机制是市场经济。因此，抓住了市场经济，就是抓住了包括中国西南农村地区制度机制建构的主要矛盾和实践切入点。

第二，交易成本理论。市场是什么？经济学家马歇尔用简单的语言在《经济学原理》中做过概括。他说，市场经济就是基于制度的各种交易。交易对成本的依赖、考虑，这是每个参与交易的人都明白的道理。因为，每一笔交易都是有成本的，这个成本既是既定、又是累加的，还是充满不确定性的。高于成本的交易，这是参与交易的买方、卖方共同的追求，经过谈判、博弈，合同价格总是双方不尽满意但又可以接受的。高于成本的交易，可以产生利润并使交易持续下去；反之，亏本甚至破产的前景就等着交易人。由此可见，"交易成本"既是市场经济从理论进入实际操作的关键环节，也是经济发展过程通过一次次能够产生利润的成功的交易来实现的。中国西南农村地区交易成本相对较高，利润率与竞争力不强，是不争的事实。因此，抓住了交易成本的问题，就是抓住了乡村振兴发展中的主要矛盾方面。

第三，经济预期理论。从亚当·斯密在《国富论》中讲的发展分工立即可以提高效率，到凯恩斯的"经济预期理论"，可以看作与"边际革命"地位相等，是经济学理论与实践的变革与创新。当下市场经济随着金融资本处于要素系统的中心位置，经济预期的地位日益上升。有一个简单的事实，一个企业或一只股票，过去与现在亏损不要紧，只要明年开始能够赚钱，投资者会毫不犹豫地予以青睐；反之，一个企业或一只股票，过去与现在都盈利，但是，明年开始就会出现巨额亏损，投资者会毫不犹豫地出清。乡村振兴中应用"经济预期理论"可能比较重要。大家都知道，经济学认为农业本来就是一个投资大、见效慢的产业，乡村振兴相当长时间内投入大于产出利润，也是必须面对的经济事实。如果不能从根本改变农村落后面貌的"预期"的战略高度来考虑问题，乡村振兴、在农村发展市场经济将受到很多人为干扰。

第四，强制性制度变迁理论。根据刘易斯的"二元结构"理论，发展农村的市场经济是从城市推广、移植到农村。当然、刘易斯讲的是农村劳动力转移、农产品供求与价格"拐点"出现后的事情。如果那样，农村将经历长期的发展滞后代价。中国共产党是代表人民利益的政党，中国农村、农民也忍受不了长期的发展滞后，所以，中国的农村发展、乡村振兴"第一动力"来自顶层设计。一切来自顶层设计的"第一动力"，都带有或多或少"强制"的特点。中国乡村振兴来自中国共产党第十九次全国代表大会决策，这样的决策符合经济学原理吗？与市场经济具有一致性吗？这也是要回答的问题。制度经济学的强制制度变迁理论，为我们在党中央决策下实施乡村振兴奠定了基础。

第五，新结构主义理论。我们党的思想路线，以实事求是为核心。制度机制建构的规律是什么？对这个问题探讨还不够。我们认为，林毅夫教授的新结构主义经济学理论，至少可以给我们一定的启示。林毅夫教授的新结构主义经济学理论，主张要建立与资源禀赋、发展阶段一致的"比较优势"。实践证明，有没有比较优势是形成市场核心竞争力的基础。在乡村振兴中，如果各个地区的农村都能够建立与资源禀赋、发展阶段一致的"比较优势"，乡村振兴的成效、难度系数都将大大降低。我们也注意到，中国经济界有学者并不赞成林毅夫教授的新结构主义经济学理论。但是，不应该因为学术争论，影响我们在乡村振兴研究中应用林毅夫教授的新结构主义经济学理论。

发展好还是不好,取决于制度与机制,这是经济学的共识;

中国农村的发展制度与机制构建是特指与市场经济接轨;

中国西南地区与市场经济接轨主要是"两个取代"。

第1章　西南地区乡村振兴的制度与机制建构关键是与市场经济接轨

制度与机制的差距是一切发展差距的原因,这是经济学的共识。亚当·斯密《国富论》的学术价值是什么? 就是为市场经济鼓与呼,并且探讨市场机制蕴藏的以分工、自由交易为主要内容的"内生动力"。根据刘易斯的"二元结构"理论,发展农村、农业切入点是在农村和农业进行以市场经济为主要内容的制度与机制变革与创新。在进行制度与机制变革与创新的时候,必然要提出制度与机制变革的本质是什么? 不弄清这个问题,就不能正确地进行制度与机制变革与创新。

1.1　经济学关于发展与市场经济制度及机制构建的重要观点

制度主义经济学在西方经济学中,是一个由众多经济学者组成的庞大观点、学说集群。在这里我们只选择与中国西南地区乡村振兴关系密切的部分观点,作为中国西南地区乡村振兴从自然经济残余影响,走向市场经济的理论支撑。这里,我们主要阐明为什么要特指市场经济,市场经济制度与机制建构的纵横向关系,即阶段性与衍生性。突显发展经济学对乡村振兴的理论指导不是泛泛空谈,而是可以形成理论与实践的对应性、聚焦性。

1.1.1　农村制度与机制建构主要是指自然经济与市场经济的关系

农村制度与机制这个问题,要从"二元结构"理论、"世界经济"视野中才能讲清楚。在这个视野中看到什么? 在中国西南地区农村是特指,即自然经济与市场经济的关系问题。

经济学讲的制度与机制,本身就是特指市场经济,这可以说是经济研究的共同范式。这个事实是存在的,但是,这个问题"说破"却并不多见。比如,亚当·斯密在《国富论》

中,明明正如库恩在范式论述中所讲学术范式,就是为市场经济鼓与呼,他却在副标题中讲,是研究国民财富的性质和原因。从李嘉图、马歇尔到萨缪尔森,整体上研究市场经济与经济发展的不多,研究市场经济具有从某个角度或细化的共同倾向。比如,蒙代尔凭借提出"欧元"概念,现今成为欧洲 29 个国家经济生活、市场经济的重要内容,获得经济学诺贝尔奖,成为享誉世界的经济学家。在西方经济学中,近年来依靠研究市场经济某个问题,进而提出一个经济学概念,并进行论证而成为经济学大家的不少,值得中国学术界特别是经济学界关注。

落后国家要建立市场经济体制,才能一个国家整体性地脱贫致富,或者叫作民生普遍性改善、消除绝对贫困进入只有相对贫困的阶段。相对贫困在市场效率原则下是不能完全消除的,但是,差距也不能达到大多数人不能接受的程度。皮凯迪批评今天发达国家的相对贫困差距,已经达到大多数人不能接受的程度了。怎么解决?皮凯迪提出方案是"向富人多征税"①。邓小平同志曾经说过,贫穷带来的问题不少,发展了同样问题也少不了。看来,只有把建立市场经济、改造市场经济相统一,一个国家才能持续发展与繁荣。黄树东根据自己对发达国家多年考察的经验,提出解决方案是"改造市场经济"②。在乡村振兴中,我们要把在农村用市场经济代替自然经济,同改造市场经济相结合。从我们的调研中发现,这不是一个理论问题,"改造市场经济"已经是一个正在进行的实践问题。比如,在生产中,一般的市场生产,是在董事会领导下的企业法人运作,在乡村振兴中的生产大问题,都是由以农村党支部为核心作决策,其余的各层级组织、个人、岗位都负责不同程度的实施工作。一般的市场分配,"除了折旧、工资、税款、再投资剩余归资本",但是,乡村振兴创造了"集体资本不承担亏损损失"、利润中 50% 左右考虑农户分红,等等。如果没有这些"改造市场经济"的举措,可能乡村振兴的实践难以开展。

从制度与机制整体视域整体性研究市场经济的刘易斯二元经济理论、世界经济学的观点颇值得关注。

刘易斯二元经济理论是从制度与机制整体视域整体性研究市场经济的值得重视的观点。刘易斯在二元经济理论中,用工业部门、农业生产部门、工资、生活剩余等概念来揭示市场经济是如何推动发展的。为什么市场经济比农业传统的自然经济有优势?刘易斯认为,在发展中国家存在两种经济或两个部门:一个是存在于广大农村地区的传统农业部门,其最大的特点是存在大量的剩余劳动力;另一个是存在于城市的现代化工业部门,其最大的特点是技术水平和劳动生产率高,因此工资水平也比较高。由于工农业部门之间的收入水平存在着明显的差距,只要农业剩余劳动力继续存在而又无人为障碍,农业剩余劳动力将由农村源源不断地流入现代工业部门。伴随农业剩余劳动力的不断流出,劳动边际生产率将逐渐提高,从而使传统农业部门得到改造,二元经济结构慢慢消失。

马克思主义对世界经济对市场经济的研究,本来就具有世界眼光和深化的特点。"世界市场"是马克思提出的概念,世界经济学运用世界市场来分析世界经济。左大培、裴小革著

---

① 托马斯·皮凯蒂.21 世纪资本论[M].巴曙松,陈剑,余江,等译.北京:中信出版社,2014:507.
② 黄树东.制度与繁荣:一个新世界的开始[M].北京:中国人民大学出版社,2018:32,43.

的《世界市场经济概论》,说明了第二次世界大战后发达的市场经济国家,特别是发达国家的市场经济,它们也具有不同的特征,即存在市场经济类型①。特定的市场经济类型即市场经济模式,是由历史条件和文化传统决定的。世界存在着多种类型的市场经济,因而其整体的经济制度就呈现多样性,但是共同特点都是通过市场来配置资源。

周天勇、刘东主编的《世界经济学》从全人类利益与国家利益展开,分析了国家利益、贸易、金融之间的关系。国际经济关系的竞争和博弈,贸易是基本形式,但是,今天的国际贸易是在美元霸权下进行的。因此,为了避免全球性"公地悲剧",处理好国家利益与全人类利益之间的关系,建立全球经济治理体系非常必要。

1.1.2　市场经济的实现程度是与发展阶段及其转型态势联系在一起的

有人认为,林毅夫的"新结构主义经济学"是中国经济学从"引进"到"原创"阶段性的节点标志。②西方现代化已经有了上百年的历史,中国现代化(应该从"洋务运动"开始,但是,中途"中断"太多)真正没有停顿,实现中国式现代化是十一届三中全会后的事情。所以,关于现代化的经济学理论相当长时期内是"引进",北京大学梁小民编写的经济学教材,内容是以萨缪尔森、诺德豪斯的《经济学》为蓝本,进行中国化的改造。以后其他"主流"的经济学教材,大多数人发表的经济学文章大多有"引进"的痕迹。中国改革开放40年的发展,不能全从西方经济学中找到解释,必须原创。林毅夫的"新结构主义经济学"是这种原创的值得关注的成果。

林毅夫"新结构主义经济学"的核心观点是:经济发展是分阶段的,每一个阶段必须建立同那个阶段相适应的比较优势,经济才能持续发展。经济发展阶段、市场发展阶段都是一致的。林毅夫在《繁荣的求索:发展中经济如何崛起》第7章中,提出了新结构主义经济实践"六步法":选择正确目标、消除约束、吸引和引进全球投资者、壮大自我发展规模、依托工业园发展、激励正确产业。新结构主义经济实践"六步法",明确说明来自中国等国的经验。凡是亲历者都知道,新结构主义经济实践"六步法"的发展阶段,也是落后国家市场经济的不同发展阶段。林毅夫在《中国的奇迹:发展战略与经济改革》一书第5章中,把中国建立市场经济的过程分为微观、资源配置制度、宏观政策等阶段,并肯定和总结了中国建立市场经济过程的渐进式逻辑与"摸着石头过河"指导的正确性③。

阶段分析法是马克思主义分析现实问题的基本方法,也是理论向实际转化、理论联系实际的一个关键环节。马克思主义理论的创立是以当时世界最发达的国家英国为实际蓝本的,后来,马克思和恩格斯发现,把这个理论应用到德国、甚至中国与印度这样的东方国家,必须对他们的理论进行修改、补充。著名的《哥达纲领批判》就是马克思根据落后国家修改自己的理论的典范。马克思在《哥达纲领批判》中,在原来的共产主义前面增加了社会主义的发展阶段,提出了按劳分配原则,提出了社会主义的工资没有超出"资产阶级法权"。林毅

①　左大培,裴小革.世界市场经济概论[M].北京:中国社会科学出版社,2009:20.
②　林毅夫.繁荣的求索:发展中经济如何崛起[M].张建华,译.北京:北京大学出版社,2012:119.
③　林毅夫,蔡昉,李周.中国的奇迹:发展战略与经济改革[M].上海:上海人民出版社,2016:100.

夫以市场经济发展阶段研究比较优势,符合马克思主义的基本方法。

研究体制转型与发展关系的实践基础,是苏联和东欧一些国家的"体制转型",并专门产生的一个经济学概念——转型经济学。比利时学者热若尔·罗兰为此专门出版了著作《转型与经济学》①。

对于中国的体制转型与发展也有学者进行了研究。迟福林、傅治平提出了"两次转型发展"的观点。他们认为,中国第一次从计划经济向市场经济的转型,是确立投资、进出口、消费"三驾马车"的发展动力作用。第二次转型是在市场经济框架下,对利益格局的大调整②。

厉以宁教授对转型理论的原创性贡献在于提出了"双重转型"理论。什么是"双重转型"?厉以宁说"就是体制和发展方式都要转型"。体制转型,就是从计划经济向市场经济的转型;发展方式转型,就是从传统的农业社会转向工业社会。这样,厉以宁教授就把农村的发展列入了整个社会转型发展的战略之中。厉以宁还认为,城镇化是农村实现转型发展的平台,要推进如牧区、林区的园林式+公共服务+社会保障+社会管理的不同农村社区建设。厉以宁的上述观点,对乡村振兴也有操作性的意义③。

怎么从经济学看转型?转型的实质是升级式的结构调整。投资、进出口、消费"三驾马车",在不同阶段,马车的"中心马"是不同的。经济发展的低级阶段,投资、进出口是增长的主要因素,是"中心马";到了经济发展的较高阶段,消费就要适时成为"中心马",出口导向要向进出口均衡、甚至进口为主转型,即结构调整。如果不能实现这些升级性结构的调整,发展就会趋于停滞,"中等收入陷阱"就可能出现。

转型,就是改变。要为了这个发展目标,改变自己。用通俗的话来说,就是"换个活法"。小岗村的联产承包制,就是农民换个活法的鲜活例子,也形象地说明了制度同人的关系。特定的制度,就是给定了人的一种活法。乡村振兴中的制度、机制建构,还要同农民自己主动换个活法结合起来。发展产业、在市场经济中增加收入,客观方面是制度、机制,主观视角看都是"活法"的改变。换个活法,说起容易做起来难,其过程充满了价值标准、行为、生活、社会圈子等诸方面的陌生与不适应。实践证明,换个活法的成功,取决于正确的选择与坚持中度过"适应期"。

1.1.3　制度与机制是可以横向衍生的

制度与机制是可以横向衍生的,这个观点的提出是因为乡村振兴的参与方面并不只是乡村因素,还有社会其他因素。乡村振兴的五个方面,产业振兴是基础,其他方面又超越了经济因素。怎么才能理解这个乡村振兴的现实?需要提出制度与机制是可以横向衍生的观点。

学术研究必须确定在一个范围,否则就没办法研究。但是,现实事物都是互相联系、浑然一体的。这就是"理论"与"理论还原"的关系,列宁在"十月革命"中提出了这个问题。列

---

①　热若尔·罗兰.转型与经济学[M].张帆,潘佐红,译.北京:北京大学出版社,2002:25,115.

②　迟福林,傅治平.转型中国:中国未来发展大走向[M].北京:人民出版社,2010:160,233.

③　厉以宁.中国经济双重转型之路[M].北京:中国人民大学出版社,2013:8,11.

宁说,理论是灰色的,生活之树常青;现实比理论丰富得多、复杂得多。这个道路,就像医院各科室与患者的关系一样。医院不分科,就无法达到专业治疗水平。但是,对一个患者进行治疗,又必须根据患者的全面身体状况进行。

制度与机制是可以横向衍生的,这在经济学研究中已经是一个历史比较久远的现象。只是到目前为止,没有人把这个现象概括为"经济问题是可以衍生的"[①]。这与当下西方经济学要努力把自己打造成"硬科学""社会中的物理学"不切实际的幻想有关。有些人有这种幻想,那么经济学与社会其他方面界限越远越清为好,经济内部一切数学符号化最好。"衍生"主要在金融领域中公开、广泛应用。说制度与机制是可以横向衍生的,其历史要追溯到凯恩斯的"有效需求理论",谁的有效需求? 当然是人。凯恩斯当时主要是把有效需求与人口袋里的钱多少、即"支付能力或购买力"相联系。以后,继续研究有效需求的,把人的心理、行为同有效需求联系起来研究。进而发展成为消费行为、经济预期等新理论。2017 年经济学诺贝尔奖得主,美国芝加哥大学教授塞勒的贡献就是把经济学与心理学相结合,提出了"有限理性""消费者偏好"等原创性概念。这不是市场经济运行机制问题、有效需求理论的衍生吗?

制度与机制是可以横向衍生的,其观点的理论依据是马克思主义的社会有机体理论。

马克思认为,复杂的社会有机体不应该简单归结为生物现象,而应是以物质生产实践为基础的各种社会因素和各个社会关系有机联系而又相互制约形成的社会关系整体。社会有机体思想是马克思唯物史观中不可或缺的一环,它既是对全部社会生活实践本质的综合展现,又是对历史唯物主义范畴体系的纲要式阐发,集中体现了社会有机体是全部历史唯物主义的一个总体性范畴。马克思的社会有机体理论与其他的相比有其独特之处,马克思的社会有机体理论具有实践性的特质,它克服了唯心主义历史观,是马克思社会有机体理论的基石。

列宁进一步发展了马克思的社会有机体理论。列宁坚持将社会有机体的生存发展置于物质的生产关系界域下,认为社会有机体内部经济、政治和文化结构诸要素相互联系、相互作用,具有自我调节、自我革新的生命特征;指出社会有机体的演进不是一成不变的,而是一个活的有机体,体现了一般与个别、统一性与多样性的有机统一;强调在从资本主义向社会主义过渡时期苏维埃共和国有机体的健康发展离不开阶级斗争和无产阶级专政。同时,他把无产阶级政党看作一个有机体,而党的纲领就是这个有机体的灵魂与旗帜。列宁的社会有机体思想博大精深,蕴含着丰富的历史辩证法思想,对今天我们坚持和发展中国特色社会主义具有重要的时代意义[②]。

布哈林关于自然是社会有机体的"培养基"的观点,在乡村振兴特别是在中国西南地区的乡村振兴中也具有特殊的理论启示价值。布哈林指出,自然"培养基"在今天看来也可以理解为在"自然的平台"基础上,社会有机体就成了物、人、观念构成的集合体。

---

① 杰弗里·M.霍奇逊.经济学是如何忘记历史的[M].高伟,马霄鹏,于宛艳,译.北京:中国人民大学出版社,2008:234.

② 周建超.列宁的社会有机体思想及当代意义[J].马克思主义研究,2018(2):72-81.

总之,确立制度与机制是可以横向衍生的观点,为乡村振兴中的"顶层设计"、社会参与提供了理论依据,打开了"方便之门"。这些对中国西南地区的乡村振兴又具有特殊重要的操作性价值。

1.2 西南地区乡村振兴的制度与机制建构的本质分析

这里我们想探讨中国西南地区农村怎样才能与国内、国际早已经存在的市场经济体制对接?以下探讨的三个问题是层层深入的关系:"两个取代",是问题的实质。任何本质性的东西一旦进入现实生活,必须和各种相对较浅层次的现象性(这些被列宁称为"次级本质、规律")发生联系,还要和不反映任何本质的现象发生联系,这样就使任何简单的问题复杂化了。没办法,世界就是如此。中国西南地区农村值得注意的次级本质现象是高山峡谷地貌、少数民族众多。

1.2.1 制度与机制建构的本质是"两个取代"

我们提出中国西南地区的制度与机制建构的本质是"两个取代",即用城市的工业生产方式、市场经济,取代农村传统的自然经济体制;用"非熟人社会"文化观念,取代"熟人社会"的文化观念。

为什么会产生这种主张?中国西南地区农村的落后与贫穷,是因为千百年来开放发展条件欠佳所致。在传统社会与技术条件下,西有青藏高原、北有秦岭、东有巫山和巴山及长江三峡、南有云贵高原峡谷等自然"培养基"的障碍足以令人望而生畏。李白诗云:"蜀道之难,难于上青天!"杜甫望着西南群山,也感叹"唯天有设险"。乡村振兴,就是要挖掉千百年来中国西南地区农村累积的落后与贫穷。在这个过程中,"不争论"是一条历史经验。其中,市场经济的制度与机制建构,应该是发展的最大公约数之一。

所以,我们认为,中国西南地区的制度与机制建构的本质,若用一句话来表示是:用市场经济取代农村传统的自然经济体制。但是,自然经济几千年来形成了一套生产方式,"熟人社会"的文化观念,不改变这些,市场经济之树犹如栽在十级沙尘暴的中心,岂能成活!这就构成了市场制度与机制建构的铁三角关系,如下图所示。

　　通过上图可以看出,市场的制度与机制的存在和发展,是与工业生产方式与契约及法制文化相联系的。

　　西南地区农村普遍性的问题,还是沿用以家庭为基础的自给自足的生产方式。外出务工的"开了眼界"即能适应"非熟人社会"生活及其文化,但是,外出熟悉与改造本村人的文化观念是两个问题。对于"以家庭为基础"的生产方式,学术界争议较大。有人说,以家庭为基础适于山区、耕地少地区的农村实际,以家庭为基础也可以实现农业现代化。也有人认为,家庭不能大规模生产农产品,家庭血缘关系与生产经营利益关系冲突大,还是要用龙头企业、合作社、家庭农场等组织取代传统家庭。

　　对于这些学术争议是非,我们一时也无法判断是非曲直,因为谁也拿不出证据驳倒对方。但是,无论是工业与农业,法人与品牌总是共同、最大公约数或共识。如果家庭形式中不能将血缘关系与生产经营利益相互隔离,就无法在市场激烈的竞争中立足。这种生产方式的变革,无疑对原有的行为方式、价值系统是一场巨大冲击与重构。浙江省的私营企业,很多也是家族企业,现在大多已经改造成股份制经济。据已有资料,私营企业处理血缘关系与生产经营利益时,要承认亲情在创业中的作用和给贡献大的合适的利益(有才能的给职位,才能不能适应新机制的给股份等利益),要有一个过渡适应期。家族企业向现代法人制转变促进发展才是硬道理。浙江这些如何处理血缘关系与生产经营利益的经验,值得西南地区农村在乡村振兴中借鉴。

　　探讨中国西南地区乡村振兴本质实际上是中国西南地区"如何干"? 至少提出了课题组的一个基本观点:总体上抓市场经济取代自然经济,从引入工业生产方式和文化观念变革着手。

1.2.2　垂直山地和河坝自然地貌对制度建构的影响分析

　　俗话说,做事要有天时、地利、人和。现实中三者齐备才干的事实在不多,如果干事之初这三者都齐备了,干事就没有困难了。乡村振兴在西南地区的实践,可能短板在地利,而且其不利一面只能削减,不能完全消除。

　　山峰、山地、小坝子,可能是西南地区农村经济地理的普遍性三要素。其中,山峰是主角,时而与山地结合,时而与坝子结合。山峰与山地结合,带来的农村生产条件是坡地、梯田,居民分散(昌都地区山峰高坡陡,形成一个村民组沿狭窄的山沟绵延20多华里)。山峰的山麓或低峰坝子的结合,形成一小块平坝,人多地少,水电等公共基础设施成本比大平原也高许多。

　　山峰、山地、小坝子,市场经济的规模化、便利化、运输与交易成本降下来都面临着许多新问题。值得注意的是,贵州盘点了全省上万个坝子,占全省面积的4.52%,有2万平方千米。立足坝子发展特色经济,发展坝子经济,已经取得了初步成效。铜仁地区坝子最多最大,建设现代农业示范区14个,建立"景观农业"。

　　但是,现代的技术、山地发展的经验,表明在崎岖不平、山峰高耸的山地和零星坝子地区,同样可以建设经济发达、农民收入较高的现代农村。其中,我国台湾地区、日本就给我们创造了这方面的成功例子。在西南地区乡村振兴中,可以研究我国台湾地区、日本的经验,增加我们在乡村振兴中解决具体问题的办法。

日本多山地、少平原。日本发展农村的做法、经验与我国台湾地区在许多方面是大同小异的。日本农民的平均年收入高达756万日元,日本农村居民人均收入是国内的80倍以上。但是,我们认为日本发展农村有两点做法,值得在西南地区乡村振兴中研究,并结合实际改造与应用。

一是专业化基础上的特色产业。日本农户没有"小而全",只有"大而专";不为自给自足,而是专业化分工、工厂式生产。日本的农民都是专业户,种草莓的都种草莓,种番茄的都种番茄,种鲜花的都种鲜花。生产的产品几乎全部为商品,农产品的商品率极高。

二是对农产品进行精心包装。无论是大路货,还是新优品种,都是色泽亮丽,规格统一,令人赏心悦目。农产品的包装箱上都印有产品名称、产地、生产者姓名。比如白菜,有卖整箱的、一颗的,也有切成半颗或1/4颗的。全都用塑料纸密封包装。切开的白菜如当天卖不掉,晚上就扔掉。

坝子农业,已经被西南地区作为一种独立类型提出来了。坝子细分也很复杂,比如云南的坝子数量多、面积大,按成因和沉积物类型分为断陷坝、岩溶坝、冰成坝和火山坝等。在云南,每翻过一座大山,眼前总会出现一个绿色的坝子。云南的坝子之多难以历数,面积在1平方千米以上的坝子就有1 440多个。它们虽然仅占云南总面积的6%,但却是云南最美丽富饶的土地。但是,在山间小坝子里如何搞乡村振兴、如何搞现代农业?目前总体仍处在探索中。贵州威宁县秀水坝子因地制宜搞生产品种多样化,可以理解为多品种式集约化生产,大大提高了村民收入。"秀水坝子的农业支柱产业是烤烟,种植面积达12 000多亩,每年为村民带来7 000余万元纯收入。"威宁朝阳烤烟专业合作社负责人马武绍说。种烟合作社提供了许多服务,如育苗、机耕、植保、烘烤、分级等。如今,"秀水坝子里的12 000多亩烟地,我们最多一个星期就耕完,平整好。"剩下的土地种什么?在秀水镇党委、政府的引导下,坝子里出现了大大小小6个种植专业合作社,探索番茄、小葱、白菜、马铃薯等种植。

总之,西南地区如果能够借鉴我国台湾地区、日本发展山地农村的经验,在山地、坝子两个主要的西南农村的"培养基"上对乡村振兴有一套成功的做法,西南地区乡村振兴的大局可定。

1.2.3 少数民族农村地区同市场制度与机制的对接需要内外因结合

西南地区是我国少数民族集中居住的地区之一。仅西南地区的云南省,就有23个少数民族在这里居住。少数民族地区农村的发展,可以说是世界级的难题。

中国是世界上发展少数民族地区最好的国家之一。中国创造了少数民族地区农村发展抓住民族地区发展优势,在多种发展优势的结合中与市场经济对接的原名性成功范例。云南省怒江傈僳族自治州贡山县独龙江乡农村的发展,就是一个典型案例。

滇藏交界处的云南省怒江傈僳族自治州贡山县独龙江乡,是全国唯一的独龙族聚居地。由于历史和自然条件的制约,独龙江乡自然条件十分恶劣,一直是云南乃至全国最为贫穷的地区之一。2008年,全乡人均纯收入只有805元。独龙江乡巴坡村村民孟春林回忆道:"过去大家都是靠搭乘农用车来进出独龙江,路况也不好,一年的收入还不到1 000元。"

但是,独龙江乡也有发展的优势。最大的优势有三个:一是生态。独龙江乡拥有高达93%的森林覆盖率,以及原始而完整的亚热带山地森林生态系统。现在,利用生态优势发展的旅游产业:独龙江风情旅游小镇和独龙江 AAAA 级景区,创建已初见成效。二是神秘多彩的少数民族文化。其中,有代表性的文化是卡雀哇节、纹面、麻布纺织等。三是一大批共产党员是发展农村的"敢死队"。高德荣同志,就是"敢死队"队员之一。2010 年起,独龙江乡群众在贡山县"老县长"高德荣的带领下,发展草果、重楼、花椒、核桃等产业,绿色生态产业成为独龙族群众增收致富的主要来源。巨变始于 2014 年,独龙江公路高黎贡山隧道全线贯通,结束了独龙江乡半年大雪封路、与世隔绝的历史。

通过 5 年发展奋斗的独龙江乡,6 个村委会、28 个自然村通车、通电、通电话、通广播电视、通安全饮水、通 4G 网络。4 171 名独龙族群众从漏风漏雨的茅草房搬到宽敞舒适的安居房。1 000 余户群众全部住进了新房,草果、重楼、独龙蜂、独龙牛、独龙鸡等特色种植养殖产业遍地开花,4G 网络、广播电视信号覆盖到全乡,6 个村委会全部通柏油路,大病保险全覆盖,孩子们享受从学前班到高中的 14 年免费教育,独龙族小学生入学率、巩固率和升学率均保持 100%。2019 年 4 月 10 日,独龙族给习近平总书记的信中报告了一个民族整体脱贫的好消息。

通过云南省怒江傈僳族自治州贡山县独龙江乡农村的发展,我们可以看出,条件艰苦的高山少数民族地区也可以搞好乡村振兴。原则就是内、外因结合,发挥优势因素在乡村振兴中的"推进器"作用。以独龙乡为例,没有 2014 年独龙江公路高黎贡山隧道全线贯通,结束了独龙江乡半年大雪封路、与世隔绝的历史的外因,独龙族的脱贫致富是不可能的。但是,没有将生态优势变旅游产业优势、没有对独龙族文化挖掘与产业发展的结合、没有以高德荣为代表的共产党员充当脱贫致富与乡村振兴的"敢死队"等"内生动力",独龙江乡农村的发展也是不可能的。

我们概括到这里,特别要向以高德荣同志为代表的脱贫致富与乡村振兴的"敢死队"队员们致敬! 过去共产党员在战争中创造了以少胜多的奇迹,今天,又在发展经济中创造了世界奇迹! 这样的党得到中国人民长期拥护、长期执政是必然的!

1.3　西南地区乡村振兴的制度与机制建构的策略选择

毛泽东同志说过,政策和策略是党的生命。一定的政策和策略都是当时历史条件下合适的选择。萨缪尔森在《经济学》教材中也强调,经济学就是帮助人们对经济生活作出理性选择。中国西南地区乡村振兴任重道远、情况复杂多变,正确的选择显得尤为重要。但是,只要把握因地制宜原则,又能运用这个原则解决实际问题就好。这个可以说是"实际辩证法",即既从实际出发,又在掌握规律基础上超越实际,达到改造实际的目的。要超越的包括两个方面:自然地理与社会发展水平。

1.3.1　西南地区乡村振兴的策略原则是因地制宜

因地制宜作为西南地区乡村振兴第一选择策略,"因地制宜"本身是一个哲学概念,这好比经济学味道不那么浓呀,仍然用"比较优势"多好。

乡村振兴中的一个目标肯定是要形成比较优势。但若问比较优势是怎么来的? 比较优势是自己拥有的,还是从别人启发那里得到的? 比较优势肯定是自己拥有的,再从与别人比较中更加坚定了对自己拥有的比较优势的信心与认识。既然比较优势是自己拥有的,没有因地制宜的思想,怎么能发现自己的比较优势呢? 所以,中共中央党校原经济学教研部主任周天勇教授说,初级经济学是算盈亏,是数学;高级经济学就是考虑企业能不能持久赚钱,这要靠经济—哲学才能解决。

有人可能会说,因地制宜是一个哲学问题,我们是用经济学的眼光看乡村振兴。乡村本身是一个包括了社会、经济、文化等方面的综合体,用具有哲学意蕴的因地制宜观点看问题正合适。还有用经济学的眼光看乡村振兴,就要排斥哲学吗? 非也,经济与哲学的结合研究经济问题,是经济学创始人亚当·斯密用的基本方法。"经济人",就是哲学与经济相结合的产物。古希腊学者认为,哲学就是研究人的智慧的学问。还有,创立西方经济学的亚当·斯密当时是逻辑学即哲学教授。因为,当时的大学认为经济学就是"簿记"即会计,没有学问可言。

为什么西南地区乡村振兴要特别强调因地制宜的原则? 因为因地制宜上面联系着实事求是的思想路线。因地制宜是党的实事求是思想路线的具体化。毛泽东同志对实事求是的思想路线作过解释,包括两个方面:一要弄清楚"事"的内外关系或情况;二要找到这些关系或情况现象后面"事"的规律。因地制宜是实现实事求是的操作性办法、路径。

讲因地制宜也要与时俱进。当下讲因地制宜,我们要贯彻习近平总书记多次强调的"站在全局看局部"。如果不能"站在全局看局部"讲因地制宜,在市场经济条件下不可能有全面、可持续的发展。市场经济本身就是一个"天生带全局性的存在",可能即便搞了多年经济理论研究、有着丰富的经济实践经验的人,也未能注意到这个问题。著名的经济学家马歇尔在《经济学原理》中讲市场经济的概念时指出,什么是市场经济? 不是一笔笔具体的交易,而是一个地区基于制度的体系。说市场经济是"天生全局派",是有经济学依据的。在乡村振兴中,每一个村都分散在离城市远近不同的地方,忽视从全局视野讲因地制宜的错误,很容易犯!

1.3.2　因地制宜与西南地区内部自然地理差异承认与超越

自然地理的差异,是我们人类到一个地方首先看到的。要问西南地区与西北及东部沿海省区乡村振兴有什么不同? 人们首先想到的是高山峡谷与大漠绿洲、小桥流水的差异。随着技术的进步,自然地理的差异对发展的影响可以缩小负面性,但是这种差异永远不可能消失。

提出因地制宜与自然地理的关系,这带有很强的农村特色,在中国西南地区更加突出。

马克思和恩格斯在《1844 年经济哲学手稿》《家庭私有制和国家的起源》等著作中,将人、社会与自然界的关系称为"自然脐带"。意思是说,人类社会无论怎么发展,永远不可能脱离自然界,像婴儿通过脐带与母亲血肉相连一样。人类在经济生活中同自然界的联系是不一样的,在城市工业中使用多次加工的原料的企业、高科技企业,看自然界只是风景。农业永远是离自然界最近的产业,无论市场触角深入农业到什么程度。在农业讲因地制宜,首先要承认以"小环境"为中心的自然界,这是立足点之一。

以"小环境"为中心的自然界,首先面对的是自然差异。面对永远不可能消失的自然地理的差异,我们人类在发展中该怎么办? 即当下的选择策略。用一句原则性的话,就是因地制宜。

因地制宜在西南地区乡村振兴可以发挥什么作用? 简单来说,就是对西南地区内部自然地理差异承认与超越。

借助因地制宜的原则,我们首先就能在承认西南地区乡村差异基础上,找到蕴藏在这种差异里面的比较优势。比较优势,一定意义上也可以看成一种差异优势。没有因地制宜的思想,在纷繁复杂的差异面前,就有可能如看到万花筒后头晕目眩。有了因地制宜的原则,在纷繁复杂的差异面前犹如看到"万紫千红总是春"一样,喜不胜收!

关键是在纷繁复杂的差异面前实现超越。实现对事物差异的超越,就要对具体差异进行科学分析,从而借助科学理论或技术从差异里面找到优势,还要把优势变成发展的动力。其中,认识差异本身的特殊规律又是实现超越的关键。比如,东北地区的冰雪、西北的戈壁沙漠、西南的高山峡谷自古就存在,过去都是作为寒冷、荒凉、险阻等负面的东西来看待。"不能改变的东西,我们就发现它的优点吧!"结合旅游业的发展特点与规律,东北地区的冰雪、西北的戈壁沙漠、西南的高山峡谷都可能开发成为优质的旅游产品。著名的有哈尔滨的冰雪节、月牙泉的沙漠游、云南的虎跳峡等。看来,在因地制宜指导下把自然地理存在转化为发展动力,还必须用开放眼光、多角度、结合发展领域、项目,比较优势才能开发出来。比如,东北地区的冰雪、西北的戈壁沙漠、西南的高山峡谷,如果仅局限于当地人的生产生活,这些可能都是寒冷、荒凉、险阻的"负资产"。如果用开放的眼光看冰雪、戈壁沙漠、高山峡谷,对于少见冰雪的南方人,对于平原地区没有见过戈壁沙漠、高山峡谷的人来说,这一切都是新奇、"值得一看"的。当然,这些冰雪、戈壁沙漠、高山峡谷还要按旅游产品要求,进行各种建设、包装、推介。

借助因地制宜的原则,即便在西南地区农村发现了一个又一个比较优势,并且把它们都变成了产业,但是就单个优势来说,规模都不大,而且开发成本高。比如,西南地区有各具特色、即比较优势的旅游景点,但是,由于高山峡谷阻碍线路长、分散等原因,单个景点一年的游客人数不及故宫一天。怎么解决这个问题? 串联整合全域旅游,是解决这个问题的一个路径。另外,精细化中的差异化,是串联整合中还没有引起足够重视的问题。有人考察过台湾农村的休闲产业,发现精细化中的差异化做得好。这个经验值得重视。因为,没有精细化,差异化就没有吸引力。"细节决定成败",这在因地制宜基础上产生的比较优势中或许有广阔的应用空间。

1.3.3　因时制宜与西南地区内部社会与经济发展阶段及水平差别承认与超越

因地制宜中,社会阶段发展差异是一个公认的要顾及的问题,在乡村振兴中,这个问题显得更为重要。就拿农村来说,京、津、沪郊区的农民 2018 年人均收入达 3 万元左右,西部农民人均收入一般只有几千元,相差好几倍;在西部内部成都、西安、昆明等中心城市郊区的农民人均收入在 1 万~2 万元,边远贫困地区的农民收入在 5 000 元左右,个别"建卡贫困户"甚至可能更低。

下表是根据西南农村地区部分市、区、县农民收入表(2018 年"政府工作报告"或统计数据)所得归纳的大致数据。

单位:元

省或区	城郊农村	可支配收入	稍远农村	可支配收入	边远地区农村	可支配收入	备注（未搜到广西数据）
四川省	成都市农村	22 135	绵阳市农村	16 101	昌都市农村	12 548	
重庆市	渝北区农村	17 950	荣昌区农村	17 653	石柱县农村	12 845	
贵州省	贵阳市农村	15 648	六盘水市农村	9 976	赤水市农村	12 303	
云南省	昆明市农村	14 895	红河州农村	11 330	瑞丽市农村	11 629	

从表 1.1 可以看出,同样是农村,经济发展、农民收入差距巨大。其中,成都农村居民可支配收入 22 135 元,同北京 22 309.5 元大体持平,与上海、广东农村居民相比较,可支配收入 30 375 元或 26 020 元还有一些差距。其余西南地区即或是省会的农民,同北、上、广农民相比较,还有 5 000~15 000 元的差距。

同处西南地区,同样在省会附近,在成都的农民比在贵阳或昆明的农民,每年就多 7 000多元的收入。

即便在一个省或直辖市,内部差距也不小。同样是农民,在昌都地区就比在成都每年少10 000 元的收入。在重庆区域内农村居民的收入差距是 5 000 元左右,在云南、贵州差距是3 000 元左右。

毛泽东同志在《矛盾论》中说,不平衡是绝对的,也可以理解为是常态,而平衡是相对的。发展上的不平衡,特别是在经济上就表现为各种差距。因此,差距本身是中性的,即无所谓好坏,关键是人对差距的认识与处理方法。面对差距,也可能认为是无法填平的鸿沟,无法克服的困难,看不见未来的黑洞! 但是,有人从差距中激发了动力,把差距变成"差异发展"和"后发优势"。"沧海横流,方显出英雄本色"。差距即逆境,对勇敢者是登天梯,对懦夫是地狱!

在城市里,因为差距铸成了一波又一波美丽发展的故事,经济学上叫作"梯度转移"。当然,城市和区域间的"梯度转移"是有序和时间节点的,包括落后地区承接平台、环境打造与转出地的投资、扩散、溢出等经济行动。可不可以把这些城里利用差距的发展经验、办法用到乡村振兴中值得研究。

节约成本是经济学最基本的问题,乡村振兴中的发展首先表现为成本降低,这是农业进入市场的"入场券";

理性成本观、结构性成本的必要性与可节约性,或许是中国西南地区最需要的。

第2章 交易成本理论与西南地区乡村振兴制度与机制建构分析

乡村振兴,简单说来就是在产业振兴的基础上,全面发展农村包括农村居民在内的社会与经济发展,从而使整个国家实现现代化。农村产业核心问题,是一个自给自足的自然经济向市场经济转变,或者是用市场经济进行农业生产、经营的问题。根据二元结构理论,农村落后和农民贫穷根源在于自给自足的自然经济。为什么荷兰农民在人多地少的情况下、以色列农民在沙漠环境中,分别创造了二三十万元的年收入? 中国北、上、广农民收入3万元就不容易了! 西南地区农民在省会城市附近也就收入1万~2万元。差距鸿沟是怎么造成的? 根子在市场经济的制度、体制,具体的切入点在交易成本。经济学有个简单的道理:成本降下来了,效率就上去了,竞争力也就高了。市场经济是竞争和优胜劣汰经济,农业发展也要在竞争的泪水与欢笑中进行,不降低农业生产的交易成本,乡村振兴在产业上至少就是一句空话!

2.1 交易成本理论为乡村振兴的制度与机制建构提供了基本遵循分析

交易成本理论虽然从学术上归属于制度经济学的重要内容,但是,从发展经济学视域来看,也是经济发展的基本问题。落后地区之所以"落后",没有成本核算概念,或者成本居高不下,是重要原因。中国西南地区农村在乡村振兴中发展,首先必须降成本,才能进入市场。所以,把交易成本理论作为指导西南地区农村发展居前的理论。交易成本理论在中国西南地区乡村振兴中的指导意义,表现在为乡村振兴的制度与机制建构提供基本遵循。然后,对西南地区降成本的内容试图进行一些分析。由于中国西南地区处在内陆,自然经济本质上属于"自给自足型产品经济",因此成本观念淡薄,成本观上极端性思维特别重,要么无成本核算,要么恨不能"一锄挖个金娃娃",提倡理性成本观。

2.1.1 为什么能够为乡村振兴的制度与机制建构提供基本遵循

为什么说降低交易成本,关系乡村振兴的盛衰成败?这是农业与市场经济接轨的切入点。因为中国农业、尤其是西南地区农业,传统农业生产、经营成本高,没有什么竞争力。我们有一段时间听说,国家从农民手里买粮,比在国际市场上买粮价格还高。经核实,这不是谣言,而是事实。

为什么中国要从美国等发达国家大量进口大豆?还是成本问题。2016年中国东北地区每吨大豆的价格是4 800元,国际市场大豆价格是每吨385.2美元(折合人民币为每吨2 558.61元)。也就是说,当时在美国进口大豆,每吨要少花2 241.39元。在市场经济的成本差距面前,"谁便宜买谁"的经济行为规律,与爱不爱国的政治问题,八竿子扯不上关系。换了谁也会这么做,除非脑子进了水!

有人说,陈锡文、温铁军、党国英是"中国农村发展理论研究的'三上将'"。党国英就一贯强调,中国农业发展要盯住降低成本的问题[①]。党国英说,我国农业的粮食产量很高,但粮食的全要素成本是20 000亿。以这个成本按照市场价格卖粮食一定会全部亏损。如果我们的土地制度做适当改革,把粮食的要素成本降到5 700亿,就可以解决这个问题。中国现在吃饭成本太高,粮食没有竞争力。农业要强,他认为就是要降低农业的成本。中国农业的成本很高,从中国人吃饭的成本就可以看出这一点。在中国,城市居民的恩格尔系数为35%,而欧美国家一般在15%。吃饭成本低,对一个国家的强大起着重要作用。因为吃饭成本低,国民就敢于创新;吃饭成本低,人就敢于不储蓄,不用因为"怕将来饿死"而攒钱。中国未来中长期的经济发展一个很大的问题就是国内需求不足,农业成本能不能降下来,这关乎中国中长期的发展。党国英还说,农业生产成本高,不能全部推到农业生产条件、人口多上去。有些学者说中国的农业就是不行,欧美农业条件好,但经过他的调查,如果我们能通过土地制度改革降低生产成本,中国的粮食一样很有竞争力。有人说中国人太多,土地不够,但这其实不是土地资源不够的问题,你再短缺,能短缺过日本和荷兰吗?

中国农业到底能不能在降低成本中发展?除了学者的讨论外,还是要依靠事实来说话。2019年8月1日,中央经济频道以"大巴山里的'金山银山'"为题,报道了大巴山深处的四川省宣汉县龙泉乡包括降低生产成本、交易成本在内的乡村发展事实。

龙泉乡系四川盆地东北部盆缘高山区,群峰连绵,沟谷纵横,山高坡陡,最低海拔580米,最高海拔2 480米,平均海拔1 530米,耕地面积4 877亩,其中30度以上坡地占70%以上。过去,像这样的高山区农民仍然种粮食,只能在陡坡地上种点玉米、土豆。上山干活累死人,回家生活苦死人,是过去生活的真实写照。近年来,在当地党和政府领导下,龙泉乡人搞退耕还林9 200亩,森林覆盖率达80%。利用龙泉乡属喀斯特地形地貌,六大山脉托出十

---

① 党国英.农业要强,就要降低农业的成本[J].人民论坛,2015(5):46-47.

大主峰,常年云遮雾绕、宛若仙山,优势是适合发展旅游业,必须在大巴山深处修路。只要通了路,还为改变生产结构,面向市场提高了生产价值与价格,就同时降低了生产成本。

在大巴山深处修路,可是重要而不简单的事情。说重要,是因为过去没有上山公路前,中草药等山货依靠人背、马驮只能背七八十斤,或驮 300 斤,下山要花 2 个多小时,运输成本占出售价格的 30% 以上。说不简单,是因为修路缺钱缺物缺技术,且尽是 S 形盘山路。

宣汉县龙泉土家族乡罗盘村,离县城 170 千米,海拔高,土地资源丰富,适合发展中药材等特色产业。该乡以山归源种植专业合作社为龙头,以木香、木瓜基地建设为突破口,大力发展黄连、天麻、藏红花、重楼、百吉等名贵药材种植。名贵药材要运出去,就必须修出山路。1992 年,刚当上村主任的李永太提出修建村道公路的想法时,便招来一连串的疑问:"从山脚修到山顶,全是硬的岩石,没有机械咋修?""修公路的钱从哪里来?"李永太没有退却,他动情地对乡亲们说:"没钱,我们自己出;没机械,我们用手抠。难道等就能等出一条公路来吗?"说完,便拿出了家里的 10 000 元积蓄。在李永太的带动下,村社干部、党员群众纷纷捐款……2005 年年底,村道公路终于从海拔 500 米的地方修到了海拔 1 600 米的罗盘村腹心地带丁家庄,共修建村社公路达 48 千米,基本达到了户户通公路。"一个村,在没有项目、机械和技术人员的情况下,靠人工修通 48 千米村社公路,简直就是一个奇迹!"

宣汉县龙泉土家族乡罗盘村的事实说明,农业、农产品成本是可以降低的。可能需要多种条件配合,最主要的降低成本办法是调整以农业生产结构与发展交通为主要内容的农村基础设施。

2.1.2　西南地区乡村振兴中降低交易成本内容分析

什么是交易成本? 交易成本也称交易费用。

交易成本理论是由诺贝尔经济学奖得主科斯提出的。他在《企业的性质》一文中认为,交易成本是"通过价格机制组织生产的,最明显的成本,就是所有发现相对价格的成本"。

2009 年诺贝尔经济学奖得主威廉森最先把新制度经济学定义为交易成本经济学。威廉森将交易成本区分为以下六项:(1)搜寻成本:商品信息与交易对象信息的搜集。(2)信息成本:取得交易对象信息与和交易对象进行信息交换所需的成本。(3)议价成本:针对契约、价格、品质讨价还价的成本。(4)决策成本:进行相关决策与签订契约所需的内部成本。(5)监督交易进行的成本:监督交易对象是否依照契约内容进行交易的成本,例如追踪产品、监督、验货等。(6)违约成本:违约时所需承担的责任。

交易成本具有不确定性的特点,是指交易过程中各种风险的发生概率。由于人类有限理性的限制使得面对未来的情况时,人们无法完全事先预测。加上交易过程买卖双方常发生交易信息不对称的情形,交易双方因此透过契约来保障自身的利益。因此,交易不确定性的升高,会伴随着监督成本、议价成本,使交易成本增加。

有人把交易成本分为三类:(1)人与人在经济活动的成本;(2)人与物打交道的成本;(3)个别企业与社会打交道的成本,包括广告、物流、宣传推介的成本。

有人认为,生产成本的考察立足点是生产组织。对于农业来讲,到底家庭是生产组织还是法人是生产组织? 家庭与法人在农业生产中交易成本谁低? 这些问题都要具体分析。要承认家庭作为农业生产组织,在生产要素人的激励、管理、监督成本较低,有优势。法人在生产要素(比如农机利用、投资)的利用分摊成本、提高利用率方面有优势。到底在农业生产中,采取法人生产组织,还是家庭,这要看生产过程与发展潜力在人的方面还是物的方面? 一般说来,农业大规模采用机械、与社会联系增多的时候,法人农业生产组织的优势要大得多。党国英认为,要通过农村土地制度改革,大幅度降低农业生产成本。土地制度怎么改? 党国英把土地制度的改革分为两个时期:基础改革和要素改革。他认为,小岗村联产承包,是土地的基础改革;"三权分治",是土地的要素改革。

狭义的交易成本是与市场接轨的成本,包括包装、广告、谈判、合同、监督、物流等成本。这方面的成本要考虑市场共性交易成本,也要考虑农村特别是西南地区农村特殊的交易成本。特殊可能在于谈判与物流。农村特别是西南地区农村谈判大多由龙头企业或合作社代表,实际上是间接委托谈判。这种谈判既可能不是共识意思,也可能代表出卖当事人,也有农民签了合同不遵守约定的。如何在乡村振兴中加强对谈判共识、代表人与当事人对合约权威的尊重,都有许多事情要做。物流,包括以道路为中心延伸到信息乃至媒体一系列链条。

当然,未谈及中国学者关心的物流成本。从实际经济操作过程来看,成本包括生产、流通、销售主要环节的成本。有人认为,要把农业生产成本与交易成本联系起来考察,因为,它们是相互制约的关系。

还有人认为,农业结构的调整对降低农业生产成本与交易成本有关键性的意义。宣汉龙泉乡的例子佐证了这种观点[①]。

美国合作银行发布最新报告认为,区块链技术的资料管理能力,可以大幅提升供应链的效率并减少交易中的摩擦,可以降低交易成本。法国商品贸易商 Louis Dreyfus 便与三家欧洲银行合作,透过区块链技术来促进与大豆加工商的交易,以大幅降低交易的时间及成本。咖啡业者也开始采用区块链技术以追踪咖啡豆来源,而有机乳制品和肉品制造商也积极寻找区块链技术开发合作伙伴,用以验证有机食品的真假。区块链主要是改善商务交易来降低交易成本的。

2.1.3　要提倡理性交易成本观

亚当·斯密提出理性选择要求,是经济理性问题探讨的开始;赫伯特·西蒙指出"有限理性",深化了人们对经济理性的认识;萨缪尔森、诺德豪斯在《经济学》中,用"冷静头脑"使经济理性表述通俗化,并指出经济理性的现实存在是一个个"可能性边界"。

根据林毅夫教授的比较优势理论,每个阶段有不同的比较优势。但是,不管比较优势的具体表现有多少不同,其成本优势应该是共同的,其成本优势的生长点又不同。所以,任何

---

① 何坪华,杨名远.浅议农业生产成本与市场交易成本的关系[J].计划与市场,1999(8):18-19.

看似简单的问题一经仔细研究,都变得不简单了。

交易成本理论应用在乡村振兴的制度与机制建构中是一个动力过程,只有树立了理性成本观,才能不断地在每个阶段创造具体表现的比较优势,并寻找到成本优势的生长点。这些在中国西南地区农村显得特别有现实性。中国西南地区传统封闭的农业社会影响较大,过去有些老头、老太太终生县城也没去过,就逝世了。现在西南地区年轻人外出打工见了世面,但是,家乡社会传统负面性根本改造又是另一回事。受高山峡谷封闭地理制约,很容易固守"一招鲜,吃遍天""赢家通吃"的形而上学观点。

西南地区理性交易成本观的树立,切入点可能在于降低生产成本、增加交易成本必要投入并举。西南传统农业以家庭为中心,生产目的首先是养活一家人。所以,生产成本观念淡漠、交易成本吝啬,这是西南地区农村的普遍现实。市场经济,"必要成本"是成本问题的逻辑起点,无论是生产、交易,都是要有一定的成本的,没有成本就没有收益。但是,任何成本都必须控制在"必要成本"范围内。必要都是合理的,合理的都是理性的。

西南地区理性交易成本观的树立,在各个发展阶段要从经济发展动力中找到最容易陷入非理性的歧途点,用理性去矫正这个动力点,防止其陷入"一招鲜,吃遍天"的形而上学观点。比如,农产品进入市场阶段,由于以前(区域、国内)市场中没有这个产品,这个产品因特色鲜明且竞争者少造成"稀缺性高价"(价格与价值其实有相当背离)。但是,随着时间推移,其相同、相似竞争者进入,价格必然从"稀缺性高价"回归到价值与价格相对统一的合理价格,通俗地说,产品价格下降是必然的。我们必须提前认识到这个问题,依靠规模引领价格下降,在农产品生命周期中赢得先机。

2.2　西南乡村振兴中节约交易费用"短板"分析

我们认为,中国西南地区成本上有三块"短板":社会成本、农业内部交易成本、因为结构不合理而带来的成本过高。

2.2.1　西南地区农村社会成本的节约

什么是社会成本? 社会成本一词是著名经济学家庇古在分析外部性侵害时首先提出来的。社会成本是指按全社会各个生产部门汇总起来的总成本,也可以指某一种产品的社会平均成本。社会成本是产品生产的私人成本和生产的外部性给社会带来的额外成本之和。社会成本的分担与补偿的目的是促进社会公平。

节约或降低社会成本有什么意义? 从理论上讲,社会成本的降低,使生产可能性边界向原点以外扩张,使社会福利达到更高的水平。降低或节约社会成本,在原有经济发展模式下,也可能导致国内、国际贸易中介组织形式的变化。

西南地区乡村振兴要取得实在的效果,"生产可能性边界向原点以外扩张""国内、国际贸易中介组织形式的变化",都有不言而喻的重要性。根据社会成本的观点,不解决社会成本的节约或降低,西南地区农村与市场经济的联系,就存在"生产可能性边界""中介组织"的障碍。

怎样才能节约或降低西南农村的社会成本?"社会成本问题—科斯定律"可以给我们提供一些启示。

科斯定律之一认为:谁付出的成本更低,谁就应该担当更大的责任。比如,农夫避免意外所要付出的成本,比汽车、火车避免意外所要付出的成本低得多。因此,交通规则就有"保护弱者—行人条款"。为降低农村农产品运输的社会成本,各级政府投入了不少金钱修通镇或村的公路。这些公路线路长、分散、利用率比城市公路利用率低多了。从单纯的经济学看"不划算"。农村、农民是社会的弱者,要他们全靠自己积累修路,可能100年以后还不能实现"村村通"。不是有许多自力更生修路的典型吗?是的。但这不能成为国家不应该投资修农村基础设施的理由。这个道理很简单:几十年前就有雷锋,但是,我们仍然需要提倡主流价值观,加强德治与法治。

科斯定律之二认为:社会成本的降低或节约,要有一定社会资本的资产或项目。重要的不是资产或项目的产权,而是使这些资产或项目更好地利用。比如,钻石最早是归矿工的,因为是矿工把钻石给挖出来的,但你有没有见过,那些矿工满脖子都挂了钻石项链呢?没有。钻石都跑到哪儿去了?钻石不远万里跑到了"白富美"的脖子上,跑到了她们的手指尖上。企业或国家为降低西南地区农村社会成本,进行投资的结果是要形成一定资产或项目,这些需要维护管理,可能会形成一定的产权关系。西南地区的农村朋友也要正确对待这个问题,不能认为"国家投资,还不是形成了新老板"。

目前还没有专门研究农村社会成本的理论,但是,事实上社会成本在西南地区交易成本中占绝对大额比重。越是落后、边远的农村,这个问题越迫切。但是,生产可能性边界向原点以外扩张、降低社会资产或项目的更好利用,围绕这两个问题导向,我们认为不会有大的错误。

"中介组织"一套专业业务的学习、熟悉,我们认为也是西南地区乡村振兴中需要重视的问题。传统农业为了自己一家人的生活,没有必要学习、熟悉"中介组织"一套专业业务。但是,乡村振兴持久的生命力在于开放中农村与农业同整个社会及市场建立联系。现实的开放,总要借助一定"中介组织"才能联系起来。中介理论是黑格尔哲学的重要组成部分,黑格尔说,世界通过中介相联系。现实的经济中介,大部分归类"生产、生活性服务业",所以能存在与发展,就在于一套专业业务,比如金融服务、技术服务业,专业业务都很强,如果不能在学习中熟悉它们,同社会及市场建立联系,降低社会成本、交易成本不是一句空话吗?西南农村学习、熟悉"中介组织"一套专业业务的个人与组织还太少。

一般提到"中介组织",容易想到各类经济中介组织。其实,在农村利用各种社会性中介组织,也可以促进经济发展。比如,印度存在以经济品种组成的社区。班纳吉庄园就是把7个村子组织成一个茶叶社区。印度大吉岭地区有19 000公顷茶园,肯定包含若干村庄。印度在茶叶社区的基础上,发展茶叶旅游也取得了很明显的成绩。这些都值得中国乡村振兴借鉴。这种社会学意义上的社区建构,取得了发展茶叶的经济功能作用,在经济学理论上是没法解释的。因为,西方经济学有一个可能是片面的,"经济学越纯粹越好,要把经济学变成社会中的'物理学'"。但是,这种现象在马克思主义经济学里却可以解释,中国共产党的成功,可能与此有关。当年"支部建在连上",却改造了旧军队,创造了战争奇迹。在乡村振兴中,派驻第一书记,许多地方取得了脱贫攻坚、乡村振兴的推进,这就是社会有机体理论。按照社会有机体理论,社会各领域划分是相对的,可以互相转化,就像苏州园林中的"借景"。

2.2.2　西南地区农村内部交易成本的节约

在城市企业,为了增加利润,企业生产需要与其他企业打交道,还需要与地方服务行业(包括政府)打交道,以及生产组织、职工培训等,都要投入一定的资金。所以,美国管理大师彼得·杜拉克说:"在企业内部,只有成本。"企业的这些投入,统称为内部交易成本。随着农村与市场经济接轨,这些内部交易成本也会产生。

所以,对这些内部交易成本我们西南地区农村干部、群众一方面要看到它也是必须付出的内部交易成本,否则,利润就不可能产生。另一方面,又要树立内部交易成本节约意识。这如同一枚铜钱的两面。

有人对如何节约内部交易成本提出了各种观点。我们认为,有四个观点对西南地区农村或许有较大的参考价值。

(1)树立效益与成本联动的观念。按照经济学的基本原理,成本与效益就是一个因果链条。不能要求没有或过低成本,产生大得惊人的效益;反之也一样,不能成本很高,效益却与之不相称。西南地区农村过去同市场联系不那么紧密,家庭单位又掩盖了内部交易成本的存在。

(2)充分利用已经广泛运用的信息手段,超前性地控制内部交易成本。过去,成本产生了,才能分析其多少高低。信息手段已经可以适当超前性地控制内部交易成本。利用Lotus、Excel 等电子表格软件,就可以方便、快捷地对内部交易成本的主要源头——辅助管理人员,对其成本进行预测、决策,并可对控制过程实施监控,能够收到良好的效果。

(3)运用会计手段与制度,控制内部交易成本。前提是确保会计资料的准确性和可靠性,提高企业管理者和会计人员的职业道德素养,增强责任心和责任感,保持职业良知。

(4)借鉴西方国家公司内部控制的成功经验,明确成本控制的权责,保证成本失控的可追溯性。既要对生产领域成本实行控制,又要对流通领域成本实行控制;既要对生产者成本(开发设计成本、制造成本、营销成本)实行控制,又要对消费者成本(使用成本、维护保养成本、废弃处理成本)实行控制。

也有人对农村内部交易成本问题进行了专门研究。认为有三个因素对农村内部交易成本影响较大[①]。

一是采取什么组织形式。一般认为,在农村主要是在家庭组织与法人组织形式之间选择。经济规模不大时,家庭有优势;做大做强,法人有优势。西南地区高山峡谷阻碍,农业要做大做强,还有很长的过程。因此,在可以看见的时期内,家庭形式在西南乡村振兴中仍然

---

① 胡新艳.合同农业产生的交易成本经济学机理[J].财贸研究,2009,20(6):29-35.

是不得不采用的组织形式。但是,现实已经创造了把家庭优势与法人优势相结合的办法,比如,"合作社+农户""龙头企业+农户"。应该继续这种探索。

二是运用新技术是农村发展的关键,也是降低内部交易成本的关键。中世纪城市手工业为什么对传统农业优势不大?传统社会富人主要在农村、不是在城市?因为没有发生工业革命。蒸汽机发明以后,城市又连续发生了内燃机、计算机、互联网等技术革命。技术改变了生产和生活。城市技术创新成果在农村的应用,可以大幅度提高效益、降低成本,这是毫无疑问的。但是,农村受地形、气候影响比城市大,所以,技术在农村的应用,不得不考虑受地形、气候的影响。西南地区高山峡谷地形条件下,机械性技术应用无论如何也达不到大平原的程度。信息、社会服务这些不那么受地形限制的技术、应用可能是大力推广的方面。当然,也可以搞适应高山地形的机械技术。比如,台湾也是山地为主,阿里山果农用索道将山下的肥料等运上山,在果树下安装单轨车进行果树管理,用索道将果子运下山。重庆市江津区柏林镇一个养牛大户,花了5万元安装了索道,在山上养牛发展也很好。

三是人们的共识是很重要的降低内部交易成本的资源。"七爷子八条心",在西南农村地区这个问题显得更加突出。在中国农村搞什么事情,头痛的都是"开头难"!为什么难?人们共识达成不容易。与外面世界联系少,眼界不开阔,遇到事情不问科学,总是怀疑一通再说。承受能力弱,过去没干过的事总是信心不足。这个问题解决可能快不了。但是,这些问题不能很快解决,影响乡村振兴的共识形成,这是一个值得关注的问题。"七爷子八条心",干什么事情增大阻力,也就增加了成本。不能很快解决,但可以逐步改善、好转。

2.2.3 西南农村结构与成本的节约

著名经济学家厉以宁早就有一个观点:经济结构比经济量更重要。不过,当时厉以宁教授主要是针对全国经济结构调整提出这个观点的。

我们认为,在研究西南地区乡村振兴中的成本节约问题时,也可以将成本节约与厉以宁教授关于"经济结构比经济量更重要"的观点相联系。其实,任何成本不仅与量有关,更与结构有关。量越大,成本分摊基数越大,成本自然越低。但是,相等的量、或者量不能再增加时,结构的重要性就显示出来了。中国人早就注意到量与效益的关系,人们熟悉的"田忌赛马"的故事就说明了这个道理。赛马效益的增加,也就是成本的降低。

西南地区如何在高山峡谷地貌下进行结构调整?实际经验说明,看得见的时期内结构调整可能要分两步走。

第一步是在当地地形气候、土壤、历史、市场环境等条件下扬长避短,发挥任何与市场对接下的优势。这种优势是什么不能预定,只能在当地条件下去"制宜"。有的发挥传统艺术品、传统种养殖,有的发挥气候优势种植中药材,有的无中生有,有养野猪的、养殖澳洲牛的,等等。总的来看,在海拔800米以上、耕地在坡度20度以上地区缩小种植粮食、发展其他种养殖业。这个趋向从市场经济角度看,有合理性。过去,搞"以粮为纲",在不适合种粮食的地方进行玉米、红薯生产,产量上不去,规模扩不大,又累又穷,还形成水土流失。在中、高海拔山区,适当降低种粮食面积,是因地制宜的。同时,我国人均消耗粮食大大减少,其他特色食物大幅度增加,这一调整也顺应了这个趋势。

第二步是根据市场需求、价格信号,及时按市场需求进行品种、种植面积或养殖数量结构的调整。有人认为,对于市场需求、价格信号也要去粗取精、去伪存真。对于农产品更是如此①。有人研究过玉米、水稻、大豆等大宗农产品与突发性事件对价格的影响,说明了市场需求、价格信号有粗、伪与精、真之别。对于市场需求、价格信号要重视,但也不能草木皆兵,"听到风,就是雨"。对各种市场需求、价格信号都要预设一个"观察期",至于这个时间到底多久? 实践会告诉我们的。

新闻报道显示,中国对农村的投入总量已经不小。但是,为什么农村依然总体落后呢? 对于这种投入要作具体分析。一方面中国农村的贫穷落后是上百年积贫的累积,与其累积的广度与深度相比较,投入仍显不够。还有结构也是问题。相当长时期内,我们对农村投入结构是慈善"救济"式,通俗来说是"输血"。后来,转变为"造血式",又面临着分散、不及时、方式等结构问题。后面我们还要作分析,这里只是从成本角度提出这个问题。所以,"造血式"投入从 20 世纪 90 年代才开始,至今时间也不长。况且,21 世纪以来,特别是免除农业税以后,我们对农业的投入才开始大幅度增加。与上百年中国农村积贫积弱的时间、程度相比,我们的投入总体上还不足。所以,我们还要坚持对中国农村投入的量的增加、质的提高不变。对中国农村投入的各种不正确认识要多解释,并且必要的时候要进行矫正。

2.3　西南地区乡村交易成本节约阶段性"热点"分析

现实的降低成本是一个相对概念,从一定意义上可以说降成本"永远在路上"。经济学是讲实证的,在降成本可能重要的是"现阶段即马上可以做什么"? 为此,我们对西南地区乡村交易成本节约价格发现、市场竞争、创新驱动阶段,对每个阶段的阶段性"热点"进行分析。

2.3.1　价格发现阶段交易成本节约的"热点"分析

"价格发现",这个概念最先在金融领域被使用,现在也被广泛应用于对农产品的分析中。价值发现是指过去没有发现的价值被发现了、价值被低估的回归了。总之,价值发现是一件好事。但是,好事中间也可能包裹着风险、危机。农产品暴涨暴跌的例子太多了! 这些农产品暴涨暴跌有市场变化的原因,但是,这是唯一原因吗? 价格发现阶段交易成本节约的"热点"分析不够的问题呢? 我们认为是有的。

对农产品价格发现,我们要说两句话:一是好事。因为过去农村与市场联系不多,许多农产品价值没有发现或被低估。二是这里面包裹着风险、危机,弄不好也会成为农产品暴涨暴跌的原因。应对农产品暴涨暴跌的风险、危机办法是发现各个阶段交易成本节约的"热点"。

①　保罗·萨缪尔森,威廉·诺德豪斯.经济学:第 16 版[M].萧琛,等译.北京:华夏出版社,1999:46.

有一个共识性的观点,农产品的价值发现要通过期货贸易平台。期货平台对农产品的价值发现,又要分大宗农产品与"小宗"名优特色或季节性产品。期货平台为什么能够发现农产品价值? 有人作过专门研究,认为期货平台在生产者、商家、消费者之间搭建了一个开放式的信息沟通渠道。"信息沟通渠道"是期货平台的价值、农产品的价值发现的奥秘。期货平台这种开放式的信息沟通渠道如下图所示。

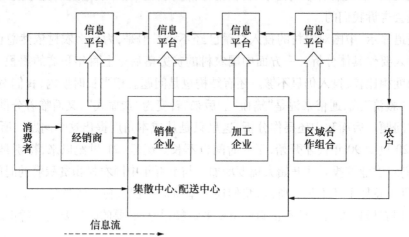

农产品价值发现具有波动性,这可能是农产品价格的特点之一。农产品价格的波动性,再也没有"菜篮子"装的农产品大了。受高温、台风等季节性因素影响,多地"菜篮子"装的农产品价格出现持续上涨。但是,随着全国大部分地区入秋转凉,灾害性天气减少,蔬菜和鸡蛋生产将逐步恢复正常,价格也将逐步趋稳。

价值发现阶段成本"热点"是什么? 如何把握? 苹果期货非理性涨价的事例,可以告诉我们答案。2019 年 5 月有数据显示,苹果期货发生了非理性涨价。按反映市场活跃度的"成交持仓比"计算,竟然超过了 6 倍、甚至 10 倍。苹果价格暴涨得利者是谁? 大批期货市场的投机客。种苹果的果农仍为减产而忧伤。我们认为,这种种苹果的果农没有得到好处的价格上涨,与农产品价值发现一点关系也没有。

如果农产品的价值发现等于价格暴涨,全世界人都会反对。农产品的价值发现,在一定时期内价格可能有上涨,但是,绝大部分好处应该归实体经济。实体经济有生产成本底线,不可能杀鸡取卵似的漫天涨价! 2019 年曾经发生了猪肉短期内涨价40% 左右的现象,这是一次典型的价格暴涨。猪肉零售价格一下子从 20 元左右涨价为 30 多元,北京与上海还涨到了每斤 50 元左右! 怎么处理价格暴涨? 以习近平同志为核心的党中央沉着应对,采取了以增加猪肉供给为主的各项措施加以反制,也就短短几个月,收到明显成效。从 2019 年 11月起,全国猪肉价格下降幅度达30% 。

这次应对猪肉价格暴涨的经验很值得总结。弄清两个问题是前提:这是全面农产品涨价,还是结构性涨价? 是供需全局性的问题,还是市场人为价格操纵? 从这次猪肉价格暴涨来看,是结构性涨价。因为,猪肉未带动鸡、鱼、羊、牛肉价格全面同幅度上升(虽然波及也涨了一些)。从这次猪肉价格暴涨来看,是供需全局性的问题,当然也有囤积、倒卖人为一些影响,但不是主要的。所以,应对这类型的涨价,国务院没有采取行政限价、打击市场不法行为,而是采取增加供应为主的措施。供应为主的措施,也分长期与短期,长期是扶持规模以上养猪业,短期是增加进口猪肉的量。特别要指出,据农业部门发布的资料,中国猪肉供应有50%来自一家一户几头散养,这是很大的猪肉供应急剧增加或减少引发价格剧烈波动的"肉价地震源"。道理很简单,小农户肉价下降时,霎时可以不养了,导致猪肉供应出现大幅度减少,反之亦然。不走向生猪供应规模化主导,猪肉价格暴涨暴跌的怪圈就不会消失。有一个简单事实是美国等发达国家的肉价涨落价格区间就不会出现暴涨暴跌。

看来价值发现阶段成本节约的"热点"是反对价格投机性暴涨,标准是价值上涨的经济好处"大头"归实体经济,而不是投机分子。

2.3.2　市场竞争阶段交易成本节约"热点"分析

农业是弱质产业,能不能做大做强、与工业品一样参与市场竞争? 可能在中国大多数农村、尤其在中国西南地区还是一个似乎很难达到的目标。但是,世界发达国家的农业已经作出了回答:农业一样可以做大做强、与工业品一样参与市场竞争。

2014年美国农民在大宗农产品中玉米(50%)、大豆(90%)、小麦(20%)等农产品占有世界农产品市场相当份额、拥有相当程度定价权;荷兰农民在人多地少、以色列农民在沙漠里创造了市场竞争力强、高收入的奇迹。

以色列农民在沙漠里创造的奇迹最令人动容。以色列农业依靠大棚温室、生物种植、科技应用农业等创新,在沙漠占据了2/3国土的情况下,一个农夫却能养活400人,占全国劳动力5%的农业从业人员,提供了全国九成以上的食物,农产品出口占据了40%的欧洲瓜果、蔬菜市场,被誉为"欧洲果篮"。其中,西红柿生产最具代表性。以色列西红柿每公顷产量300吨。西红柿具有外观好、品质佳、耐贮运、保鲜期长的特点,能在货架上无须任何特殊条件保鲜90天。单果重150～200克,产量高,果色大红鲜艳,转色一致;耐病性强,生育强健。

以色列农业走的是小品种、高科技、创新型的市场竞争道路。这对于西南地区农业如何参与市场竞争,有很大的启示。

我们国内学者关于市场竞争的三个层次的研究成果,对于西南地区农业建立市场竞争的制度、机制也有参考价值[①]。国内学者关于市场竞争的四个层次主要内容是:市场竞争犹如两个壮汉摔跤,不是一个点的对抗、角力,而是技能、体质、心理情绪等综合系统的比赛。要取得市场竞争的持续优势,牵涉到三个层次的问题:

第一层即最表面的层次,产品有无价格优势。"便宜的价格",总是需求、消费方面不可抵抗的诱惑。但是,价格优势来源于成本。在竞争阶段,随着技术成熟、规模扩大,单位商品成本下降。在行业中成本下降能否与行业保持一致、甚至领先,关系产品、企业在竞争阶段的兴衰成败。没有成本下降基础的低价,就是"自杀性杀价"。

第二层次是价值链的整合与定位移位。商品价格不是某个企业、某环保生产成本的价

---

① 薛兆丰.薛兆丰经济学讲义[M].北京:中信出版社,2018.

格,而是价值链的系统价值的价格表现①。一辆汽车的价格,绝不是汽车制造商总装工厂的价格,牵涉众多原料、配套等企业的生产、经营成本。就是小小的一个打火机,也牵涉塑料、钢铁、化工等成本构成的系统价格。具体企业及其产品在产业链和价值链上处于什么地位,地位升降,价值链整合力,这些都关系着具体企业与产品在竞争中是否获利。

第三个层次是产品的性价比,能否从"物有所值"走向"物超所值"。性价比问题,理论上是一个使用价值与价值关系问题。消费者付出的价值即愿意接受的价格,得到商品包含的使用价值与付出的价值一致,这是起码的要求。成功经验表明,标准化是实现性价比一致、稳定、可检测的主要路径。这个问题,在农产品问题上更为重要迫切。说重要,是因为农产品相当多的是"进嘴的",关系人民健康、甚至生命;说迫切,是因为这方面问题多,具体是非难说清楚! 比如,三聚氰胺问题奶粉,要专业机构多环节才能把问题弄清。

竞争阶段由于生产者与消费者信息不对称,性价比一致、甚至"物超所值",这是最大的问题。一个企业要依靠出售不合格、甚至是假冒伪劣产品过日子,这个企业离"行业出局"、破产的日子也不远了。

从农产品竞争阶段看,成本"热点"可能聚焦于性价比。三聚氰胺问题奶粉,当时摧毁了中国人对国产奶粉的信心。一个与性价比相背离的假冒伪劣产品事件,几乎摧毁了一个产业,石家庄三鹿牌奶粉企业负责人还付出了承担严重刑事责任的代价。这个成本还不高吗?

对于工业品反映出来的交易成本结构性变化,乡村振兴中也应该予以关注。什么变化?生产成本降低,销售成本上升;总利润随着生产规模扩大上升,单位产品的利润量与利润率下降。从市场经济的规律来看,工业品反映出来的交易成本结构性变化也是一个规律,农产品也总体上要皈依这一规律。这就给乡村振兴发展产业提出了一个任务:要根据农业产业规模状况,主动降低单位农产品价格,要随着生产成本降低,增加用于包装、物流、销售人员、销售条件改善等方面的投入。谁主动、尽早这样做了,核心竞争力将会大幅度提高,会成为农业产业的赢家。那些希望长期醉心于单位农产品"天价"(记者们不负责任地吹捧"一头牛卖了20万元",就是典型例子),不愿自觉增加销售成本的人,早晚会被市场经济规律教训。

2.3.3　创新驱动交易成本节约"热点"分析

创新驱动是经济发展升级的一个必然性阶段。这是列宁讲的否定之否定圆圈或周期,在经济领域中的表现。熊彼特在创新的时候,也认为创新有周期,技术上的创新周期与经济周期基本是一致的。

创新是当下见诸于媒体较多的概念。同时,听得很多的是创新与高投入、高风险联系在一起的。

创新驱动,可以同时节约成本,包括交易成本吗? 答案是肯定的。

对创新也要作具体分析:原创、由科学家进行的、颠覆式的创新,的确是高投入、高风险。但是,大多数企业的创新,是应用、改善、包括集成创新,绝大多数技术是现成的,需要做的

① 郑小稳.管理大师杜拉克的最新见解[J].人才资源开发,2000(7):47.

是:现成技术+企业环境与需求+市场需求①。总体看是"三点一线"的工作,并不一定起到成本高、完全有节约成本的效果。

如何才能实现成本较低的创新? 有人提出两点:

一是做自己熟悉业务的创新。俗话说"不熟不做"。在熟悉的业务范围内创新,可以节约大量的学习费用、"走弯路"的学费,这对节约成本的效果是无疑的。

二是应用性的创新,是烧钱而烧脑。试验、试错,就是"烧脑"。在硅谷以 StarAp 为代表的创业投资基金或者是天使投资基金,平均每年要投 800～1 000 个项目,每个项目投资额 5 万～10 万美元。也就是说,创业团队要在几十万人民币额度里,完成创新想法的测试及验证。如果做出样板客户、样板市场,后续的风险投资才会跟进。如果达不到要求,后续资本就不再给予支持,这是典型的通过资本进行容错纠错,是对创新验证的一种方式。

创新中技术、样品出来了,困难在于找到合适的商业模式,即"赚钱办法"。清华大学供给侧研究中心副主任朱亮认为,商业模式=渠道+成本革命②。比如,达能电器原本是一家传统电力制造商。在朱亮老师的帮助下,达能电器将传统的变电站、电缆管理与人工智能相结合,推出智能综合检测平台。搭建了一个物联网能源服务平台,顺利实现从传统产业到智能大数据企业的过渡。达能电器的顺利转型,正是通过对原有商业模式进行创新完成的。

①　厉以宁.经济结构比经济量更重要[N].上海证券报,2014-11-21.
②　刘维利,王明国.浅析农产品期货市场价格发现功能[J].福建质量管理,2017(19):91.

> 预期或信心,可以说是支撑现代经济的核心。
>
> 关注价格、关注需求、关注未来收益,或许反映了经济学认识预期的深化过程。
>
> 中国西南地区农村的经济预期"坎"或许是形势分析与各种预期联系的条件。

第3章 经济预期理论是西南地区乡村振兴的制度与机制建构的牵引

2019年8月4日,习近平总书记在给福建省寿宁县下党乡6位党员来信的回信中提出了一个重要观点:在乡村振兴中要发扬"弱鸟先飞、水滴石穿的精神"[①]。"水滴石穿",我们都知道是指做一件事情要成功,需要长期坚持奋斗。下党乡正是经过了30年的不懈奋斗,天堑变通途、旧貌换新颜,乡亲们有了越来越多的幸福感、获得感。世界上已经发展起来的国家,农业现代化都是经历了很长时间才实现的。英国从14—15世纪就搞"圈地运动",用地租使土地所有者与经营者分离。著名经济学家配第就是在经营农场中将农业生产成本计算到每一天。现在虽然搜不到英国现代农业实现的时间,粗略计算也有几百年。美国说如果现代农业起步于1862年的《莫里尔法》《赠地法案》,市场农业建立以1933年的《农业调整法》为标志,农业现代化也用了70多年时间。有人考证,法国现代农业开始于1852年的"第二帝国"时期,20世纪80年代法国提出"理性农业",时间也花了上百年。所以,习近平总书记关于发展农村、乡村振兴要发扬"弱鸟先飞、水滴石穿的精神"是有充分依据的。发展农村、乡村振兴非一日之功,我们靠什么坚持下去?从经济学上讲,"经济预期"理论可能就是西南地区乡村振兴的制度与机制建构的关键。

3.1 关于经济预期理论

经济预期、经济信心,越来越成为现代市场经济发展的关键。为什么会这样?可能与市场经济现阶段的特征有关。亚当·斯密时代,市场总体还是供不应求,所以,关键是如何通

---

① 习近平.给福建省寿宁县下党乡的回信[N].人民日报,2019-08-05.

过微观发展分工、宏观允许自由竞争把产品生产出来。随着工业革命、内燃机技术、电子技术一次次生产力质的飞跃,供大于求日益成为市场常态。在供大于求的时代,生产出来的产品能否有市场、卖得出去,成为生产者最关心的事情。凯恩斯提出自己的理论时,包括美国在内的全世界经济都处于"大萧条"中,凯恩斯的经济理论基础与指向是"经济预期"。未来,是具有很大变数的概念,经济预期、经济信心也越来越成为现代市场经济发展的关键。所以,经济预期理论在乡村振兴中的指导作用就显得很重要。乡村振兴还是要表现为增加农产品的数量、提高质量。这些质优农产品卖不卖得出去? 你说这个问题不重要吗? 同样的市场,为什么有的产品"皇帝女儿不愁嫁",有的产品促销手段用尽也不好卖? 直接原因是对经济预期理论不熟悉,生产的产品不合预期。因此,还是需要对权威经济学家马歇尔、凯恩斯、缪尔达尔、弗里德曼关于经济预期观点有所知晓。

3.1.1　马歇尔的价格预期理论

大多数学者认为凯恩斯是"经济预期"理论的创始人。其实,"经济预期"的提出人是经济学家马歇尔。1890 年经济学家马歇尔出版了《经济学原理》,在这本代表作中阐述了被经济学界称为"价格均衡预期"的经济预期理论①。

马歇尔把成本分为货币成本和真实成本。各种类型的实物资本、劳动和积蓄资本所需的"等待"合在一起,叫作生产的真实成本;为这些所必须支付的货币总额叫作生产的货币资本或生产费用,也就是由生产成本体现出来的产品的供给价格。通过对需求和供给的分析,马歇尔提出了他的均衡价格论。马歇尔着重考察了时间因素对均衡价格的影响。他把时间分为暂时、短期和长期三类。瞬时价格是供求暂时均衡的结果;短期价格一般是几个月到一年的供求均衡的结果;长期价格是长期供求均衡的结果。

马歇尔提出的"经济预期"的指向,是"静态分析和局部均衡分析"。他主张形而上学的"连续变化",确信经济变化和自然界的变化一样,是缓慢的、渐进的,没有本质差别,只有数量和程度上的不同。这种形而上学的哲学指导思想,使他在构造经济理论的过程中侧重于静态分析和局部均衡分析,而采用边际方法对商品价格的均衡进行量的分析。

从这个视角看,经济学界不把马歇尔看作"经济预期"理论的创立者,也是有道理的。

3.1.2　凯恩斯"有效需求"中的经济预期理论

凯恩斯在《货币论》《就业、利息和货币通论》中谈到了经济预期的有关思想。在《货币论》中,凯恩斯提出了流动性偏好的观点。这个观点认为,人们在对未来事态的变化感到难于预测的情况下,都倾向于持有货币。这种心理状态,是流动性偏好赖以存在的一个重要依据。他认为,流动性偏好与长期预期与均衡值是一致的,而短期预期则使经济变化无常。这是他的"经济预期"思想的主要内容。

---

① 　阿弗里德·马歇尔.经济学原理[M].廉运杰,译.北京:华夏出版社,2005:269-299.

在《货币论》中,凯恩斯初步讨论了预期对企业主行为从而对经济活动水平的影响。预期利润或亏损对企业主投资有着重要的影响。它之所以是经济活动水平的主因,是因为投资的引诱力由企业主预期从当前投资上所能获得的预期收入与他为生产资金必须支付的利率的对比关系来决定。

预期概念在《就业、利息和货币通论》中占有重要地位,是构成经济波动的因素之一。在《就业、利息和货币通论》中,凯恩斯进一步明确地提出了预期的作用,并把它作为宏观经济理论的主导思想。他认为,预期是影响总供给和总需求的重要因素,甚至是导致经济波动的决定性因素。凯恩斯对就业水平、货币供求、投资水平以及经济周期的分析与探讨,都是建立在预期概念之上的。

经济预期的源发机制是什么?凯恩斯给我们描绘出了一幅"信心—投资—就业"的经济发展逻辑图景。在这幅经济发展逻辑图景中,凯恩斯的预期理论特别注重信心的作用,认为预期、就业都是以经济信心为基础的。这种观点是有实际根据的,投资收益、就业生产,都是指望未来经济向好,收益才能从可能变现实,就业生产出来的产品才能卖出去。如果未来经济不好,投资会"打水漂";生产出来的产品卖不出去,也不会招工扩大就业。

凯恩斯正是依托"经济预期"理论,彰显了他的理论"革命性",他抛弃了古典的确定环境下的均衡分析,强调在不确定情况下的选择和决策。当然,在凯恩斯的理论体系中,"经济预期"理论还是充满了不自觉、不完善的初创弱点的。主要表现在对预期的论述是假设性的和零散的,而不是分析性的,有经验依据的。他的预期范畴特别缺乏可操作性。1994年威利斯评价是客观的,"凯恩斯在本书中把预期作为外生变量加以处理"。

凯恩斯的预期理论特别注重信心作用的观点,在西南地区乡村振兴中有特殊的现实意义。西南地区乡村振兴,也可能要经历打基础、建平台、树品牌、见效益等若干阶段。目前,正处于"打基础"阶段。我们在一个村调研,已经投入几百万元了,推土机仍停在没有平整完的坡上;果树才是幼树,等三年后才陆续挂果;加工车间还没有投产;从镇到村道路,还是弯曲的单行道;……这种情况下,没有对发展农村、乡村振兴的必胜、持续奋斗的意志,用一般经济思维:做任何经济活动都要"马上见钱、还要有赚头",怎么能够干下去?! 因此,在中国西南地区农村向农民普及经济预期观点,不是一个学术问题,而是实际需要。

3.1.3 缪尔达尔的未来收益预期理论

瑞典经济学家冈纳·缪尔达尔对经济预期的特殊贡献,可能在于他把经济预期定格、明确为"未来收益"。马歇尔通过价格讲预期,凯恩斯通过信心讲预期,相比较,缪尔达尔把经济预期明确为"未来收益",其学术性、经济学的规范性内行人一看高下优劣就明白了。

缪尔达尔阐述他的经济预期思想时,建构了一个理论框架"循环因果关系"。这个理论框架之所以能够建立起来,在于缪尔达尔的实际经验。联合国欧洲经济委员会(UNECE)成立于1947年,缪尔达尔是该机构的第一任行政秘书。该委员会负责欧洲西北部许多经济体的快速重建和研究欧洲大陆南部地区的经济停滞。实际上他当时是很受器重的智囊团成员之一。这个循环因果关系理论框架实际上是一个逻辑方阵,如下图所示。

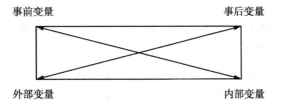

缪尔达尔指出,内部相关的经济变量是由需求、收益率和收入、投资和产出等因素组成。地区间的经济不平等,收入流和支出,循环强化了外生动力的传输。

缪尔达尔指出,事前变量主要是储蓄、投资等因素。缪尔达尔认为,不能将储蓄等于投资,企业家会根据未来收益来决定投资还是不投资。在这里,对未来收益的经济预期,就成了经济发展的有决定意义的东西了。

3.1.4 弗里德曼以货币均衡为中心的经济预期理论

米尔顿·弗里德曼是美国芝加哥大学教授、芝加哥经济学派代表人物之一,1976 年获诺贝尔经济学奖。

弗里德曼在经济学的学术上最著名的贡献之一,是货币主义经济学派的主要提倡者。他主张在通货膨胀与货币供给之间有着一个紧密而稳定的连结关系,于是,他首先是提出现代货币数量论。认为,通货膨胀是起源于"太多的货币追逐太少的商品"。所以,他极力主张政府可以通过控制货币增长来遏制通胀①。按照弗里德曼的思路,经济预期应该盯住货币量与商品价值量的关系,只要这个关系不出现全局性的问题,人们经济预期也不会出现大的问题。在众多经济预期中,应该抓住通货膨胀这个重点问题。从理论上讲,经济预期是经济心理学问题,"人心如流水,人心难测"。人们的经济预期既复杂,又多变。但是,对人们心理冲击最大的是通货膨胀。

通货膨胀问题是一个物价纵向的对比关系,我们一方面在经济生活观察中特别是宏观调控中要把通货膨胀作为一个重点来关注。但是,另一方面我们也要弄清物价在不同经济体制下的运行特点。自然经济体制下,人们的关注中心是实物,价格并不是人们的关注重点;计划经济体制下,"价格几十年不变,但'发的票证'越来越多";市场经济条件下,价格总趋势是允许价格每年2%以内增长。市场经济下生活的人们,既要享受物质商品越来越丰富的好处,但对每年2%以内增长要习惯。为什么?每年物价下降2%不是更好吗?如果每年物价下降2%,厂商大多不愿生产了,结果是供应全面、持续减少,物价可能更高上涨。

弗里德曼通过对货币量与商品价值量的关系的分析,抓住通货膨胀这个重点问题,就为经济预期实现可控性提供了理论上的工具。这个工具是什么?不引起通货膨胀的货币供给。政府要控制通货膨胀,只有在法律框架内控制货币增长。

弗里德曼的思想,后来发展成为"理性预期"学派。从"理性预期"学派的代表人物之穆斯的《合理预期和价格变动》文章可以看出,所谓"理性预期",仍然要以货币供应量基础上

---

① 郭田勇.郭田勇讲弗里德曼[M].北京:北京大学出版社,2009:120,176.

的价格变动为基础,也说明了"理性预期"与弗里德曼的货币供给理论之间的关系。

在乡村振兴中应用弗里德曼的经济预期理论,在乡村振兴发展产业中,我们也要旗帜鲜明地反对农产品的通货膨胀,农产品涨价要合乎规律。比如,2019年出现了猪肉价格上涨过快,一定意义上也可以说短期、结构性的通货膨胀。我们在农业战线,特别是在养猪业的同志,不能说:"农民穷,肉价涨有利农民增收。"也要同党中央、国务院保持认识上、行动上的一致。为什么? 农民贫穷状况的改变,从根本上讲不能依靠涨价来解决,要靠市场经济、科技进步。我们不能为眼下猪肉价格上涨过快带来的一点利益所迷惑。价格上涨过快、猪肉价格超过了城市一般居民的货币支付力、心理承受力,带来了需求萎缩,总利润减少,实际没有多少意义。历次通货膨胀的事实说明,物价暴涨,得好处最多的是投机商,不是生产者。况且通货膨胀带来的政治失望、混乱是灾难性的。

3.2　西南地区乡村振兴中的经济预期分析

中国西南地区农村如何运用预期理论,实现乡村振兴? 结合西南地区农村的实际,我们认为,消除极端化思维、正确处理预期条件问题、把握预期动态的阶段性特点可能比较重要。

3.2.1　要消除自然经济三种极端化片面性对经济预期的影响

萨缪尔森在《经济学》教材中指出,学习经济学的好处之一,是提高我们在经济选择中的理性水平。"选择中的理性水平",一定意义上也可以理解为使我们的经济预期与市场经济的实际特别是未来收益水平一致。"经济预期与市场经济的实际特别是未来收益水平一致",这是说起来容易做起来难的一件事。无论是在自然经济时代,或者是在市场经济时代,经济预期常常与客观实际相差甚远,我们常常以"我以为"为轴心来构建自己的经济预期。

中国西南农村在乡村振兴中兴衰成败的关键之一,在于西南农村的发展能否逐步与市场实际一致[①]。这就是一个经济预期问题。中国西南农村干部、群众的经济预期有什么用处? 马克思在《路易·波拿巴的雾月十八日》第二版序言中指出,要把他在理论上分析"法国阶级斗争怎样造成一种条件和局势",与作家雨果的《小拿破仑》联系起来。作家雨果的《小拿破仑》是文艺形式,它的长处在于写出了一个个人的行为,缺陷在于文艺形式的自身局限;不能从整体、本质把握历史事件本身[②]。经济客观方面是不会说话的,必须通过人把客观情况凝聚成人的认识和共识,并通过人的行动即奋斗使客观规律变成实际生活。其中,就经济发展来说,经济预期是人把客观情况凝聚成人的认识和共识的核心。搞一个经济活动,别指望有收益,即无预期,人们马上会纷纷离开经济活动;预期不正确,对经济活动的本身影响也大。

---

① 黄志亮,马红梅.经济理论创新与欠发达地区发展研究[M].成都:西南财经大学出版社,2017:144,207.
② 中共中央马克思 恩格斯 列宁 斯大林著作编译局.马克思恩格斯选集:第1卷[M].北京:人民出版社,1972:12,62.

彝剧《杨善洲》说明了经济预期在中国西南农村发展中的重要作用。杨善洲 1986 年退休后,放弃了组织为他安排在昆明安度晚年的机会,在大凉山创办了林场,一干就是 20 年,植树 7 万亩、修建林区公路 26 千米、架设高压线路 15 千米、解决了 4 个村 1 万多人的饮水问题、带动了 100 多户贫困户脱贫致富,等等。资料显示,1986—1991 年,是林场最困难的时候,经历了资金短缺、林场基础设施建设任务多、鼠灾、毒草侵扰等灾害,住在牛毛毡房里、点着马灯,杨善洲一个退休地委书记每月只有 70 元生活费,……这种日子,没有共产党员的信仰支撑下的"预期",怎么坚持得下去!

研究中国西南农村在乡村振兴中的经济预期问题,也是很复杂的事情,存在三个方面的任务:清除自然经济关于预期问题的影响;树立与市场经济一致的经济预期;精准树立能够在市场风浪中取胜的经济预期。

要清除自然经济对经济预期问题的影响,我们认为具体可能有三个问题要引起重视。

1)无经济预期

马克思在为印度、中国传统社会写的一系列评论文章中指出,封闭、狭隘是自然经济条件下人们的生存状态,在这种状态下,人们的主体性、首创精神没有开发出来。人们处于一种"无意识生存状态"。得过且过,"日图三餐,夜图一宿","30 亩地一头牛,老婆孩子热炕头",都是这种无预期的表现。人们没有经济预期也不是好事,人没有了追求,经济发展离开了人的追求,一切将是空话。农民主要是通过创业来提高生活水平,因此农村创业状况一定程度反映了农民经济预期情况。通过对重庆市黔江区乌杨村调研发现,山区农村目前存在创业领域小、分散、自主创业少等特点。怎样解决这个问题? 目前在实践中也发现了答案。山区农村、农民个人自主创业,提高追求未来收益预期从愿望到能力不足,这个问题短期内解决不现实。但是,山区农村、农民合作创业的愿望、能力也不可小看。不然,新型合作经济不会从沿途到内地、从平原到山区普遍发展起来。因此,当前还是要利用合作经济平台,逐步提高山区农村、农民摆脱自然经济的无追求局限。

2)"一锄挖个金娃娃"

"一锤子买卖"的经济预期,对市场经济的破坏性也很大。在中国西南农村,为了眼前的蝇头小利、牺牲未收益,"一锄挖个金娃娃"的自杀预期还大有市场,这也是值得重视和担忧的。苏全梅 2009 年在《生意通》杂志的文章认为,这种"一锄挖个金娃娃"的经济预期,对农村脱贫致富、乡村振兴的主要路径之———发展特色产业特别是养殖特色产业危害很大。有人还列举了养鹅,认为放牧养鹅是农家短、平、快的致富途径。山区生长着众多的鹅喜食的野生牧草,如水稗草、蒲公英、鸡眼草、鹅冠草等,营养成分高,污染少。每年 4—5 月雏鹅开始放养,至 9~10 月即可出栏,每只出栏鹅仅耗料 4~5 千克。如果放牧养鹅 700 只,共耗料 3 000 千克,出栏体重达 4.5 千克左右,按现价出售净利 1 万余元。如果种草养鹅,其直接成本不超过 15 元/只。但是,一次养鹅也只能赚 1 万余元,也存在技术要重新学习的问题,要负担一些风险。有"一锄挖个金娃娃"经济预期的人,也嫌赚钱慢又麻烦而不干。山区乡村振兴起点低,能干大事、赚大钱的机会又不多,养鹅这种麻烦一点又能赚钱的事若不干,又干什么呢？

3）各种投机牟利

俗话说"要小聪明、赚点小钱"。猪肉、蔬菜泡水,要秤短斤少两、以次充好等"要小聪明、赚点小钱"在中国西南农村也不时可见。不予以反对,争取逐渐减少,西南地区乡村产品的信誉、品牌怎么树得起来！

经济学在中国是最晚对国人产生影响的社会科学。有资料显示,中国的"经济学"概念是从日本引进的。中国最早讲的"经济",就是经世致用。政治味道浓于经济。因此,国人对经济学知识总体是欠缺的,经济理性也容易走向片面化。比较常见的是,一些人要么对挣钱不感兴趣,"钱都挣得完吗？"这是容易听到的一句话。要么又急于发财,总希望一夜暴富,不愿干马拉松式的或细水长流式的经济营生。对挣钱不感兴趣,总体上是不对的。市场经济就是无限的商品与货币循环过程。找钱,先决条件是提供社会需要的商品或劳务。找得到钱,就说明了你为社会提供了需要的商品或劳务,为社会做出了贡献。人们对找钱感兴趣,所以,市场经济需要人人为社会做贡献的好事。只是违法的钱,一分也不能找！经济生活的实践说明,无论社会经济如何发展,当老板始终是少数,大多数人都是为社会提供了需要的商品或劳务,得到工资或工资较高而成为"中等收入群体"就不错了。还有,无论是老板或"打工的",富裕起来都是一个马拉松式的或细水长流的过程。对老板或"打工的"来说,急于发财、一夜暴富都是不可能的。因为大多数老板只能得社会平均利润,大多数"打工的"能力提高、职级提升也需要时间。分析以上这些对经济"主观臆想"的观点,都是片面性作怪。对经济学的理论知识的学习,要和树立辩证法的思考问题方式结合起来,这是马克思在《资本论》中教给我们的基本方法。

3.2.2 逐步掌握预期条件与理性预期关系分析方法

要树立与市场经济一致的经济预期,就要弄清市场经济基本要求即特点是什么？

市场经济基本要求即特点,我们认为亚当·斯密和张维迎的观点,值得重视。

亚当·斯密在《国富论》第二章中指出,市场经济也是一种以"交易"为核心的经济。市场经济条件下为什么存在穷人与富人的区别？所谓"穷人",就是同别人进行交易或交换太少的人。反过来说,一个人摆脱贫穷的路径应该是努力增加同别人交易的物品。值得指出的是,可以同别人进行交易的东西不断在增加。现在很多无形资产也被纳入了商品、可交易之列。比如,不仅有形商品被列入了可交易的行列,许多无形资产,也被纳入了可交易之列。比如,订单、专利、商标。

张维迎在《市场的逻辑》中提出,市场经济的逻辑就是与陌生人合作,为他人创造价值,也就是为别人创造幸福。你为别人创造价值、创造幸福越多,你也就容易发财,收入也就越多[①]。

综合亚当·斯密和张维迎的观点,市场经济要求有两条:争取用自己的劳动产品同更多

---

① 张维迎.市场的逻辑[M].上海:上海人民出版社,2010:15.

的人交易;在交易中为别人创造价值、创造幸福,自己发财,收入也就越多。

这样看来,市场经济就简单了,在我们身边了。

现在问题是,生活中有人不是在增加别人想要的产品基础上去发财、增加收入。这就有缘木求鱼的味道了! 这种不是在增加别人想要的产品基础上的经济预期,也有可能走上"卖拐"即忽悠的邪路上去。

有一个故事,说明了不能给人带来幸福的经济行为,即便能取得一时的收益,这条路最终也是走不通的。相传一个小镇上有一户人家,起初日子艰难,但是,后院有一几丈悬崖下有一口井水。井水清澈,甘冽沁脾,远近闻名。一天家中有过路秀才前来借宿,虽穷但招待尽心。秀才临别时说:"家既好井,何不烤酒也可改变家中窘境!"于是,修书荐这户人家的儿子前往山外自己家学习烧酒技术。几年后,这户人家的儿子学得制酒技术回家利用自家井水开起了酒坊。俗话说,"好水好酒!"生意日益兴隆,这户人家迅速殷实起来。这户人家的父亲一生十里八乡,没有多少见识,且还当着家,琢磨:酒,水也! 酒卖钱,就是水卖钱。何不在烤好的酒中加些水,这样就能赚更多的钱! 于是,在烤好的酒中加了些水。买酒人回家喝后又买时问道:"你们家酒比以前淡了些! 但甘甜之味如旧。"儿子也给买酒人的话吓住了,对父亲说:"卖酒得讲良心,再加水卖不掉怎么办?"这家人父亲训斥儿子说:"良心,值多少钱一斤? 酒不加水,什么时候能发家? 少加点就是了。"照样在烤好的酒中加水,只是少了些罢了。不久,这个地方发生了地震,这家人的井水在地震中没有了。吃水也要到一里地外挑。这家就到一里地外挑水往酒里加水。以后凡喝过这家人卖出的酒的人都说,不是以前那个味了! 纷纷去别处买酒。这家酒坊不久垮了! 这家人的日子又像从前那样艰难!

这个故事说明,不能让其他人幸福的经济行动、想法后果严重!

如果中国西南农村在乡村振兴中按市场经济这两个要求行动,树立经济预期,乡村振兴特别是产业振兴也没有想象那么难,耗费时间也可以缩短。

3.2.3　预期理论的"四个阶梯"与乡村振兴中经济预期的动态性

1945 年出生于新泽西州,毕业于罗切斯特大学的理查德·塞勒——行为金融学奠基者、芝加哥大学教授荣获 2017 年诺贝尔经济学奖。查德·塞勒曾获文学硕士和哲学博士学位。但是,自 1995 年起任芝加哥大学商业研究生院行为科学与经济学教授、决策研究中心主任至今,查德·塞勒跨越了我们传统认为的学术和理论的"界限"。2008 年,他和马萨诸塞州剑桥哈佛法学院的律师凯斯·桑斯坦合著了《Nudge:关于改善健康、财富和快乐的决心书》一书。塞勒甚至也在 2015 年的金融电影《大空头》(以文学化手法描写过去十年全球金融危机的一部电影)中客串了一个小角色。

查德·塞勒将经济学与心理学分析的跨界融合,在行为经济学领域做出突出的贡献。经济预期问题研究,也可归属于行为经济学领域。所以,我们尝试运用查德·塞勒的"人类和'自控'之间的斗争"的观点,分析中国西南农村在乡村振兴中树立经济预期的状况与过程。

"人类和'自控'之间的斗争"的观点,是查德·塞勒对行为经济学的三个创新性贡献之一。这个观点的主要内容是:人们只有发现自己再也无法每月小存一笔的时候,才会奋力工作。这是为什么呢？塞勒及其从事行为经济学的同事们，通过开发出"未来-当下"这种新模型来解释这种显而易见的矛盾。根据这个模型，作为自己资金的管理者，我们会混淆"当下"和"未来"两个部分的资金概念。比如，原本每月存入10%的资金作为备用，会被购买雪地轮胎或修理楼上的厕所这些当下现实支出所替代。这就是"当下"和"未来"的矛盾。我们以为这是"当下"可以支出的资金，实际上我们在为未来做储备。怎样才能把"当下"和"未来"的矛盾处理得好一些？要依靠一种自我斗争之后的"心理暗示"。

由此可见，所谓"自控"，就是一种心理暗示。这种"自控"或心理暗示，又是我们处理好"当下"和"未来"的矛盾不可缺少的因素[①]。

中国西南农村在乡村振兴中树立经济预期的状况与过程中，查德·塞勒的心理自控观点在于，它揭示了西南农村在乡村振兴中树立符合市场经济要求的经济预期的切入点。

实践证明，中国西南农村摆脱自然经济影响，树立符合市场经济要求的经济预期，没有在农村以"当下"和"未来"为背景的，或者是说正确预期在于处理好它们的关系的"自控"，经济预期面临的实际问题解决起来会变得"无解"！有一个在农村不止一个地方出现的龙头企业与农民矛盾的事例：龙头企业与农民都有不遵守合同的记录。当市场商品下降时，龙头企业为了减少市场价格下跌的损失，往往就不按合同规定或约定价格收购农产品，农民意见不小；当市场行情好、价格上升时，往往农民又容易不按合同由龙头企业收购农产品，而要自己直接销售，龙头企业也有意见。如果龙头企业与农民不同步加强自我控制，增强契约意识与精神，可能神仙也不能解决这类"扯皮"的事情。

3.3 西南地区农村"经济预期"的策略选择

中国西南地区农村在没有积累丰富经验的情况下，如何进行预期选择？可能主要是要选择适应形势的预期，另外，要分类进行选择。比如，合作社与独立法人经济预期选择会有若干差异。中国西南地区农村合作社与独立法人，是经济预期选择两个主体，只要他们的经济预期选择相对正确，大局定矣！

3.3.1 适应经济形势的"经济预期"的策略选择

达尔文生物进化论有一个重要观点——适者生存。至少目前已经知道的生物学证据，支持了这个观点。这个观点在以人为主体的社会领域中目前主张谨慎应用观点的人居多。至少在市场经济背景下的经济发展中，这个观点具有相当适用性。

"适者生存"，在市场经济优胜劣汰竞争规律起作用的范围内，这个观点是发挥作用的。像下河游泳一样，每个市场经济背景下的企业，包括农村以生产农产品为主的企业，首先面

① 刘小兵.集群式创新的竞争优势探讨[J].商业研究,2004(9):28-31.

临的都是市场经济优胜劣汰竞争规律洗礼。可以说,这是市场经济背景下所有企业必须经过的"第一课"。这"第一课"及格或优胜了,以后的发展道路才能展开;若"第一课"考试失败,企业就此消亡了。

因此,西南地区农村经济发展还是要在"第一课"至少争取考试合格。经济预期问题,首先要解决在"第一课"考试至少争取合格问题。

怎样才能争取在"第一课"考试至少争取合格? 据目前研究的资料基础,具体要解决适应经济形势的"经济预期"的策略选择。

适应经济形势的"经济预期",首先要分析经济形势。树立经济预期的经济形势分析,要抓住三个重点:

第一,经济发展阶段。经济发展阶段,要判断处于"卖方市场"、还是"买方市场"? 即产品是供不应求或是供大于求? 不同的市场阶段,决定了市场环境,要具体根据环境来确定经济预期的"上限"或"底线"。有人认为,在供不应求市场环境下,要以"上限"为基准来确定经济预期。即弄清楚"自己尽最大努力能赚到哪些钱、有多少"? 供大于求市场环境下,要以"底线"为基准来确定经济预期。即弄清自己在保证不亏损或少亏损情况下,"自己尽最大努力能赚到哪些钱、有多少"?

第二,当前的供求关系及其价格趋势。供求关系及其价格趋势都是具体的。包括西南地区农村面临的供求关系及其价格趋势,都有两个关键支撑点:一是供求关系及其价格趋势受经济基本面(国家与区域经济大势、购买力、具体农产品量与质)影响,还是季节性、周期性影响? 二是价格运行处在底部、合适、高位? 不同支撑点下的供求关系及其价格趋势时间、应对策略是不同的。经济预期策略有人也提出了两个选择:"在忍受中求重生"、"三十六计走为上计"。具体如何选择,不是一个理论分析,而是一个"运用之妙,存乎于心"。

第三,自己(农村企业)能力。有句话叫力所能及。意思是说,能力之外,自己就办不到了。包括农村法人企业的能力,也是一个复杂的存在。过去,我们讲能力是关注现实的资产、市场、资金流等。有人认为,这些是现实能力,还应该关注潜能或潜在能力。比如,创新型企业及产品,市场潜力大于现实能力。西亚地区农村发展也存在这个特点:市场潜力大于现实能力。搞经济,可能最讲力所能及。凯恩斯反复强调,需求、购买力都要讲"有效",即有生产要素支撑特别是有货币支付力。经济形势分析了、需求与价格也清楚了,自己即法人能够做哪些事? 才是企业发展关键所在。如果有能力相匹配,这样的经济预期才能实现。能力,是对经济预期的一次最后、近乎精准的矫正。

三个重点如果抓住了,经济形势分析从总体到具体也就有了把握,在此基础上确立的经济预期,至少基础牢固了,就不会出现重大、不可挽回的失误。西南地区由于高山隔阻、峡谷幽深,对于经济大势及时把握都存在不同程度的问题。农村地区尤其如此。随着4G、5G互联网技术普及到村庄,给人们把握经济大势创造了条件。但是,并不等于经济大势从网上一搜就有了,利用这些资料结合自己实际进行研究、再研究仍然是不能替代的。在西南地区让每个村庄都有研究经济大势、建立农业经济预期的人才、条件可能不现实,以县为基础、延伸到行业协会、农产品品种的研究体系及其研究成果共享体系,是可以逐步建立并完善的。

3.3.2 作为合作企业"经济预期"的策略选择

"宁为鸡头,不作凤尾"。喜欢单打独斗,不愿不会当"经济配角"即做配套企业,这种思想在经济落后地区还广有市场。

学者刘小兵认为,集群式竞争与创新都有优势;学者向明生进一步论证了中小企业组成集群式参与竞争的重要性[①]。

无论是工业,还是农业,世界市场经济已经有 500 年左右的历史,"跑马圈地"时代已经结束,集群创新基础上的竞争已经成为"主流"。浙江省"农村创客"成为乡村振兴的主力军和"新农人"。2017 年"农村创客"就有 1 600 多人活跃在浙江农村。原来,浙江"农村创客"素质高,又成立了各种组织或联合体,有这么多"靠山",当然在农村一出手,就非同凡响! 浙江成立了农创客发展联合会,1 600 名农创客本科以上学历占 56%,有 18 个"海归",并同恒丰银行、省区域合作会、创投平台签订了战略合作协议。

与浙江比较,就知道我们西南地区农村发展为什么尽管有多方扶持,仍然步履艰难? 同社会组织、市场组织广泛合作,乡村振兴的道路才会越走越宽广! 我们树立经济预期选择面才会宽广!

我们西南地区农村在树立经济预期中,都会觉得选择面窄,甚至没有选择。选择路子狭窄,经济预期是"自己没有选择,说了不算数"! 由此看来,西南地区农村在树立经济预期中,必须打破"选择面窄,甚至没有选择"局面。怎么才能打破选择的窘境? 发展合作。

中国西南地区农村发展的合作主要选项:政府+龙头企业。农村特别是村庄独立打开同社会组织、市场组织广泛合作还是凤毛麟角。为什么不能尽快、较大面地打开? 一是农村人才素质需要逐步提高;二是需要利用、搭建平台。有句话说"握手、谈判是在同一层次的人之间才有的"! 这句话听起来刺耳,却是生活中的现实。浙江"农村创客"为什么能在短期内建立那么些同社会组织、市场组织广泛合作的成绩,原因在于他们是带着原来优质社会关系去农村的,去了农村要发展新的社会、市场合作关系,凭他们的素质+气质+气势也容易取得信任,增加成功的可能。这样,人的素质+气质+气势又与市场和社会组织平台形成了良性互动关系。

西南地区农村发展的合作选项要增加社会、市场方面,切入点一是尽力通过各种途径吸引城市较高素质的人参与乡村振兴;二是普遍提高村民素质。这两方面都重要、有作用。比如,派村第一书记就是一条成功经验。西南地区乡村振兴之所以能普遍开局,一些地方在不长时间内发展成绩显现,村民对未来发展的预期至少信心大增,与派村第一书记举措关系极大。

"选择面窄,甚至没有选择",这是西南地区乡村振兴中面临的窘境,合作又是打破这种窘境的途径。现在的问题就聚焦于能不能合作上面了。无论是与政府、与企业、与社会组织合作都面临两个问题:一是门槛即条件,二是利益。在经济生活中有一个值得关注的事实

① 向明生.中小企业集群竞争机理及优势探析[J].当代经济,2014(18):36-38.

是,门槛即条件都是强者主导或"说了算"。西南地区乡村振兴中遇到门槛即条件问题时,要分析谈判的实力或力量,既然能有合作之可能,实力或力量的强弱,只是相对的。某些政策也弥补了实力不足,对这一切要心中有数,该让步的地方不执拗,该维护的利益要锱铢必较。在处理合作利益上,要提倡把不算账与算小账结合,为长远利益"都后退一步天地宽"。这样才能既维护当下利益,也不至于掀了"合作的桌子"。

3.3.3　作为相对独立生产单位"经济预期"的策略选择

为什么要界定为"相对独立生产单位"？我们认为,一个企业或法人在法律上的定位与在经济上的定位是不能相同的。从法律角度看,只要具有企业或法人法律地位,企业或法人之间都是平等的,也必须独立承担民事与刑事法律责任。但是,从经济学的观点,市场竞争现今是集群竞争、产业链竞争,每个行业必须有、必定有实力最强的企业,行业内的所有企业必须与这个有实力最强的企业结合成集群、产业链关系,竞争才能有序化,实力最强的企业以下的企业自身才能生存发展。这看起来违背了平等原则,是"老大领头下的市场经济"。但是,有人说,平等主要是一个政治概念,选举无论穷人或富人,一人一票,这就是政治平等。经济是以股份、效益、创新实力为标准或基础的,股东大会投票权都是以股份多少划分投票权,不是一人一票！所以,"老大领头下的市场经济"是符合经济原则的。

在"老大领头下的市场经济"现实下,除了当行业最强的"老大",其余企业能做个独立生产单位也不错了！

中国西南地区农村在乡村振兴中虽然取得了与城市平等的发展权力。由于经济发展是以实力为标准或基础的。乡村振兴中农村能够取得与城市、与其他城乡企业"相对独立生产单位"就不错了,就打开了发展的大局。

云南省鲜花产业"从专到大"的路径,给了中国西南地区如何"做大"提供了实证范例。

云南省鲜花产业已经是蜚声中外了,云南利用自己的地理、气候、土壤优势,从1995年开始发展"鲜花产业",经过25年奋斗,在国际鲜花市场已经有荷兰等生产强国的环境下,打出了一片属于自己的市场天地。2018年生产鲜花114亿枝,盆栽花4.3亿盆,产值达529.9亿元人民币,带动了红河、曲靖、楚雄、丽江等一大片农村地区的发展。

云南发展"鲜花产业"取得重大成功的例子,也是西南地区乡村振兴信心提升的一个鲜活案例。这个案例说明了农村发展三个道理。

第一,农村发展必须发挥地理、气候、土壤等客观要素优势。农产品质量与特殊农村区域的地理、气候、土壤等客观要素优势联系在一起。比如,茅台酒只能贵州省生产,拿到东北与浙江生产,同样技术也不能生产出和茅台酒同等质量的好酒！这就是古人所讲的"南橘北枳"的道理。乡村振兴必须从发挥地理、气候、土壤等客观要素优势出发。

第二,尽管强手在前面,农村还有发展空间。云南发展"鲜花产业"的时候,国际鲜花市场早已经有荷兰等生产强国了。但是,农产品不仅受空间的地理、气候、土壤等客观要素制约,也受时间制约,俗话说的"保质期""新鲜度"。虽然现代技术可以打破原来的"保质期""新鲜度"界限,但是完全消除这种制约可能性不大。由于上述时空的影响,什么时候农产品市场也不可能完全被占尽！这就给了我们后起步的农村发展的无限可能。当然,这种开发可能也不是那么容易,需要才能、知识、见识、技术、模式、组织、条件、坚持等因素的组合。

第三,要专而大。农业发展起步专比工业品更容易,但由专到大更难。云南省的鲜花产业就具有专而大的特点。专就是鲜花,鲜花里面的品种也多(大)。鲜花也是云南省级特色即专业产业,联系着国内国外大市场。西南地区乡村振兴中,学习云南的"鲜花产业"要专而大的经验有特别意义。我们在调研中发现,西南地区乡村一些干部、群众在讲到发展时,"专"注意不够,却有许多"大"的想象。离了"专"的"大",可能只是一种想象!弄不好会变成大话的笑谈!

云南省鲜花产业发展的逻辑值得中国西南地区在乡村振兴中借鉴。农产品包括鲜花的"专",怎么才能产生?必须立足、借助特定的地理、气候、土壤等客观要素优势。"做大"的前提是什么?多。云南省鲜花里面的品种多,自然逐步大了。怎么突破土地、地理局限做大?红河、曲靖、楚雄、丽江等一大片农村地区联合起来闯市场!

乡村振兴战略是中共中央、国务院首先提出并推动的,从发展经济学来看,属于强制性制度变迁的理论视域。

　　强制性制度变迁由于有"自上而下"特征,过程参与因素是综合的,特别是不能将政治、经济、社会割裂开来看待。

　　中国西南地区农村创造的"联合指挥"制度与机制,或许不仅有实际操作性,也有学术价值。

第4章　强制性制度变迁理论与西南地区乡村振兴中的领导制度与机制建构

　　经济学的制度主义学派,在论证"制度创新路径"时承认,其路径有两个:一是自下而上;二是自上而下。所谓"自下而上的制度变迁",就是法人推动型,"先发现代化"国家就属于这种类型。厉以宁在《资本主义的起源:比较经济史研究》一书中,考察了发端于"集市贸易—市民社会"的制度创新类型①。厉以宁教授指出,采取这种类型的制度创新要花的时间成本太大。大约从10世纪古代城市在西欧就开始复兴了,1492年哥伦布"发现新大陆",世界现代化航船才真正启航,前后用了500年时间。被公认"自上而下的制度变迁"以德国、日本、马来西亚、新加坡等为典型。共同特征是政府推动型"自上而下的制度变迁",这种制度变迁类型好处是速度快,缺陷是政府作用容易变成腐败权力(韩国总统少有善终就是例证)。中国乡村振兴也是中国共产党十九大报告后才正式开始的,也属于"自上而下的制度变迁"类型。所以,研究中国西南地区农村在乡村振兴中的制度创新,要回顾有关"自上而下的制度变迁"的理论观点,抓住这种制度创新的特点、面临的障碍。

4.1　经济发展中政治(政党、政府)作用的经济学观点

4.1.1　列宁关于政治同经济相比不能不占首位的观点

　　"自上而下的制度变迁",特征是政府推动型。这个特征在理论上站得住脚吗? 因为,政

---

① 厉以宁.资本主义的起源:比较经济史研究[M].北京:商务印书馆,2003:59.

府属于政治组织,推动链结构是"政治—经济—社会",发展具有理论合法性吗? 亚当·斯密是反对政府干预经济的,后来凯恩斯又主张政府用政策工具实行宏观调控。凯恩斯当时并没有充分论证政府干预经济的理论合法性,凯恩斯成了权威,他的观点自然少有人去质疑了。但是,既然肯定政府推动发展型,还是要讲理论合法性的。

政府推动发展型理论的合法性,中心是要肯定政府既可以在政治领域发挥社会管理作用,同时又可以依法在推动发展、包括经济发展中发挥重要、不可替代的作用。

我们认为,政府推动发展型理论的合法性,是由马克思主义导师列宁首先创立的。列宁在《再论工会、目前局限及托洛茨基和布哈林的错误》文章中,提出了政治是经济的集中体现;政治同经济相比,不能不占首位,这是马克思主义的起码常识。

理论上肯定了政治对经济的优先性后,在实际工作中列宁就主张要发挥共产党组织领导经济发展的核心作用,苏维埃政权要积极发挥经济建设的组织与管理作用。列宁在《伟大的创举》一文中指出,镇压剥削者的反抗,实行无产阶级专政与经济建设,是"二位一体"的任务①。

列宁一方面强调要发挥共产党组织领导经济发展的核心作用,苏维埃政权要积极发挥经济建设的组织与管理作用,同时,强调党和政府要遵循经济发展规律,共产党员要积极学习建设的专业知识,才能正确地发挥核心作用、组织与管理作用。不同时代人对经济发展规律有不同的认识深度、广度及表达方式。列宁在当时对经济发展规律的认识也是处于领先水平。主要内容可以概括为以下五点:

第一,必须明确经济建设在党和国家全部工作中的定位。列宁不止一次指出,在镇压剥削者任务大体完成以后,党和国家全部工作中的主要任务,就要以经济建设为中心。列宁在《关于人民委员会工作的报告》中说,没有经济的恢复,我们就不能站稳脚跟。

第二,搞经济建设就要建立以合法性为标准的多种所有制结构并存的结构。列宁在"新经济政策"的代表作《论粮食税》中就指出,要以公有制为主体、包括工厂私有制、小业主制的多种经济成分,并要同世界市场接轨。"新经济政策"要建立的是五种所有制并存的结构。"新经济政策"公开主张恢复国内的集市贸易,还设计了吸引外资的"租让制"。对于当时资本主义国家在意大利热那亚召开的博览会,列宁主张积极参加,只是由于西欧资本主义国家的阻挠,未能成行。

第三,搞经济要重视组织、管理、纪律的作用。列宁在《怎样组织竞赛》一文中提出,要通过竞赛把全国组织起来。对于管理,列宁就主张、支持在苏维埃国家的工厂实行"泰罗制"即计件工资的管理制度。在加强纪律上,列宁在《俄国无产阶级专政的基本任务》一文中提出,要克服工人在职业上和地区上的散漫性、分散性。

第四,社会主义发展、经济建设要发挥人的责任心、主动性。列宁领导了社会主义竞赛、"星期六义务劳动",来焕发人们的建设热情。同时,列宁重视发挥在旧制度下成长起来的专家人才的作用,主张共产党员要虚心向他们学习,主张对这些人实行高薪,这叫"知识赎买"。

---

① 中共中央马克思 恩格斯 列宁 斯大林著作编译局.列宁选集:第 4 卷[M].2 版.北京:人民出版社,1972:12.

第五,列宁反复强调经济发展是一个渐进过程,与政治斗争不一样,要从小事、具体事情做起。列宁在《伟大的创举》一文中提出,少说些漂亮话,多做些日常平凡的事情,多关心每普特粮食和每普特煤吧!

在中国西南地区乡村振兴中,我们如果能够按照列宁的思想办事,一方面发挥共产党组织领导经济发展的核心作用,遵循经济发展规律,特别是共产党员积极学习各种发展农村的专业知识,我们共产党继在城市通过改革开放创造了发展的奇迹后,在发展农村方面必定可以在 21 世纪再创辉煌!

发挥共产党组织领导经济发展的核心作用,应该看作列宁关于社会主义经济建设的一个基本思想。对于这个观点的认同,在一些人心里成了障碍。在一些人眼睛里,经济就是经济,与政治离得越远越好,这样才是"自由经济"。总之,在一些人眼中,政党领导经济,就没有经济自由了! 这种观点是错误的,危险的! 2019 年"中美贸易战"中,特朗普给中国人上了一课,资本主义经济哪里是什么经济与政治分开,是什么"自由经济"。特朗普政府随时可以用行政(政治标准)权力向任何国家、企业挥舞"关税大棒"。"关税大棒"所指之处,什么国际关系制度、什么条约一切都不算了。胆敢不服,就是违法,可以制裁与法办! 马歇尔将斯密创立的"政治经济学",改名为"经济学",在学术上是站不住脚的。全世界经济本质仍然是"政治经济学"。中国共产党在战争年代,作为军事领导核心,创造了战争奇迹。中国共产党在改革开放中领导经济建设又创造了发展奇迹,证明了列宁关于发挥共产党组织领导经济发展的核心作用观点的正确性。

4.1.2　诺思国家是经济增长的关键及制度变迁"路径依赖"的观点

著名的西方制度经济学代表性的经济学家诺思,关于国家是经济增长的关键观点,从经济学视角肯定了国家可以在发展特别是经济发展中起关键作用[①]。如果读一下诺思所著《经济史中的结构与变迁》,他用专章讲国家在经济发展中的作用。诺思强调的所谓"路径依赖",其中重要内容之一就是强调国家在经济发展中的作用。诺思的观点,也在德国、日本、韩国、新加坡等国家的经济发展中得到了实证支持。

恩格斯为国家可以在发展特别是经济发展中起关键作用,提供了理论上的合法性:这是国家对社会、经济反作用的表现形式之一。恩格斯指出,国家对社会、经济反作用有三种:沿着与社会、经济相同,相反,或另外规定方向。

诺思关于国家对经济发展起关键作用有一些什么内容? 据上海财经大学陈书静博士对诺思的研究[②],主要体现在以下三个方面。

第一,国家提供一套制度性的产权框架。产权,实际上是一组权利与义务的组合,理论基础是卢梭的社会契约论。产权框架使国家兼备暴力性与秩序性两个面孔。在社会契约框

---

① 道格拉斯·C.诺思.经济史中的结构与变迁[M].陈郁,罗华平,等译.上海:上海人民出版社,1994:128.

② 陈书静.诺斯经济哲学思想研究:基于历史唯物主义制度演化理论的视界[M].上海:上海人民出版社,2008:70-120.

架内,国家代表与维护着现存秩序。产权框架受到破坏时,国家则可能动用暴力维护产权。

第二,对国家演化与经济绩效演化的分析。诺思分析了古埃及、波斯、罗马这些国家的演化及其对经济绩效的影响。诺思认为,一个时代的人们追求经济绩效最大化的手段、途径都是有限的。凡是为经济绩效最大化有贡献的历史上的国家,都值得肯定。比如,过去对封建时代的中央集权分析,人们用的学术方法都是从"超稳定结构"分析,这样只是看到中央集权负面性。其实,中央集权当时是促进了经济绩效最大化的。诺思这个见解有些道理,中央集权的反面就是四分五裂、内战不断,必然多养官员与军队,这个成本对经济绩效就是很大侵蚀。当然,在市场经济条件下,专制式的中央集权负面性就扩大了,必须代之在直接民主或间接民主基础上组成国家及政府。

第三,国家发挥功能可以促进经济增长。诺思认为,现代国家功能有三个:为产权运作提供一套"博弈规则",提供公共服务,提供意识形态维护现存制度与秩序。这三个功能,都可以促进经济发展。国家提供一套产权量化、资产评估、产权交易等"博弈规则",这些在现代市场经济中促进发展的作用是众所周知的。国家通过税收来提供公共服务,其中内容之一是发展社会福利、缓解社会矛盾。表面上要降低利润,但是,从整个社会来看是增加绩效的。试想,如果不给予那些处于困境中的人们帮助、或保证他们"体面生活下去",这些人早晚会铤而走险,不是犯罪,就是搞恐怖,那时社会付出的成本更高!

在讲到制度变迁路径依赖时,诺思指出,制度变迁的路径有两个:诱致型和强制型。诱致型制度变迁一般是自发性、自下而上、企业主导;强制型的制度变迁一般是更强调自觉设计、自上而下、国家主导。

诺思关于国家是经济增长的关键观点,也为我们响应中央号召,积极进行发展农村、乡村振兴行动提供了一个理论支撑点。

4.1.3 关于市场是基础,同时要更好发挥政府作用的观点

十八届三中全会公报中指出,经济体制改革是全面深化改革的重点,核心问题是处理好政府和市场的关系,使市场在资源配置中起决定性作用和更好地发挥政府作用。

习近平总书记在中共中央政治局第三次集体学习时强调,为了深刻认识建设现代化经济体系重要性,推动我国经济发展焕发新活力迈上新台阶,要建设充分发挥市场作用、更好发挥政府作用的经济体制,实现市场机制有效、微观主体有活力、宏观调控有度。

中国经济学界多数人认为,林毅夫较早、系统阐述了"充分发挥市场作用、更好发挥政府作用"的观点。

林毅夫在自己创立的"新结构经济学"学术研讨会上认为,在经济发展过程中,必须发挥市场和政府的协同作用。同时,政府的政策和各种制度安排必须考虑不同发展阶段的结构性特征。

林毅夫指出,为什么有些发展中国家是长期陷在低收入陷阱和中等收入陷阱?从他研究发展经济学来看,最主要是没有处理好政府跟市场的关系。所以,中国经济体制改革核心问题是处理好政府和市场的关系。

从新自由主义的教训来看,也必须要处理好政府和市场的关系。所谓新自由主义,强调

市场的作用,忽视了政府的作用,希望推行私有化、市场化、自由化,让市场配置资源,政府退出。导致的结果是推行新自由主义所倡导方式的国家经济崩溃,它的经济增长速度跟六七十年代相比更慢,危机发生频率还更高,主要原因是因为它只重视市场而忽略政府。

处理好政府和市场的关系,也是世界发展的成功经验。世界上 13 个国家,成功地从中等收入变成高收入,这些经济体有一个共同特点:在经济发展过程当中是有有效市场,但是政府在发展过程当中还是积极有为的①。

积极有为的政府为什么重要呢? 积极有为政府是"有效价格信号"形成的前提。经济竞争力来自比较优势,比较优势要求价格信号反映要素的稀缺性,这就是"有效价格信号"。要素的稀缺性需要从国家经济体角度才能确定。由此看来,没有反映国家要素稀缺性的价格信号,就是扭曲性价格误导!

有为的政府在转型中国家尤其重要,为什么? 第一,政府才能维护转型与稳定的均衡。转型中国家都存在一批过去收入好、从转型发展来看是违反比较优势没有支撑能力的企业。如果说一下子把各种原来存在的扭曲保护取消掉,那些产业就全部要垮台,造成很大的失业,带来社会不稳定、政治不稳定,所以需要有政府在。第二,转型发展需要顶层设计,政府才能承担这个任务。转型中国家本来资金、资源非常差,全部用去发展那些看来很先进的资本密集产业,又将导致转型中国家基础设施显得非常差。如果没有政府的协调支持,基础设施与先进资本密集的产业很难协调完善。再加上也有很多制度不完善,更必须有上层顶层的设计。所以,对一个转型中国家来讲,要完成体制从原来的计划经济向市场经济转型,还要完成生产力本质的从速度型到质量型转型,如果政府甩手不管,就不会自然形成一个良性循环,那么经济也不可能快速发展。

"充分发挥市场作用、更好发挥政府作用的经济体制",这是十一届三中全会以来 40 年的中国现代化经验总结。这个结论,不仅有重要的实践意义,其经济学术价值更大。凯恩斯主义的宏观调控理论,肯定了政府在经济发展、市场经济制度中的作用。但是,随着宏观调控在执行中出现了片面性的问题,一些经济学家就开始否定政府作用。当今包括发达国家的政府作用,要么缺位、要么越位。凯恩斯强调发挥政府作用要在法律框架下进行。以美国为首的、以关税为主要内容的制裁还有多少依法行为的味道? 有的就是"总统令"。

4.2　西南地区乡村振兴中的制度合力结构

4.2.1　党组织是乡村振兴中的领导核心和行动中坚力量

由于制度变迁的路径不同,制度的结构也不同。马克斯·韦伯在《世界经济史纲》指出"前

---

① 陈莹莹.必须发挥市场和政府的协同作用[N].中国证券报,2012-10-15.

资本主义"的组织发展逻辑:行会组织—商会组织—企业组织—国家;周穗明等著的《现代化:历史、理论与反思——兼论西方左翼的现代化批判》则指出,"后发现代化"组织发展逻辑:以德国为代表则是统一国家—容克地主向现代资本转型—以交通为切入点发展现代工业①。

中国西南地区农村在乡村振兴中,实现面向市场经济为逻辑主线的制度变迁、创新,这个制度的结构总体上是一个"合力结构"。提出这个结构的理论根据是恩格斯关于社会发展合力的思想。1890年9月,恩格斯在《致约·布洛赫》的信中,提出了社会发展过程是"交互作用—发展合力"思想②。恩格斯指出,社会发展呈现在我们面前的是一幅交互作用的图画,这些交互作用因素与现象都是偶然性,经济的运动才是必然性;最终将形成一种合力,一个结果,这个结果在个人意料之外,但合乎规律。

中国西南地区农村在乡村振兴中的"合力结构",是以中国共产党为核心的。中国共产党为核心,这是五四运动后形成的一个中国社会发展规律。领导我们事业的核心力量是中国共产党,共产党过去是我们取得革命战争胜利的核心;改革开放40年实践证明,中国共产党也是取得中国现代化成功的核心,自然包括实现乡村振兴。若问中国共产党已经执政70多年了,党的领导人已经换了几代,为什么还有能力成为领导核心?回答这个问题,不仅在历史事实中找得到答案:中国共产党成为领导核心,是长期革命斗争中中国人民的选择;在现实生活事实中,也可以找得到中国共产党成为领导核心的现实依据,这个依据是中国共产党能够提出并持续实施一系列符合现代化实际的理论、道路,而且通过"红色基因"传承,年轻共产党人仍然可以做到"不忘初心、牢记使命"。乡村振兴中"下派"几十万年轻人充当农村党支部第一书记。几十万第一书记牢记使命,使不少村庄发生了历史性的变化。黄文秀就是杰出代表。

中央农村工作领导小组关于《乡村振兴战略规划(2018—2022年)》第一原则就是坚持党管农村工作。毫不动摇地坚持和加强党对农村工作的领导,健全党管农村工作方面的领导体制机制和党内法规,确保党在农村工作中始终总揽全局、协调各方,为乡村振兴提供坚强有力的政治保障。

怎样坚持党管农村工作,坚持和加强党对农村工作的领导?重要的是两条:发挥农村基层党支部在"乡村振兴"中的作用;发挥好党员在乡村振兴中的核心作用。

"火车跑得快,全靠车头带。"农村基层党支部是党的全部工作和战斗力的基础,是农村各种组织和各项工作的领导核心,实现乡村振兴,离不开农村党支部这个"火车头"。目前共识性的认识有以下五点。

(1)农村基层党支部要认识实施乡村振兴战略的极端重要性和现实紧迫性,以强烈的政治责任感和使命感开展工作。

(2)要认真领会以习近平新时代中国特色社会主义思想和党的十九大精神为指导,扎实推进"两学一做"学习教育常态化制度化,注重提升支部班子素质,充分发挥党支部带领群众

---

① 马克斯·韦伯.世界经济史纲[M].胡长明,译.北京:人民日报出版社,2007:230-256.

② 中共中央马克思恩格斯列宁斯大林著作编译局.马克思恩格斯选集:第4卷[M].北京:人民出版社,1972:477.

脱贫攻坚的领导核心作用,不断提升党组织领导力,引领乡村振兴新航向。

(3)要常态整顿软弱涣散党组织,牢固树立一切工作到支部的鲜明导向,严格落实"三会一课"、民主生活会和组织生活会、谈心谈话、民主评议党员等制度,全面推行主题党日和远程教育固定学习日制度,加大对农村党组织的投入保障力度,不断提升党组织凝聚力,激发乡村振兴内生动力。

(4)要选优配强党组织书记,大力实施"青苗工程",加大后备干部的选拔培养,注重从致富带头人、回乡大中专毕业生、退伍军人、农民专业合作社负责人中选拔村干部,积极组织各类技能培训和履职能力培训,培养造就一批懂农业、爱农村、爱农民的"三农"工作队伍,不断提升党组织战斗力,统筹乡村振兴人才队伍。

(5)要加强乡风文明建设,用社会主义核心价值观引领农村社会思潮,扎实开展"学知识、兴业家、当先进"农民素质提升活动,培养新型农民,普及新技术,发展新产业,用好"党建引领,三治融合"乡村治理模式,推动乡村实现乡风文明淳朴,人民安居乐业,社会长治久安,不断提升党组织治理能力,打造新时代新农村。这样才能确保推动乡村振兴健康有序进行。

党支部的作用要通过每个党员的行动来落实。因此,共产党员要在乡村振兴中带头致富,带领大家致富,要在产业、乡村治理等方面带头作表率。俗话说"群众看党员,党员看干部"。如果我们共产党员在乡村振兴中带头创业,带头发展生产,带头致富,为群众趟路子、做表率,带领群众实现共同富裕,我们前进路上遇到什么困难都可以被克服。

4.2.2　党组织领导下的乡村振兴中的制度联合结构

"制度联合结构",这个概念不是凭空想出来的,来源于乡村振兴的第一线实际工作。课题组在重庆市黔江区春光村调研时,了解到乡村振兴组织结构上下左右,也是十分复杂。上下有从中央、到市区县镇各级党政组织与村,还有村外社会企业组织、社会组织,村内有党、村委会、企业、村民各种组织,怎样在村党支部核心的率领下,以乡村振兴为总目标,各司其职、各尽其能劲往一处使呢?村党支部书记说,这么多组织,我们以具体任务需要为标准,实行各种组织都充分发挥其作用的联合指挥。村支书举例说,比如发展蚕桑业,就以蚕桑党小组为中心进行组织协调,在尊重蚕桑龙头企业或大户的业务基础上,发挥各种组织的作用。又比如,养羊产业,就以养羊党小组为中心进行组织协调,在尊重养羊企业或大户的业务基础上,发挥各种组织的作用。这些养蚕或养羊党小组的党员都是技术上的行家里手、带头人。

这种"制度联合结构",体现了有中国特色的政党作用、党员作用、组织作用、业务规律的统一,是乡村振兴现实版的恩格斯讲的"社会发展合力"。

过去关于恩格斯讲的"社会发展合力"观点,学术界曾经有人写文章争论了好一阵子。有人认为,恩格斯讲的"社会发展合力"观点,现实中根本办不到。因为,平行四边形合力过程的结果指向四面八方,根本不会形成合规律的结果。这些同志忽视了人!重庆市黔江区春光村的"制度联合结构",如果没有养蚕或养羊党小组的党员都是技术上的行家里手、带头人这个根本条件,由他们组成有政治信仰、懂业务、会组织、会协调的党小组,"社会发展合力"的确办不到!

重庆市黔江区春光村的"制度联合结构",让我们更加佩服中国共产党人、包括基层同志的非凡创造力！正是这些创造,中国共产党人创造了革命、建设的一个个人间奇迹。

我们注意到,有同志从理论上也对乡村振兴中如何形成制度合力的问题进行了研究,提出了对中国西南地区乡村振兴有参考价值的两个观点：

第一,领导力是形成制度合力的关键。从全国来看,东西南北中、党政军民学,中国共产党之所以能成领导核心,其地位至今仍然无法否定、取代。为什么？中国共产党的领导力始终处于中国每个时代的最高水平。中国共产党的领导力是始终处于中国每个时代的最高水平,原因又在于这个党的理论指导始终能把握所有事情的规律,中国共产党在每个时代都把特定条件下的多数"社会精英"吸收到党内来。重庆市黔江区春光村是一个山区小村庄,我们在调研中发现,领导乡村振兴的下派第一书记在重庆医科大学附属医院从事行政工作多年,镇上驻村干部、产业党小组村民,都是"地位不高的人才"。

第二,党建跟着业务走是制度合力"落地"的关键。制度合力如何"落地"是关键。"落地"在哪里？在乡村振兴每一个有业务特质的行动、项目上。党建如果跟着业务走,就不能在懂业务的环境中整合各方,形成合力,制度合力就是一句空话。"党的组织要建在产业上",目前已经是中国农村党组织建设的一个趋向、一个现实、一个创新。党的组织建在产业上,使党在农村的党支部,已经不单纯是一个政治组织,而是与各种经济、业务活动相结合的有经济领导力的核心组织,这样的党组织领导下的乡村振兴大业,必定会如辛弃疾词写的：青山遮不住,毕竟东流去。

这种"制度联合结构",与我们平时听说的董事会、经理层、监事会等职责分明的经济组织结构似乎不一样。不过,仔细研究也没有什么值得大惊小怪的。经济与任何事物一样,结果都是简单地体现为 GDP、产品或服务,其过程都是复杂的,从生产要素到生产过程涉及场地、附属设施、设备、工艺、岗位人员、销售及市场环境等,哪一个环节出现了重大问题或变故,GDP、产品或服务的结果都会受到影响。经济与世界上任何事情一样,结果简单与过程复杂这两个方面都同时存在,我们容易只看到结果简单,而想当然地把过程也简单化理解,得出结论说"那有什么了不起的"！如果用结果简单、过程复杂来理解经济,对"制度联合结构"就不会有大惊小怪的感觉。同时,农业是一个特殊领域,地租以劣等地作为价格的起点,在工业领域绝不会以生产成本最高的产品或服务作为定价基础,这就说明了农业生产的特殊性。在全世界城市工业普遍采用企业法人制的今天,家庭农场即使在发达国家如丹麦、日本、韩国、美国也占比例上的优势。美国家庭农场就占 57%。中国乡村振兴是在农业生产力基础薄弱的条件下展开的,只有举全社会之力才能推进,要举全社会之力,没有"制度联合结构"是不行的。

4.2.3 "村第一书记"特殊身份与作用

2015 年,中共中央组织部发出了《关于做好选派机关优秀干部到村任第一书记工作的通知》(组通字〔2015〕24 号)文件,迄今为止,据中新网报道,全国有 19.5 万被选派到农村支部任第一书记的机关优秀干部,奋斗在脱贫攻坚、乡村振兴的第一线。当时,赋予农村支部任第一书记八项职责,主要是：

（1）认真履行建强基层组织、推动精准扶贫、办好为民实事和提升治理水平四项基本职责。

（2）做好"七个一"重点工作，即建强一个班子、上好一堂党课、走访一遍农户、记好一本民情日记、写好一篇调研报告、办好一批民生实事、协调落实一批帮扶项目。

（3）培养村后备干部，落实"三会一课"制度，严肃组织生活，建好管好用好村级活动场所，发挥服务功能。

（4）协调指导村"两委"理清发展思路，加快调整产业结构，发展特色经济，增加农民收入。

（5）开展贫困户识别和建档立卡工作，按照"因户施策"原则，协助村"两委"制定和实施脱贫计划。

（6）带领村级组织开展为民服务全程代理、民事村办等工作，关心关爱贫困户、五保户、残疾人、空巢老人和留守儿童。

（7）推动村级组织规范化建设，落实"四议两公开"，指导完善村规民约，提高村干部依法办事能力，促进农村和谐稳定。

（8）指导村党支部抓好农民教育工作，不断提高群众思想道德素质和脱贫致富能力。

"农村支部任第一书记"是一项极强挑战性的工作。有人概括了三个方面的挑战：

（1）"利益冲突+熟人社会"的挑战①。利益冲突壁垒主要表现是驻村第一书记进入乡村社会以后，第一，乡村治理精英的利益带来冲击。改变了原有的乡村治理格局，同时也改变了乡村社会原有的利益格局，必然会对部分内生型乡村治理精英的利益带来冲击，进而使两者之间产生一种互动的壁垒。第二，熟人社会壁垒。中国的乡村社会是一个典型的熟人社会，乡土秩序的构建基本是基于内部熟人之间的联结。驻村第一书记在乡村社会中从事治理工作最大的困境就是在于如何破解与乡村熟人社会之间的隔阂。

（2）"责任大权限小"的困境。破解这个困境的关键在于，要求驻村第一书记、乡镇党委及政府、村"两委"形成合作"铁三角"关系，乡镇党委及政府要安排人员专门协助驻村第一书记开展扶贫、乡村振兴工作，将责任机制、权力机制和激励机制纳入到同一个体系中。

（3）第一书记与乡村治理精英有机融合的挑战。我们党在村级建立党支部、村委会已经几十年了，能够当选村级建立党支部、村委会成员，大多数在当地也属于"乡村精英"。"乡村精英"与第一书记的有机融合，提倡要多看对方优势，不要盯着对方的缺点不放。"乡村精英"虽有"地头蛇"优势，但是，驻村第一书记作为组织权威的直接嵌入，本身就带有鲜明的政策资源和资金资源优势。如果能优势互补，就能够有效弥补村庄精英"能人型"的政策、项目、外面资源等短板，为农村发展转型提供更多的资源供给与可能空间。

第一书记工作不好做，但多数同志干得不错，成绩斐然。还涌现出了黄文秀等驻村第一书记典型。黄文秀同志生于1989年4月18日，2011年6月加入中国共产党，2016年7月毕业于北京师范大学，法学硕士，同年同月被录用为广西定向选调生，自愿回家乡广西百色

---

① 周穗明，等. 现代化：历史、理论与反思：兼论西方左翼的现代化批判［M］. 北京：中央广播电视出版社，2002：140.

・65・

老区工作,组织安排到中共百色市委宣传部工作,生前担任理论科副科长。曾挂任中共田阳县那满镇党委副书记;2018年3月,黄文秀同志积极响应组织号召,主动报名前往乐业县新化镇百坭村担任党组织第一书记。黄文秀担任村第一书记后,通过奋斗,使贫困发生率从22.88%下降为2.71%,集体经济也呈翻番增长。2019年6月16日,黄文秀同志从百色返回乐业途中遇山洪,因公殉职。习近平总书记对黄文秀同志先进事迹作出了重要批示,2019年7月,黄文秀同志被全国总工会授予全国五一劳动奖章。

习近平总书记2019年新年贺词中也说:"我时常牵挂着奋战在脱贫一线的同志们,280多万驻村干部、第一书记,工作很投入、很给力,一定要保重身体。"2020年的新年贺词又直接点了黄文秀的名字。习近平总书记说:"把青春和生命献给脱贫事业的黄文秀"。习近平总书记对黄文秀同志的批示、2020年的新年贺词中对黄文秀同志的褒扬,是党中央对广大农村党支部第一书记的肯定。

2015年,中共中央组织部发出了选派到农村支部任第一书记的指示后,"选派到农村支部任第一书记"就事实上成为脱贫攻坚、乡村振兴的一项现行制度。

实践证明,选派到农村支部任第一书记的制度是正确的、有效的。选派第一书记驻村帮扶抓党建促脱贫,是贯彻落实习近平总书记重要讲话精神和中央扶贫开发决策部署的一个重要举措,是中国共产党解决"三农"问题和培养锻炼优秀干部的一种制度创新。驻村第一书记为农村发展建设注入了活力,在解决一些村"软、散、乱、穷"等长期未能很好解决的突出问题,强化党对农村社会的领导,推动了富民强村、促进农村改革发展和谐稳定,以及培养锻炼干部等方面都起到了积极的作用。

中国社会科学院马克思主义研究院研究员李春华具体概括了驻村第一书记的作用[1]:

(1)是加强农村基层组织建设的指导者。建强农村基层组织和大力发展农村经济,构成当前农村发展的两大重要任务。农村发展、摆脱贫困,关键在于有一个强有力的领导班子。选派驻村第一书记的初衷之一,正是解决个别基层党组织软弱涣散村的问题,努力把村党组织建设成为坚强战斗堡垒。选派的第一书记是能力和素质较高的优秀干部,他们驻村后扎实工作,以党建为抓手,通过"传帮带"引领农村基层组织建设,村级基层组织建设得到加强,村党组织战斗堡垒作用得到增强,村委班子向心力增强,巩固了党在农村的执政基础。

(2)是农村先进思想文化建设的引领者。习近平总书记多次指出"扶贫先扶志",指的就是要扶志气,扶信心,扶精神。目前,包括西南农村在内的一些贫困地区,真正的贫困与落后,物质上的问题是源于思想上、精神上的贫困与落后,知识上的匮乏。因此,扶贫、乡村振兴,不是单纯的物质投入,更重要的是思想观念和精神状态的改变。"观念一变天地宽。"驻村第一书记深入村民中间,了解村情民俗,以"接地气"的方式宣传党和国家的政策,用科学理论教育引导贫困群众,破除落后愚昧思想,切实转变部分群众"等靠要""被扶贫、被振兴"的依赖思想,激发困难群众致富的内在愿望和动力,让贫困群众坚定脱贫与乡村发展的信心,焕发自力更生、艰苦奋斗、奋发图强的精神。

---

① 李春华.驻村"第一书记"在农村发展中的独特作用[J].人民论坛,2018(7):94-95.

（3）是提升农村基层治理水平的领路人。第一书记驻村之后，不仅把完善基层组织作为基层治理的首要任务。同时，健全农村社区民主选举制度，完善民主决策的规则，在决策之间加大协商沟通议事的力度；同时，通过法治实践，提高村民规则意识、法治意识、公共精神，提升村民参与治理的理性化水平。第一书记在农村发展方面的贡献更突出。第一书记在国家和农村之间建设一道桥梁，成为政策、信息畅通地上传下达的友好使者；通过引进项目、资金，依靠村民集资、社会捐资、涉农项目资金打捆、以劳折资等方式，解决这些关系到农村长期发展的民生问题。

驻村第一书记制度、机制，仍然需要进一步完善。如，驻村第一书记目标设置、权责相匹配的问题，智力资源和项目资金持续支持等问题，对选派干部的关怀和爱护问题等。这些都要仔细、具体地进行研究与完善。

4.3　西南地区乡村振兴中的制度合力障碍分析

4.3.1　城乡双向要素流动的制度障碍

目前对这种制度障碍分析文章较多。市场经济生产要素流动应该是自由、双向的。但是，从城市往农村流动人的要素、资本流动的实际来看，都有一些障碍，这些障碍要作具体分析。

资本要素向农村流动鼓励政策多一些，但是，面临的问题是"资本愿意去"的还比较少。为什么城市资本愿意去农村的少？有比较收益问题、有投资环境与周期问题、有农村人才与城市资本匹配问题等，政策可能还需要作精细、精准设计。城市人向农村流动制度限制多了一些，即便不能同时统统取消，但是，可以研究逐步、分批、个别取消。比如，城市退休人员在农村短期、长期养老政策可以放宽，把大量农村闲置房产利用起来。农村现在房屋有 7 000万套、空置率 35% ~ 50% 。目前两个老头、老太守着一个院、一栋楼的现象不是个别！有人认为，如何盘活这个房屋资产，潜力比土地大。

农村要素向城里流动，人的障碍已经不存在，2 亿多农民工在城市生活了几十年就是证据。目前就是解决短板，比如，落户、教育与福利均等。农村目前向城市流动障碍主要反映集中在物特别是土地上。中国人均耕地少，粮食安全这个问题始终是关注焦点。耕地向城市流动空间不大。现在讨论得多的是宅基地。不仅要研究宅基地的交易，可能更要研究盘活。华中师范大学农村研究院 2017 年组织对全国 31 个省（市、区）、207 个村庄、4 090 户农户的宅基地情况进行了调查，发现了四种情况：一是一户多宅不是个别。一户一宅，是中国农村宅基地分配原则，但是，东部农户平均有 1. 19 处，中部农户平均有 1. 15 处，西部农户平均有 1. 13 处。二是 10. 63% 农户有一户多宅，中部农户比例达 17. 71% 。三是宅基地闲置率全国平均达 15% 。四是外出务工者宅基地闲置率普遍较高，中部地区和西部地区都达 50%以上。调查说，如果给予一定补偿，闲置宅基地农户普遍愿意退出宅基地。

关于农村闲置、不好成片利用的山林,这个问题讨论较少。我们在调查中发现,这部分资源较分散,总面积加起来也不少。比如,有些小山包,只长着一些杂草小树,交通还比较发达,可否考虑作为园林盆景繁育、休闲地出租?

值得指出的是,"三变"只是提出了"资源变资产"方向,具体操作的结果来看,"流动"的范围、流动的频率仍有许多实际问题还没有解决。从流动范围看,主要是对企业、对城市"中等收入"群体的流动还没有纳入。有关专家估计,我国近年内"中等收入"群体将达到5亿人,若"资源变资产"向"中等收入"群体开放,将为乡村振兴引入大量资金与动力。从流动的频率来看,协议、协商流动还是主要形式,真正市场竞争流动还没有形成。同时,农民家庭闲置资产,还没有进入流动的范围。这些都是值得大胆研究,谨慎、有步骤实施的。

上述情况,中国西南地区与全国其他地区大同小异,只有合力关注研究。

4.3.2　培育、焕发农民的主体精神

培育、焕发农民的主体精神,哲学基础是人民群众是历史创造者的原理。但是,吉林大学朱雪微有一篇文章阐述了一个观点:从"乌合之众"的群众,到"创造历史的主体"有一个成长过程。这里也理论上奠定了人民群众是历史创造者与党的群众路线的统一。

为什么在乡村振兴的制度建构中,要讲培育、焕发农民的主体精神?一方面,在西南地区乡村振兴中要注重培育村民的乡村振兴参与能力;另一方面,任何制度如果不能够起到人民群众参与越来越多的作用或功能,这个制度优势就不能存在。社会中任何一项制度,都对应着对特定主体的动员、参与、能力集合与发挥作用。孙中山的政治观,讲政治就是和民众有关系的事,政治是管理民众和集合民众力量的统一。孙中山的政治观,讲的政治组织、制度是管理民众和集合民众力量的统一,还是有道理的。

乡村振兴的制度构建,归根到底是动员村民参与乡村振兴,并为其能力培育、发挥提供各种制度平台。

如果这样看问题,中国西南地区既存在制度为村民参与乡村振兴、并为其能力培育制度供给不足问题,也存在村民参与能力水平不高的问题。

课题组同志深入到多家农户谈乡村振兴问题,调查中发现,一方面村民对乡村振兴充满期待、很拥护这个战略,同时,当问到"能不能考虑你在乡村振兴中应该干些什么?可以干些什么?"至少有50%的村民回答道:"我们可以干什么哦!还不是看上边有什么招数。"看来,中国西南地区让村民在乡村振兴的舞台上大显身手、演出一台威武雄壮的历史活话剧还任重道远!

2018年4月,以"洋子农村事"名义发表了一篇"老农谈乡村振兴,不切实提高村民生活质量的振兴都是瞎扯"的文章[①]。文章中说,参与能力不足的村民,很容易成为"怀疑的力量"。这些"怀疑的力量",说话带"刺"的很多,村"两委"感到孤独。如何对这些"怀疑的力量",一点点进行转化,壮大能够带动乡村振兴的正能量,使村"两委"不再感到孤独,这是乡村振兴中要面对、解决的问题。需要指出的是,这些"怀疑的力量"中,不乏较有思想的人,转

---

① 周其森.农民心中的乡村振兴[N].光明日报,2018-11-29.

化后他们可能提出好主意、好想法。

这个例子中说到了农民"怀疑心态"问题,值得研究。《愚公移山》故事中的智叟,也是怀疑一通,最后转变态度。"智叟心路历程",可以看作是一个中国农村农民觉悟的普遍规律。如果认识了这个规律,我们就不会盲目责怪"农民觉悟低,农村工作难做!"也不会为农民有"怀疑心态"而打退堂鼓。面对农民"怀疑心态"怎么办? 一是耐心;二是事实教育。比如,在产业发展中,组织农民代表在搞成功的地方外出参观,在事实下大多数农民很快就抛弃了"怀疑心态"。

4.3.3　农村已有政治、社会组织向乡村振兴战略要求的转型

乡村振兴战略实施时,我们党已经在农村建立了政治、社会组织。这些组织在共产党执政中起着基础作用,在农村经济、社会发展中也做出了历史性贡献。比如,共青团支部、妇女、预备役,还有各类理事会,等等。这些组织对于实施乡村振兴的产业、人才、文化、生态、组织"五个振兴",一方面奠定了一定的"组织—制度"基础;另一方面,这些组织同实现"五个振兴"要求还存在各种差距。

诺思在阐述制度创新中,有一个"路径依赖"的观点。意思是说,创新制度供给中存在着一种对原有制度的"路径依赖"。原有组织,对创新制度有一种"惯性"。

我们认为,在乡村振兴的制度构建中,要注意农村已有共青团支部、妇女、预备役,还有各类理事会等政治、社会组织向乡村振兴战略要求的转型。在乡村振兴中,原有的中国共产党农村党支部从过去以村民小组(原生产队)为单位,组建党小组,向"党建跟着产业走"构建党组织转型,使原有农村党支部从单纯行政性、政治性组织,向经济型、社会型的嬗变。中国共产党农村党支部过去政治性、行政性很强,但是,农村党支部组织已经按"五个振兴"要求,成功转型。中国共产党农村党支部能够完成的创新、转型,其他农村已有共青团支部、妇女、预备役,还有各类理事会等组织,为什么不能实现。

农村已有政治、社会组织,向乡村振兴战略要求转型的问题,实质是共产党员在提高政治素质的同时,还要努力学习乡村振兴中有关业务、专业知识。共和国勋章获得者高德荣为了带动独龙族致富,后来寻找到草果种植,高德荣也向专家学习草果种植,学会后在独龙江畔搭了几间简易棚子,向4 000多人传授了草果种植技术,独龙江乡草果种植达到6 000多亩,产量达742吨,收入1 300多万元,使250多户村民户户有了收入,最高达13万多元。独龙江乡有6个村由于海拔原因,不适合种草果,高德荣又与有关专家联系引进重楼生产,现已发展到1 640亩,户均1亩多,实现了扶贫产业全覆盖。高德荣实际已成功转型,从一个领导干部,变成了一个带领农民因地制宜闯市场的"懂技术"的新型人才。

共和国勋章获得者高德荣的事例实际告诉我们,党在农村中原来政治性很强的党支部,包括共青团、妇女、农协、民兵等组织如何实现向乡村振兴经济建设为中心的转型路径问题。组织转型实质是人的转型问题,以共产党员、共青团员为主体的人如何从觉悟高、同时在技术上成为行家里手甚至专家问题。高德荣原来是做行政领导工作的,在乡村振兴中又成为带领农民种草果、重楼的专家。高德荣文化基础并不占优势,学技术时年龄也不小了,高德荣行,广大共产党员、共青团员为主体的人也应该能行!

> 新结构经济学,可以看作是发展经济学最新成果。
>
> 阶段性的动态比较优势,是最大的理论亮点,对中国西南地区乡村振兴具有直接指导意义。
>
> 西南地区乡村振兴的制度与机制要围绕比较优势来建构。

第5章 "新结构主义经济学"与西南地区乡村振兴的制度与机制建构路径

乡村振兴中的制度构建是动态的,还是静态的(指乡村振兴中的制度构建是一劳永逸)? 我们有辩证法基因的共产党人当然主张,乡村振兴中的制度构建是动态的。若进一步追问: 怎么动态? 我们认为,北京大学林毅夫教授建立的"新结构主义经济学",为乡村振兴中动态型的制度构建提供了路径。

5.1 "新结构主义经济学"是发展经济学的创新成果

林毅夫教授提出的"新结构主义经济学",这个创新的理论中包含着一个严密的经济学逻辑:发展阶段—比较优势—发展成功(中国、非洲的实践为实证)。正因为整个新结构经济学理论体系是以比较优势为核心构建,又以中国和非洲广泛的发展中国家为实证基础。所以,这个理论不是书斋中想出来、依靠假设与公式成立起来,这样的经济理论对中国西南地区乡村振兴可以发挥直接指导作用。怎样才能对林毅夫教授提出的新结构主义经济学把握其要点与精髓? 这就要对新结构主义经济学理论框架,及其核心论点与比较优势相结合,还要联系西南地区农村比较优势,带思考性地来学习与应用这个理论。

5.1.1 "新结构主义经济学"的理论架构

何谓新结构经济学? 新结构经济学的研究对象是经济增长的本质及其决定因素[①]。新

---

① 林毅夫.新结构经济学的理论基础和发展方向[J].经济评论,2017(3):4-16.

结构经济学采用的研究方法是用新古典经济学的分析方法,研究现代经济增长的本质及其决定因素。也就是用新古典的分析方法来研究在发展过程中,经济结构及其演化过程和影响的决定因素。依照惯例,应当取名为"结构经济学"。但是,为了区别于发展经济学的第一波思潮"结构主义",故取名"新结构经济学"。

新结构经济学的切入点是要素禀赋结构这个具有"范式"意义的中心概念。按库恩现代社会科学创新的基础、关键是确立研究范式,范式也是一个中心概念。要素禀赋结构,是新结构经济学的研究范式、一个中心概念。新结构经济学认为,一个经济体(现实中可以理解为一个国家经济或区域经济),在每个历史阶段、时间节点上,其产业和技术结构的基础,内生于该经济体在特定该时点上给定的要素禀赋和结构。这种要素禀赋结构是给定的,又是可以随时间变化的。

要素禀赋及其结构为什么对生产力这么重要呢? 因为,在某一时间点,要素禀赋及其结构,决定了经济体在该时点的总预算和生产要素间的相对价格。要素的相对价格,又决定了可选择技术和产业的生产成本。

以要素结构为核心的经济运动或经济发展如果展开,就存在一个三角逻辑关系。

如果选择的技术和产业与要素禀赋的结构特性相适应,企业的生产成本就会较低,具有比较优势。进而如果所有产业或技术都符合比较优势,那么要素生产价格会最低,经济体就会表现出巨大的竞争力,因而与要素禀赋结构所决定的比较优势相适应的产业结构就是该时点上的产业最优结构。换句话说,要素禀赋及其结构内生决定了经济体在该时点的比较优势内容。而具有比较优势的产业、技术和企业,其自生能力或自我成长、自我创新能力都比较强,这个经济体的经济也可以得到快速、持续的发展。

有人评论"林毅夫教授的新结构主义经济学,是中国人离诺贝尔经济学奖最近的创新成果"。我们认为,这个评论兑现固然要以后的事实来证明,对林毅夫教授的新结构主义经济学的这个评论还是专业、实事求是的。

当然,对林毅夫教授的新结构主义经济学的质疑声也是有的。我们对学术性观点有以下认识:

第一,关于学术归类问题。林毅夫教授把新结构主义经济学,学术上归类于发展经济学。他说,新结构主义经济学是理解经济发展的一个概念框架。有人认为,林毅夫教授这种学术归类不对,因为从《发展经济学》理论教材中,核心概念不是结构。这种说法也有其根据。的确,不一定发展经济学的教材都以"结构"为中心展开理论,不少教材以"投入-资本"来展开发展的逻辑,也有用"国家工农业之间的经济结构"来展开发展的逻辑。学术观点的多样化,符合现代社会科学的发展规律,更是经济学的传统与优势,用这种现象作为质疑依据,是一种教条主义在作怪。谁说新结构主义经济学只能同《发展经济学》理论教材对应,而不能同包括中国在内的发展中国家对应?"发展经济学"有广义与狭义的。广义的发展经济学,是经济学关于经济发展观点的集合及其包括中国在内的发展中国家的发展实践;狭义的发展经济学,是那些《发展经济学》理论教材。如果用这样的标准看问题,乡村振兴研究也没办法研究了,因为,在《发展经济学》理论教材中只有一章。用这一章的理论内容及观点,能够研究复杂的乡村振兴吗?

第二,有人把新结构主义经济学的理论容量确定在"中观经济学"。因为,《发展经济学》理论被定为"部门经济学"。如此一套,新结构主义经济学被确定在"中观经济学"。我们认为,这种观点把理论本身与理论应用范围混淆了。如果承认发展经济学理论的系统性、严密性,那么她就是一个有相对独立性的理论。至于讲到她在经济学的地位,为了突出萨缪尔森、诺德豪斯编写的《经济学》教材像一座房屋建筑那样的基础性,认为其他如产业经济学、区域经济学、演化经济学、发展经济学等不过是在这座"地基"之上建立起来的"建筑",即"部门经济学",为了排序需要而区别顺序也未尝不可。但是,本质上发展经济学是一个系统性严密的理论。这个理论可以应用到国家、区域、行业。如果应用到国家乃至世界,发展经济学是宏观经济学;如果应用到区域、行业,它可以是中观经济学。谁说或者谁规定包括新结构经济学在内的发展经济学理论,只能同区域、只能作"中观经济学"存在,不能应用到国家乃至世界?须知,发展经济学的最初研究者都是发达国家的经济学者,他们当初的研究对象都是以"发展中国家"为对象的,是宏观的。

第三,有人说新结构主义经济学"无结构"。他们所讲的"无结构"是什么呢?旧结构主义经济学讨论的制度刚性和结构刚性问题,如果用这个标准看新结构主义经济学,那就是不合时宜地坚持旧结构主义的形而上学思维方式。新结构经济学坚持的是经济发展历史、动态的辩证法,用形而上学的观点看辩证法,的确"看不懂,越看越糊涂"!

5.1.2 新结构经济学核心观点比较优势

林毅夫在《繁荣的求索:发展中经济如何崛起》第6章设计了一个自问自答的标题:"新结构经济学新在何处"?在回答这个问题时林毅夫说道,如果发展中国家政府采用新结构经济学,按照本国的比较优势促进相关产业发展,它的经济将变得具有竞争力,财政状况和对外账户可能都是健康的[①]。

我们认为,新结构经济学理论、实践的创新成果最大的亮点是与要素禀赋一致,并随着转型发展、竞争力提升变化着的比较优势。

由于是动态比较优势主张,林毅夫比较优势理论的重点不是从逻辑上使比较优势多么尽善尽美、无懈可击,重点讲的是如何才能把握比较优势?我们认为在把握比较优势方面,林毅夫主要讲了五个要点。

---

① 林毅夫.繁荣的求索:发展中经济如何崛起[M].张建华,译.北京:北京大学出版社,2012:140-162.

第一,比较优势与结构转型互动,构成了比较优势的"实用指南"。这个"实用指南"包括六个步骤:选择正确的目标;消除约束;引诱与吸引全球投资者;壮大自我发现的规模;工业园的力量与奇迹;向正确产业提供有限的激励。

第二,有学者认为,比较优势的理论底色或实质是"自生能力"。自生能力是什么?我们认为与经济界流行的核心竞争力、内生动力相通。但是,在内涵与外延上也有区别。比较优势的经济视野宽广,可以与企业内生动力相容、相通,但有不同。有人认为,比较优势与企业内生动力相矛盾,我们以为这种看法是一种误解。

第三,比较优势怎样从潜在状态变为现实竞争力?林毅夫认为,产业集群是将符合一国比较优势的产业转换为在国内外市场上具有竞争力的关键。新加坡的例证可以支持这个观点。20 世纪 80 年代,新加坡政府发现,石油化工全球繁荣即将来临,决定培育了一个化工产业集群。

第四,政府要推出有利发挥比较优势的政策。其中,重要的是财政政策、金融政策、产业政策。林毅夫主要谈了两个有学术性的财政策略问题,财政政策反经济周期、利用经济低迷态势解决发展瓶颈问题。产业政策要"扶优与保底"结合。所谓扶优,就是扶持那些有竞争力、符合比较优势的企业与产业;所谓保底,即大量失业情况发生时,政府不能撒手不管,"企业可能'死',人要继续生活与就业"。

第五,比较优势是从以中国为主的发展中国家的发展经验中概括,也必须用来解决现代化实践中面临的各种问题。林毅夫为了解决城镇化滞后于工业化,城镇化的速度大于质量,"人的城镇化"不足,过度依赖土地财政等问题,我们建议各地区分析清楚自己的要素禀赋特征,确立起每个地区的比较优势产业,遵循比较优势,发展新产业,形成产业集聚,推动产业升级和结构调整。同时,配合相关的基础设施和政策及制度建设,消除发展瓶颈,迅速将具有比较优势的产业发展成为具有竞争优势的产业。

比较优势的提出,原本是一个经济学的概念。李嘉图在谈国家之间贸易必要性时就指出,各个国家的比较优势是不同的,各个国家在外贸中都可以发挥比较优势,扬长避短,得到经济利益的好处。但是,林毅夫的比较优势是联系国家的要素禀赋、经济发展阶段来讲比较优势,显然,把比较优势的基础创新了,实现了比较优势创新性的"乾坤大挪移"。还有,李嘉图讲比较优势,是局限在各个国家的外贸领域中,林毅夫的比较优势是整个经济系统。林毅夫的比较优势理论,是以中国改革开放 40 多年的成功经验为基础的。总之,对林毅夫的比较优势创新性应该予以肯定,而不能借"学术"之名故意挑刺、求全责备。

5.1.3　乡村振兴"中国西南农村版"的比较优势的解读

我们认为,新结构经济学理论的理论、实践创新成果的最大的亮点比较优势,在中国西南地区有很大的应用必要、应用空间。因为西南地区农村的高山峡谷、喀斯特地形地貌、降雨降雪等气候造成了许多人们没有见过的特色地理单元,它们是农业比较优势生成的客观条件,怎么认识、运用这些特色地理单元,生成有国内外市场竞争力的优势产业、产品,据我们的观察与调研,总体水平尚低,还存在各种认识与应用误区。下面,就这三个方面问题谈点我们的认识,作为抛砖引玉,权且当作"乡村振兴中国西南农村版的比较优势的解读"吧。

首先，怎么说中国西南农村比较优势应用总体水平尚低呢？因为，现在中国西南地区在乡村振兴中发展农村，都以"特色经济"为切入点，这没有错。但是，各个地方讲"特色"，大多数都是站在小山沟或小山村讲"特色"，缺乏站在区域、国内、世界市场讲"特色"，甚至"特色"雷同、重叠，"特色同类项（品种、地域）合并"后就不成其为特色了。比如，中央电视台扶贫广告中的茶叶、蜂蜜，站在全国角度看雷同就比较明显了。雷同的特色，在市场中容易发生"相互杀价"，自然市场竞争力打折扣。怎么解决这个问题？可以考虑以产业特别是品种为单位，组建各种层次、形式的"品种联盟"。这方面世界发达国家有先例，法国的葡萄酒、荷兰郁金香、以色列的西红柿，实际生产联系着无数农庄、产地、大棚，市场上除了扫码追溯外，谁弄得清？这些品种的世界竞争力谁能与之争锋！

其次，说中国西南农村对比较优势的认识还处于低水平，有两个方面的证据。第一，就是大多数比较优势局限在历史、地理方面，乡村振兴中改造、创造的比较优势至少不是"主流"。实践证明，乡村振兴中改造、创造的比较优势才能有广阔、持续的竞争力。比如，一般看见沙漠，自然状况是缺水、风沙迷漫、荒凉，以色列创造了大棚生产方式，再加上滴灌技术、生物治虫等先进科技应用，包括西红柿品种改良、外观与营养标准化等，在世界市场上就有了广阔、持续的竞争力。这些都是值得中国西南地区农村学习的。第二，目前中国西南地区还是为乡村振兴的全面铺开垫定基础。脱贫攻坚是乡村振兴的前奏曲。比如，一支要登山的队伍面前，就是一片深达一米以上厚厚的积雪，不排完面前的积雪，根本不可能正式开始登山。

最后，重要依据是农产品的市场连结度。中国西南农村对比较优势的应用还处于低水平，主要是说西南地区农产品贸易主要局限于区域，在全国、甚至世界市场叫得响的还不多，就涪陵榨菜、云南鲜花等少数品种。市场主要局限于区域，缺陷就是难卖、抗价格能力弱、规模与效益上不去。

比较优势发展是一个过程，这早已在经济学界形成了共识。所以，我们一方面要看到中国西南地区比较优势起点、水平较低的现实，同时也不必为此感到沮丧、丧失信心！"罗马城不是一天修起来的！"根据现有的研究资料认为，从经济学上看比较优势，关键表现在稀缺性。如果我们能为自己在市场竞争中争取到某种稀缺性，并且能在一定时间内保持它，比较优势就会逐渐形成。有同志还提出用"高质量"代替比较优势的观点，我们认为，这种"代替论"值得商榷。质量怎样才算"高"？无法确定与量化，高与不高是相比较而言。

5.2 西南地区乡村振兴与"新结构主义经济学"

怎么逐步培育起中国西南地区农村的比较优势？这既是一个历史课题，又是一个现实问题。西南地区农村以市场经济为内容、为标准的制度与机制是一个历史与现实的过程，在这个过程中始终要将制度与机制构建与比较优势培育结合起来，在培育比较优势中又要注意,任何比较优势都是在一定条件下形成的。随着条件发生变化,比较优势也会发生改变,这就是比较优势的动态性问题。不把制度与机制构建与比较优势培育结合起来不行,不注意任何比较优势都是在一定条件下形成的也不行,不注意比较优势的动态性更不行。围绕"三个不行",我们的主要观点如下。

5.2.1 西南地区乡村振兴的制度与机制要围绕比较优势来建构

西南地区乡村振兴的制度与机制要围绕比较优势来建构,提出这个观点是为了遵循经济学的传统:问题导向,并且在"实证"即实际中寻找解决问题的办法。所谓经济理论,不过是对"实证"解决问题办法的概括。亚当·斯密写作《国富论》,创立西方经济学,就是为了解决确立市场经济在发展中的"君主"地位问题,解决市场经济在推动发展中面临的"自由竞争"问题。"边际革命"后,市场态势从供不应求变成了供大于求,同样的投入、生产能力赚钱可能没有从前多,经济学研究方法应问题变化而发生根本变革,从"经济人"的人性分析,变成了数学主导,是为了解决"边际收益下降"问题,因为数学可以计算到小数点后面的下降幅度问题。凯恩斯主义创立,提出"有效需求不足"问题。"谁的需求?"肯定是人,不是设备与纸币。所以,凯恩斯的理论自觉不自觉又将经济的"问题域"从数字转向人。

制度构建根本上是为了解决人们行为规范性而产生的,所以,我们看制度不能仅看那些条款、规定,而要将制度与人的行为联系起来。由于人们行为是多元、多层次、多变的,因此,制度也是一个非常复杂的系统[1]。制度是随着实践发展而逐步定型、完善、发展的。这里面逻辑上就包含着制度构建的先后、轻重、立足点选择三个问题。中国西南地区乡村振兴中制度构建先后、轻重怎样选择? 我们主张,要围绕比较优势来建构。需要说明的是,不仅制度联系着人、人的行为。比较优势,我们现在是作为一个单位整个功能来看的,企业比较优势、地区比较优势、国家比较优势等。有人考证过,比较优势概念亚当·斯密在《国富论》中使用了,斯密是把比较优势与人直接联系的。他说,有两个人,他们都发现了自己的比较优势。于是,一个人专门打猎,另一个人专门制造弓箭。现在讲比较优势是与企业、地区、国家相联系,实际上说人的群体的比较优势。所以西南地区乡村振兴的制度与机制要围绕比较优势来建构,才能发挥西南地区农村的个人、群体身上蕴藏的比较优势。

第一,中国西南地区乡村振兴中制度构建,要以比较优势的需要来确定先后顺序。制度构建、制度本身无论是内部各组织或规章间、外部制度体系间都要讲配套协调,实际是存在先后顺序的。比如,地方、企业制度一般来说是根据国家制度制定出来的。如果没有或者不遵循国家大的制度,地方、企业就去制定制度,这样肯定要形成制度"打架"。根据比较优势的培育、发挥来构建制度,这就形成了制度先后顺序由发展要求来确定。我们在调研中发现,有的地方没有注意围绕比较优势来构建制度,往往是按"上面要求","别人都已经这么干了"等来构建制度。这种与发展、比较优势脱钩的制度构建,容易陷于形式主义。

---

[1] 林毅夫. 发展比较优势产业[N]. 人民日报,2013-08-14.

第二,中国西南地区乡村振兴中制度构建,要以比较优势的需要来确定轻重制度构建资源匹配。制度从设计、实验、定型、完善都是有"成本"的。有成本,就需要有投入、要耗费一定资源。按照经济学观点,既然可以称为资源,可以进行直接投入,这种"资源、可用资本"必然有限、具有稀缺性。面对有限、稀缺的"资源、可用资本",唯有树立经济理性,具体就是分清孰轻孰重,然后进行资源分配、投入。中国西南地区农村可投入的"资源、可用资本",其用于制度构建部分的有限与稀缺性尤为突出。

第三,中国西南地区乡村振兴中制度构建,要以比较优势来确定立足点。在现实中,立足点事实上充当是非曲直的标准。中国西南地区农村可投入的"资源、可用资本",用于制度构建的部分的有限与稀缺性矛盾怎么处理?有句话说"好钢用在刀刃上"。中国西南地区乡村振兴中制度构建的"刀刃"就是比较优势。

5.2.2　西南地区乡村振兴的比较优势培育需要条件

诺思说,制度的内涵包括制度结构与制度变迁这两个方面。制度结构,是指制度的框架;制度变迁,是指制度在时间中变化,特别是打破[①]。

可见,制度是包括时间的。在时间中变化,特别是打破之所以发生,是因为条件发生了重大的、根本变化。比如,在计划经济体制条件下和市场经济条件下,人们的价值观念、行为方式都发生了根本变化。为什么会有这些根本变化?人们的生产、生活条件下发生了根本变化。这种变化又是在时间中逐渐发生的。

《繁荣的求索:发展中经济如何崛起》是林毅夫担任世界银行副行长期间搜集资料写作的。在第5章中以布隆迪为例,说明了新结构经济学,也包含着时间与条件。"布隆迪需要多快才能赶上瑞士的发展水平?这对布琼布拉的大多数政策制定者们而言是一个极有价值的问题。答案是发人深省的:它需要一些时间,因为经济发展的动态不应加速到超过其最佳速度。"

新结构经济学,包含着时间与条件,林毅夫在其他著作中也提到了这个问题。林毅夫等著的《中国的奇迹:发展战略与经济改革》一书第4章讲的是"比较优势战略",在谈到"比较优势战略与资源禀赋结构的提升"时指出,经济发展归根到底是改变比较优势产生的资源结构[②]。就像让好土壤中长出好庄稼一样。具体是,增加资本在资源禀赋中的相对丰富程度。通俗表述是:在资源禀赋中,减少对自然禀赋的比重,增加资本的比重。但是,资本来源于积累,积累是需要时间的。也可以这样理解,资本积累是新的比较优势的条件,资本积累是需要时间的。

在乡村振兴中要形成比较优势,其中重要的条件是向农村大量、持续注入资本,使新注入的资本要素与农村原有资源要素结合,才能实现乡村振兴的目标。为此,必须引导人们按马克思主义的观点,正确对待资本。马克思主义是如何看待资本的?反对生产关系(资本占

---

① 道格拉斯·C.诺思.经济史中的结构与变迁[M].陈郁,罗华平,等译.上海:上海人民出版社,1994:179-181.

② 林毅夫,蔡昉,李周.中国的奇迹:发展战略与经济改革[M].上海:上海人民出版社,2016:74-90.

统治地位)的资本,对生产力与市场经济的资本持肯定态度。马克思和恩格斯在《共产党宣言》中,即讲过资产阶级的灭亡和无产阶级的胜利同样是不可避免的;资本是集体产物,是社会的力量。因此,社会主义就是要让资本回归社会的性质。资本只是被资本家个人占有后、并居于统治地后才变成了剥削工人的工具。由此可见,说马克思主义反对生产关系(资本占统治地位)的资本,对生产力与市场经济的资本持肯定态度,是以充足的马克思原著、而且是经典的《共产党宣言》为依据的。

中国西南地区乡村振兴中也必须实现从比较优势主要依赖于历史、自然资源,变成依赖于资本。这个内容的质变到底要多少时间?根据以色列、荷兰这些与中国、包括中国西南地区农村有可比性的经验看,可能要 20 年以上的时间。

以色列传统农业阶段,大约从 3 000 年前开始。它以铁木犁为基础,镰刀收割庄稼,牛背运送谷物,石滚脱谷。使用这些技术,一个传统农户可以耕种 10 公顷土地、生产出 4 吨谷物以及一些橄榄油、蔬菜、牛奶和少量家禽产品。农户产值大约 725 美元,除去成本 200 美元,大多数农户净收入大约 525 美元,这些基本上都被农民家庭消费殆尽。农户销售收入大约为 200 美元,全年劳动力需要 300 个劳动日,除掉地租所剩无几,如果地租稍微抬高或年成不好,农户就处于饥饿状态。为实现粮食和农副产品自给自足,从 20 世纪 50 年代开始大规模垦荒、兴建定居点,农业进入大规模发展阶段。60 年代,粮食基本实现自给并开始探索高科技农业之路。通过应用滴灌技术,沙漠改造成效显著,可耕地持续增加,农业产量直线上升。70 年代后期,推行经济自由化,市场机制逐渐形成,农业生产结构转变,开始利用高科技和现代管理手段提高效益,优势农产品出口逐渐增加。80 年代,农业实现产业化,从以粮食生产为主,转向发展高质量的花卉、畜牧业、蔬菜、水果等出口创汇的农产品和技术,逐渐建成了以农业高科技为支撑的工厂化和现代化农业管理体系,生产效率大幅提高。1990—2007 年,农业产出提高 60%,而投入只增长 20%。以色列农业经营的组织形式主要包括集体农庄(占以色列农业总产值的 32%),合作社(占 46%)及个体农户(占 22%)。

荷兰在 20 世纪 50 年代正式大力发展农村农业。荷兰政府当时的优先政策是确保食品供应。促进农业和园艺生产的各项政策开始于 60 年代,延伸至 70 年代,使农业产出和生产效率均得到大幅提升。荷兰农业 2015 年的生产效率比 1950 年增长 5 倍。举例而言,1950 年荷兰黄瓜产量为 5 300 万公斤,甜菜产量为 27 亿公斤,而 2015 年二者产量已分别达 4.05 亿公斤和 49 亿公斤。荷兰的家族农业企业非常普遍,很多基地都是几代人传承下来的,种植一种作物。建于 1952 年的番茄基地,最早也从种植黄瓜、番茄等开始。几年后,荷兰农业开始细分,作物调整后该基地只种植番茄一个作物。也就是说,约 60 年前,荷兰农业就开始了细分。细分之后,荷兰有不少专注种植一种作物的基地。很多基地,也有不少都是年轻的一代,从他们身上,我们能感受到其对农业的认真和热爱。这种传承,不仅仅是传承一份事业,我们更多的理解是传承一份责任、理念和希望。从他们身上,我们感受到了荷兰农业真正的强大所在。

由此可见,以色列、荷兰农业在市场中依靠自身积累的资本,使效益大幅度提高,都是在大力发展农村 20 年左右。也就是说,中国西南地区依靠资本力量使农业效益普遍提高可能至少在 2030 年后才能实现!

5.2.3 西南地区乡村振兴的比较优势是动态的

关于林毅夫创立的新结构经济学主张的比较优势是动态的,前面不时已经提及。基本内容有两个。

一是比较优势产生的基础或条件,会从历史或现实禀赋质变为积累的资本。这里要阐述一下为什么会出现这种比较优势产生的基础或条件的"乾坤大挪移"。这种变化是市场经济竞争规律的具体表现。市场经济就是竞争经济,竞争法则又是不断优胜劣汰。上次的优胜者,这次或以后必然会成为淘汰对象。市场经济这个特征,像江河水日夜流动一样壮阔而无情。子在川上曰:逝者如斯夫,不舍昼夜! 有人感叹说:市场经济发展快,活人难,竞争压力太大! 这个感叹有道理,没办法也不能改变,只能适应。市场经济就是"一招鲜,吃遍天"时代的结束! 这种规律反映在比较优势产生的基础或条件上面,就是表现为比较优势产生的基础或条件,会从历史或现实禀赋质变为积累的资本。

二是比较优势的基础转换需要时间。时间概念本身就是应事物变化而产生的。中国古代以月亮圆缺为制定时间刻度(一个月)的参照系,就反映了时间与事物变化不可分割的关系。当然,事物不同,变化所需要的时间也不同,所以,才有秒、分、小时、月、年、世纪的时间长度区别。经济学上主要用两个时间概念比较多,一是GDP,二是经济周期。经济比较优势的基础转换需要的时间,一般科技进步以十年周期计算;发展周期五年可见成效;金融周期以夜、月、年计算。

5.3 新结构经济学的经济学方法论革命及其西南地区乡村振兴的意义

方法论过去只是作为一个理论附属部分而存在,现在方法论地位提升了。理论范式创立者库恩认为,一个理论不能变成方法论,实际上没有什么用处。像《红楼梦》说的"银样镴枪头"(中看不中用)。库恩说过,范式是中心概念众星拱月般的理论体系,范式同时是方法论。林毅夫教授不仅提出了新结构主义经济学理论,还专门为新结构主义经济学写了一本方法论专著《本体与常无》。在西方经济学一些人宣称"要把经济学变成社会科学中的物理学,数学是唯一经济学方法,数学是经济学皇后头上的王冠!"结合比较优势来谈经济学方法论,或许已经超越了学术意义。经济学方法论之争,实质是把人摆在经济发展中什么地位。

5.3.1 经济学方法论革命从凯恩斯革命就开始了

在凯恩斯理论研究中,他的经济学方法论研究是最不充分的。人们普遍认为,凯恩斯的理论是一场经济学革命,理论逻辑来看,经济学内容革命必定有创新方法论支持。但是,有人在论述凯恩斯的经济学方法论时,聚焦于"不确定性"。有效需求不足,实际上是经济的

"不确定性"。

有效需求不足,讲的真是经济的"不确定性"吗?我们不能同意这种解释。凯恩斯在《就业、利息和货币通论》中,首先批判了以李嘉图、萨伊、马尔萨斯为代表的古典经济学关于就业与需求的观点。在古典经济学眼里,就业不可能达到"充分",因为有人接受不了"最低工资",他们会自愿失业;失业者与就业者会产生"摩擦"、工会的谈判也会阻碍就业量的提高。在古典经济学眼里,供应会自动创造需求,因为只有供应才是问题,需求不是问题。凯恩斯正是"颠覆"了古典经济学的就业与需求理论,指出就业可以"充分",供应就是问题,从而创立了"国家宏观调控"政策。我们在这里要提出的是:无论是就业者或消费者,他们是人吗?肯定就业者与消费者在经济发展中的动力作用,是不是肯定人在市场经济中的作用?这个结论是必然的与肯定的。当然,凯恩斯从经济学的角度肯定人,是对那部分有货币支付能力即"有效需求"人们的肯定。这里我们完全可以向凯恩斯提一个经济问题:这个人以后可不可能成为有现实货币支付能力的人?当然,凯恩斯也探讨了扩大就业与提高"有效需求"的因果联系。遗憾的是由于各种原因,凯恩斯在《就业、利息和货币通论》中,始终不曾正面面对这种因果联系作展开的经济分析。我们今天完全可以沿着凯恩斯的"有效需求"的消费资本理论的结论逻辑,得出这样的认识:凯恩斯的"有效需求"和消费资本理论,是对"边际革命"以来以把经济学数学化、模型化、公式化的形而上学的有限拨乱反正。令人遗憾的是,西方经济学的"主流",没有在量化理性上下功夫,而是把经济学数学、模型、公式推向神话般的形而上学方向。

可见,凯恩斯以"有效需求"为经济学的学术平台,使经济学方法论向斯密开辟的正确道路回归。经济人,首先是人;有效需求,也是人的需求。

中国学者也就经济学研究方法,进行过卓有成效的研究。曾经给中共中央政治局讲过经济学理论的中国社科院学者程恩富教授,在与胡乐明共同主编的《经济学方法论》中说,西方主流经济学是"理性主义",这是斯密开创的经济学方法论。程恩富等还考察了马克思在《资本论》中关于经济学研究的方法。马克思主张将系统逻辑分析与数学方法相结合。在系统逻辑框架内,运用数学方法使经济研究实现量化;运用系统逻辑方法,矫正数学方法的适用性[1]。遗憾的是,中国经济学"主流",把数学方法抬到神化的地位,用数学方法排斥其他方法,包括人性、系统方法。

东北财经大学朱成全教授在《经济学方法论》一书中,分析了演绎与归纳,证实与证伪,实证与规范,个量与总量,定性与定量,均衡与非均衡,静态与动态7种常见经济学方法论的长短优劣,得出结论:各种经济学方法都有其长处,即能在分析经济问题中发挥应有作用,每种方法也有其不足。我们应该综合地利用[2]。

鲁品越教授是中国著名学者,曾经在《中国社会科学》杂志上发表6篇文章,著有《资本逻辑的哲学沉思》《鲜活的资本论:从〈资本论〉到中国道路》等专著。他说,本科是学机械的,经济学那些数学公式、模型难不倒他。但是,做学问不能以个人能、难得倒别人为标准,

① 程恩富,胡乐明.经济学方法论[M].上海:上海财经大学出版社,2002:52-176.
② 朱成全.经济学方法论[M].大连:东北财经大学出版社,2003:173-208.

要以解决问题需要来决定方法。经济问题，单纯依靠一种数学方法不行[①]！

5.3.2 新结构经济学的经济学方法论革命的内容

2012 年 10 月，北京大学出版社出版了《本体与常无》，这是一本林毅夫阐述自己新结构经济学的经济学方法论专著。什么是"本体"，就是理性人；什么是"常无"，不要让既有理论束缚了对问题现象的思考，因为人在经济决策时容易受到所认知范围内约束，会选择带有"偏好稳定"、自认为是最佳的方案[②]。

哈佛大学政治经济学德怀特·帕金斯教授在推荐《本体与常无》时说，这本书的主要论点是经济学家不仅需要掌握现代经济学的基本前提——"本体"，也就是理性假设，他们还必须以"常无"的心态，即摒弃任何先入为主的解释去研究经济问题。

林毅夫教授关于新结构经济学的方法论创新，用"本体与常无"来表述，而不是单纯用公式及模型，我们认为其意义有三个。

一是明白肯定"经济理性"是根本的经济学方法论。什么是经济学方法论？这个本来不是问题的事而今至少在中国成了问题。"经济学方法论就是数学！"持这种认识的人，不在少数。一些经济学业内人士特别是专业经济学杂志把数学公式、模型作为学术水平、文章质量的标准。其实，数学方法在经济问题研究中的作用不能一概而论。微观问题研究，数学方法确有其长处。但是，在行业特别是在国家或世界经济研究中，数学方法就只能以系数或指数发挥辅助作用。不分研究问题的层次、与人关系远近，一律把公式、模型作为标准，肯定容易走向形而上学、极端化。列宁说得好，真理多走一步，就变成荒谬绝伦的东西了。

二是公开肯定了人在经济发展中的地位与作用。社会发展、经济发展，归根到底是要依靠人、为了人。值得注意的是，西方经济学"主流"用要素、计量尽力把人抹到与矿石、机器分辨不出来的程度。可是，西方经济学的创始人亚当·斯密的全部理论是以"经济人"展开的，在分析分工为什么能提高效率时，斯密也认为分工可以提高人的专业化技能。新结构经济学，是在对人的生存状况作了大量实地调查基础上逐步形成的。《繁荣的求索：发展中经济如何崛起》一书中，林毅夫叙述道，2008 年 6 月，任世界银行副行长一周后，就对非洲南非、卢旺达、埃塞俄比亚等撒哈拉沙漠以南这个世界上最不发达、最落后的地区进行了考察。考察的目的是为这些地区摆脱贫穷找到经济学的答案。从这些地区的人身上，林毅夫看到发展的动力与希望：这些地方是还贫穷，但是，人民积极乐观。可以这样讲，世界上经济学家中，像林毅夫这样在经济理论创新前做了这么多实地考察的不多；在西方主流经济学为了成为"硬科学"，尽量把人符号、数字化的当下，把自己的经济学理论从学术上和实践上同人这么紧密联系的也不多。

三是指出了"经济理性"是一个动态的存在。2014 年 8 月，林毅夫在《中国的奇迹：发展战略与经济改革》指出，新结构经济学的基础是"人"，现实中的人，无论是个体、还是群体，都是动态的存在。作为新结构经济学基础的这个"人"，是中华民族群体，在中国共产党领导

① 鲁品越.鲜活的资本论：从《资本论》到中国道路[M].上海：上海人民出版社,2016：1-12.
② 林毅夫.本体与常无[M].2版.北京：北京大学出版社,2012.

下在改革开放中经过 40 年不断奋斗即动态过程,创造的"中国奇迹"。"经济理性"主要存在于实验中,不是学究们喋喋不休争出来的。特别是在发展具体阶段上,我们要沿着比较优势如灯塔般指示的方向探索,就能够逐步接近、甚至掌握经济理性。

对于为什么林毅夫在经济学方法论不玩公式、模型之玄妙,似乎有人对林先生个人的数学水平表示猜测。林毅夫原是战斗机驾驶员,在未能自动驾驶的时代,数学不行的人当得了战斗机驾驶员么! 林毅夫于 1986 年获得美国芝加哥大学经济学博士学位,如果数学不行,林先生能够在世界名牌大学获博士学位么! 美国博士学位的难度,是世界公认的。正如鲁品越教授说的,做学问不能以个人能、难得倒别人为标准,要以解决问题需要来决定方法。经济问题,单纯依靠一种数学方法不行!

5.3.3　新结构经济学的经济学方法论革命的西南地区乡村振兴的意义

新结构经济学的经济学方法论是什么? 林毅夫阐述自己对经济学方法论理解的专著名称叫作《本体与常无》。在这本书中,林毅夫说,什么是"本体"? 就是经济理性。萨缪尔森·诺德豪斯编的《经济学》教材中说,学习经济学的好处就是提高经济理性。什么叫经济理性,内涵丰富,我们认为古希腊德尔斐神庙前箴言"认识自己"是其中重要内容。

我们国家虽然在过去 40 多年有快速发展,但是,还没有登上发达市场经济的国家、世界市场的"最高层"。对此,我们应该有清醒的认识。发展的成绩,有可能使有人被"浮云遮望眼",我们要警觉!"发达市场经济"像什么样子? 一般经济学人还是比较爱以美国为范例。美国只有 3 亿多人口,却可以对全世界任何国家挥舞"制裁"、"关税"大棒。为什么现在世界不满意美国特朗普政府一些做法,又无可奈何? 有人说,"美国当'老大',仅有航母!"且美国近 20 年内还是世界最发达的国家。不得不承认,美国在市场经济发展程度很多方面,还是领先世界的。比如,"市场自我修复能力",在经济发展、股市方面。美国道琼斯指数,金融危机中从 12 000 点左右跌到了 9 000 点左右,2020 年 1 月美国道琼斯指数逼近 29 000点! 全世界经济下行中,美国 2018 年 GDP 增长达 1.7%。

中国西南地区乡村振兴,根据新结构经济学的经济学比较优势观点,目前仍处于利用历史、自然要素禀赋取得市场经济的"入场券"的低水平阶段。我们就应该使自己的认识、行动始终处于"经济理性"状况。非理性状况是经济行动处于失败的"滑铁卢"。从这个视角看,新结构经济学的经济学方法论以"经济理性"为"本体"的主张,对中国西南地区乡村振兴实践具有很强、很大的指导作用。

"经济理性"为"本体"的新结构经济学的经济学方法论的指导作用具体化,是一个实际操作细化问题,不是一个学术研究问题。但是,实践已经提供了发挥新结构经济学的经济学方法论指导作用的方向实证。比如,成都市商务局、成都市武侯区政府、红牌楼街道和浙江一鸿公司合作,成功对成都董家湾农贸市场实现改造。一鸿公司有 16 年的策划、设计、招商及运营经验,已经对 1 600 多家农贸市场成功进行了升级换代改造。董家湾南街农贸市场,改造前为传统老旧的露天菜场和大棚菜场,设施较为落后,卫生相对脏乱。合作前,成都市有关方面参观考察了一鸿公司总部和一鸿在杭州的自营市场。通过参观考察对一鸿作为市场设计与运营方,表示了认可和肯定。改造后的"一鸿菜市·董家湾店",成了一个规划布局合理、设计理念超前、标准化、规范化、智慧化、业态品种丰富的区域生态智慧型农贸超市。在农贸市场改造中,"经济理性"表现在什么地方? 突破了"肥水不流外人田"的局限,找专业化、高水平公司来干事!

农贸市场、超市,都是乡村振兴中农产品进入市场的"落地"之处。10多年前,中国在加入世界贸易组织谈判中,有一个美国人对龙永图说,中国农贸市场比发达国家厕所还脏! 这个话虽然有严重的讽刺意思,但是,中国不少地方农贸市场的脏、臭、乱也是事实。所以,乡村振兴中把农贸市场搞好,有利于农产品进入市场。乡村振兴的实质,是要实现城乡融合发展。所以,农村发展城乡都要努力。成都改造农贸市场的例子还说明,乡村振兴主战场固然在农村,该城里做的事情要主动做,尽量把事情做好。

第2编　西南地区乡村振兴的主要制度建构研究

林毅夫说,市场不是一对抽象的供应与需求曲线,而是一种制度。经济学认为,制度是内生动力的基础与源泉。在西南农村构建市场经济、生态制度为核心的制度体系,逐步形成内生动力。

制度是人的行为稳定性、规范性、持续性要求而产生的。所以,从理论上讲人有多少行为,都应该建立多少制度。人的行为纵向变化大性、横向拓展性与衍生性都较大,制度构建与变化从哲学上讲,具有无限可能空间。制度在特定历史条件:时空条件下选择只能在有限范围内考虑。也就是说,并不是、也不需要等所有制度都建立起来了,人们才能行动。历史事实是,人们行动亟须的一定制度建立(无论是事前设计、事中跟进、事后补救)了以后,人们就可以或事实上已经在行动了。

乡村振兴,是中国继20世纪80年代后期将改革重点从小岗村为代表的农村转向城市,又一次现代化建设的重点转移。在乡村振兴中,城市将展开高质量发展、进一步扩大开放、"改革开放再出发",这样一来,中国现代化将进入城市高质量发展与乡村振兴"双轮驱动"的新时代!

中国西南地区农村在乡村振兴中,在可以预见的时间内,制度构建可以做一些什么事情呢? 我们通过研究认为,当务之急是构建产权、组织、经营、文化"四大制度"。

为什么中国西南地区农村在乡村振兴中要以构建"四大制度",为制度逻辑的起点呢? 一方面,这"四大制度"是中国西南地区农村发展所必需的。另一方面,这"四大制度"是中国西南地区农村发展的"瓶颈"或薄弱环节。西南地区农村为什么比起浙江、福建同样条件的山区也显落后? 这"四大制度"的缺失或落后是重要基础性原因。

没有产权制度,就缺乏发展动力(激励动力、约束动力)。在乡村振兴中影响较大的"三变",就是加强农村产权制度建设的创举。包括西南地区在内的中国农村,自然经济与计划经济时代都没有用于生产、经营的产权制度。"产权"在中国农村地区大多还是一笔"糊涂账"，这是影响农村发展、农民积极性的一个根本因素。

没有组织制度，产权制度就无法"落地"与激励约束起来。人类文明的发展，其重要表现是各种类型的组织的发展。西方市场经济的微观基础是企业和行业，宏观调控的组织系统即政府部门，离开了这些组织系统，经济运行和发展就是一句空话。中国农村在乡村振兴中也需要大力发展生产、流通、服务的各种组织。组织的缺失，是困扰农村发展的一个根本问题。

没有经营制度，市场经济就无法运转起来。市场经济就是在适应、运用一定环境中频繁的经营过程。经营对环境、人的主观努力及智慧发挥，存在着双重依赖。市场经济、经济发展没有一定的环境不行；但是，同样的环境下，由于人的主观努力及智慧发挥不同，经营效果差异也很大。

没有文化制度的支持，产权、组织与经营制度的共识、"合法性"都不能获得，其作用与效能也会大打折扣。文化赋予产权的"社会认同"作用不可小看。比如，怎么看待市场经济下的合法有钱人？文化要是给这些人冠以"成功企业家""儒商"，这些人就值得尊重、学习；反之，给这些戴上"暴发户""为富不仁""剥削阶级"，这些人将成为社会鄙视、甚至仇恨对象！

产权具有激励、约束双重功能,经济学看发展很注重产权,这在理论上是对的。

中国西南地区农村产权是有的,现存基本产权是集体、农户,都有其内部矛盾没有解决好,因此激励、约束都有问题。

合适,可能是中国西南地区农村产权选择较好的策略。

第6章 西南地区乡村振兴的产权制度建构

西南地区乡村振兴的产权制度怎样建构? 弄清有关产权理论观点,使我们对产权认识能够深刻一些。分析中国西南地区农村产权制度建构将面临的主要问题,从而作出符合经济理性要求的正确选择。这应该是西南地区乡村振兴的产权制度建构的基本逻辑。本章正是围绕这个逻辑线索展开的。

6.1 关于产权理论主要观点

制度主义经济学的理论核心是产权理论,这在经济学界应该是没有争议的问题,而且产权的重要性也被中外许多微观、宏观经济发展事实证明这个观点是正确的。所以,中国西南地区农村在制度创新中应该围绕产权制度建立来进行。认识问题是第一步,然后接着才可能有行动。因此,弄清产权为什么重要,产权问题也是变化的(表现为产权主题),这两个方面结合,才能树立对产权问题既重视、也不将产权形而上学,这就是下面我们要阐述的基本观点。

6.1.1 制度经济学的基石第一是产权

诺思在《经济史中的结构与变迁》一书中说,制度理论有"三大理论基石":产权理论、国家理论、意识形态理论。这"三大理论基石"中,产权理论是第一条[1]。

---

① 道格拉斯·C.诺思.经济史中的结构与变迁[M].陈郁,罗华平,等译.上海:上海人民出版社,1994:3-66.

制度理论或者制度主义经济学将产权理论作为"第一条",意义是原创的、重大的。

说制度主义经济学将产权理论作为"第一条"意义是原创的,证据就是对经济发展认识得到了深化。过去,经济学讲到经济发展的基础是土地、资本、劳动三要素的观点。这三条其实就是一条资本,因为土地与劳动力已经被资本化了。产权理论提出后,资本深层的法律归属、在经济学上就是产权问题被提到理论日程上了。其原创性,也表现在相对于以前著名经济学家对产权的认识上。从亚当·斯密到萨缪尔森,正面提出产权并进行研究的权威经济学者较少。这是为什么?原来,过去按学科分类,"产权"不是经济学概念与研究范围,是法律问题。制度主义经济学创立了产权理论,这证明了现代自然科学、社会科学发展的共同规律:"在学科交叉点上突破"。马克斯·韦伯所著的《世界经济史纲》中,在介绍"资本主义演变中的外部事实"时,介绍了股份公司发展的情况。但是,韦伯没有概括出"产权"这个概念。

制度理论或者制度主义经济学将产权理论作为"第一条"意义有主要两个:

第一,产权理论使资本运动加速。有一句话,资本要运动才能增值。企业生产、贸易流通、人无论是作为劳动力或人才流动,都是资本运动的具体条件。可是,资本运动蕴含一个前提条件:产权。如果没有产权,资本就不能运动。如果劳动能力、成果,其产权不属于劳动者,这个资本就运动不起来。有一个大家都熟悉的例子,在创新驱动中要加强科技成果转化,在中国很多科技成果都存在于大学、研究所中。但是,按照过去产权设计及其制度,科技成果属于大学、研究所"单位"。这种产权制度安排,科技成果转化就不可能进行。调整了产权,成果产权80%属于科技人员,有了这样的产权调整,科技成果转化就加速了。

第二,为各种产权交易机构建立、规则制定提供了理论依据。产权理论提出后,各类证券、期货、产权交易所及从业人员在世界各地发展起来了,还带动了会计、公证、律师事务业相关业务的发展。这些业务及行业,如今都已经被归入了"第三产业",成了新兴产业的重要组成部分。

在充分肯定制度理论或者制度主义经济学关于产权理论的原创性与意义时,我们认为,还应该重视诺思讲的"结构"。产权是以一定结构形式存在的。什么是结构?个别、整体、式样可以看作是结构的三要素。

在改革开放已经40多年的中国,必须摆脱一说产权就狭窄地仅从政治上来理解为私有、公有,应该多角度理解产权。法学界讲产权,主要强调产权的排他性;经济学讲产权,主要是强调它的可交易性。在以经济建设为中心的时代,产权要以"交易"为中心来理解,研究采用什么样的个别、整体、式样才能促进产权的可交易性。要实事求是、具体分析产权问题,以"合适"即能解决问题为标准。

强调保护产权时,要以法律为依据,依法保护法人产权、合法个人产权。中国政府在《民法典》中都有明确规定,关键是落实。落实保护产权在中国特别是农村都有特殊难度。难在中国农村没有明确产权、依法保护产权的传统,狭窄地仅从政治上来理解为私有、公有,"左"的残余影响还在。经济发展的事实又证明,没有依法保护产权的制度与社会氛围,市场经济持续发展的基础就难以建立。

产权的对象即内涵具有不断扩大的特点,更是在乡村振兴中要注意的事情。产权对象起初是有形的土地、设备,金融资本化后,资本日益被虚拟化。近年来技术、订单等过去没有作为资本产权对象的东西,也日益被作为资本与权力在经济生活中发挥作用。

6.1.2　产权的主要经济功能

原来作为法学研究范围的产权,通过诺思、科斯等人从经济学角度进行了研究,作为制度主义经济学的"制度理论的'第一基石'"。现在,制度主义经济学也成为西方经济学的一大门派了。人们之所以看重制度主义经济学及其产权理论,在于通过产权经济功能的分析,我们看到一些原来没有办法解决、没有看到发展的问题。

1997 年,华盛顿大学教授巴泽尔就出版了专著《产权的经济分析》[1]。在这本书中巴泽尔发表了至今被很多学者反复引证的产权两大功能:"产权激励""产权约束"。产权激励与产权约束,都依赖一个机制。

产权激励机制的基本内容是把市场外部压力转化为企业内部发展动力。市场经济的优势是不断给企业以竞争、技术进步、环保突变等各种外部压力。这些压力,是一把双刃剑。对有核心竞争力的企业来说,是发展机会,会迅速把外部压力变成内部发展动力。当然,对于缺乏、甚至丧失核心竞争力的企业来说,是难关,后果可能是被兼并甚至破产。谁去发现、利用外部压力?谁去将市场外部压力转化为企业内部发展动力?有责任心的所有者、企业家、技术人员、员工。所有者、企业家、技术人员、员工的责任心从哪里来?产权。没有产权,就没责任心。这成了一个经济学共识,也是常识。

有人也研究了产权的配置、价格发现、规范、监管等问题。这两个功能虽然是产权激励功能的深化,但是,对中国西南地区乡村振兴也是有用的。

产权激励对产权配置的影响是只有在产权明确的条件下的资源配置才可能有效率。因为,没有效率即效益的资源配置,亏损买单的只能是产权所有者、经营者,生产者也将受到工资、奖金、甚至失业的损失。这样一来,资源配置全过程中所有利益相关者才能齐心为效率而奋斗。效率提高主要有两个路径:一是把产品做好"卖个好价钱+扩大销路";二是内部挖潜降成本。这两条路子都重要。中国社科院财政研究所对 2014—2016 年成本情况进行了调查,发现企业管理成本上升 11.93%,在成本清单中属于上升较快部分。调查报告认为,降成本提效率中,管理成本下降有较大空间。人们都知道,管理成本弹性大、与人联系大,如果没责任心、做过细工作,下降也是特别有难度的。

价格发现有两层含义:一是通过讨价还价,实现价格不断更新;二是通过期货市场使没有产生价值的资源的价格显示出来,或者是使未来价格从不确定到确定性增加。产权激励对价格发现的影响主要表现在第一种情况。明确了产权后,所有者、企业家、技术人员、员工的责任心大为增加,他们会关注市场环境的变化,使价格水平既符合市场实际、又能最大可能获得收益。[2]

产权激励对规范的影响,大多数学者认为通过催生规则来体现。制度就是规范人们行

①　Y.巴泽尔.产权的经济分析[M].费方域,段毅才,译.上海:上海人民出版社,1997:40-120.

②　马克斯·韦伯.世界经济史纲[M].胡长明,译.北京:人民日报出版社,2007:236-302.

为的。但是，人的行为从个人到单位、企业都充满了各种差异、变异，因此，不仅需要制度从总体上规范人们的行为，还要有规则来过细、精准规范每一件具体行为。比如，《刑法》的刑事处罚从有期徒刑到死刑、刑期数月到无期，分为若干等级，这些等级又对应着各种犯罪行为，还要有司法解释、包括案例，才能使每一个案件体现司法公正。从一定意义上看，《刑法》就是制度，法律条文、司法解释、包括案例都是规则。

产权激励对监督的影响，具体主要表现为通过监督化解、防范各种发展风险。什么叫风险？风险是对正确目标的偏离。市场经济下的发展、特别是企业发展，犹如一叶扁舟进了茫茫汪洋大海，国内外政治经济文化社会风险如达摩克利斯利剑一样随时悬在头顶。如何化解、防范各种发展风险，成了不得不面对、还要及时解决的大问题。明确了产权，各利益相关方面才能针对不同风险进行防范，风险发生时才能及时根据风险大小发现并进行专业化地化解与防范。

有人还研究了与产权相关的运行机制、协调功能等问题。其中，公认的效果就是减少"搭便车行为"和"公共地的悲剧"现象。因产权明确而减少就是证明。"搭便车行为"是指不付任何成本，享受某种经济利益的现象。"搭便车行为"的危害使滥竽充数的"南郭先生"越来越多。"公共地的悲剧"，是英国哈丁教授做的一个"公共地的悲剧"理论模型。"公共地的悲剧"的基本意思是说，由于产权不明确，人人都想去公共地捞一把，造成公共地资源很快枯竭。

值得研究的是农村激励机制的转换节点。联产承包制时期，"联产如连心"，所以，一"包"就灵。有一个简单的事实，联产承包制只能吃饱饭，没办法使农民腰包鼓起来。农村激励机制必须来一个新的转换。这个新机制架构总体上是产权激励。土地流转制、分红制、工资制，这些现代产权制度在农村的推行，再一次调动了农民在市场经济下的积极性。

6.1.3 关注产权研究主题三次转换

产权研究是一个高难度的课题。之所以难，是因为现实产权既是一个法律规定的存在，看起来似乎简单，没有多少研究空间，但产权一旦在经济领域运动起来，变得异常多变复杂：一会儿钱，一会儿物；一会儿张三出场，一会儿李四打官司。弄得似是而非，云里雾里，山里山外；国家还不时介入产权的规定与运作。比如，英国政府一个时间增加公共性如铁路、电汛"国有"企业的数量；一个时间搞"变脸"，"撒切尔私有化新政"。如此一来研究更是困难。

我们认为，产权研究通过关注"产权研究主题三次转换"，弄清产权问题变化的线索，从中提炼出学术逻辑，以解决当前亟待解决的问题为导向。可能有的学术问题我们这一代人也讨论不清楚。比如，"产权研究主题三次转换"是非曲直、说明了什么？我们这一代人可能说不清楚。邓小平有一个方法论值得提倡：集中力量研究解决我们必须解决、能够解决的问题，没办法解决的留给下一代。"相信下一代更聪明、更有办法！"

产权问题的学术逻辑是什么？我们认为，就是"产权研究主题三次转换"。

第一次产权研究主题是关于所有制是公有好、还是私有。这个主题时间段是马克思、恩格斯在世时的时代之问。资产阶级学者以"自私＝人性"为理论基础，论证私有制是符合人性的，是最有效率的制度。资产阶级学者还别有用心地把市场经济这个"社会中性"的发展手段与私有制捆绑在一起,炮制了"市场经济=私有制"的伪命题。马克思、恩格斯以生产力的社会化规律与私有制矛盾规律为依据,在《哥达纲领批判》中,马克思科学指出了社会主义生产关系与生产力基础的对应性。实践证明,只有与生产力基础匹配的社会主义所有制,才能显示出她的优越性,才能调动人的积极性。所以,我们一方面要批判"私有制会万世长存"的观点。同时,在用公有制取代私有制的操作中又要像医生做手术一样,科学、仔细。是公有好、还是私有?根本上不是一个理论问题,而是要从实际出发、实事求是。

第二次是关于怎么样构建产权才有经济效率。这个主题转换背景是西方发达国家的产权结构发生了根本变化,从私有(个人或家族)变成了"资本日益社会化",即所谓"现代产权"。现代企业产权演变的一般趋势是产权的不断分散化、多元化和社会化。与这种变化相对应的,则是所有者职能的日益替身化。这种变化,不仅企业的所有权和经营权发生了分离,企业的资本所有权与资本经营权也发生了分离(即企业所有权)。所有权分散化就是通过股份有限公司的形式来募集资本成了创办现代企业的基本方式,而股份公司的股权结构必然导致企业股权的分散;所有权多元化就是现代企业中四种不同的产权形态并存,它们分别是:经典形式的私人资本,联合起来的私人资本,社会集体的联合资本,法人社会资本;所有权社会化,指的是在多元的所有者当中,代表社会利益的那些所有者的股权比例,长期趋于提高,并在现代企业中居于主导地位。"资本日益社会化"理论意义就是现代产权无法具体、彻底地私有!科斯正是抓住了产权这一变化,以"交易成本"为核心建立了自己的理论观点。科斯认为,从经济学角度看产权,重点是建立责、权、利的组合。科斯说:"人们通常认为,商人得到和使用的是实物(一亩土地或一吨化肥),而不是行使一定(实在)行为的权利。我们会说某人拥有土地,并把它当作生产要素,但土地所有者实际上所拥有的是实施一定行为的权利。"有学者研究认为,科斯研究的对象是企业外部性,要解决的问题不是所有制,而是企业外部性问题,即交易成本降低效率提高。这里必须重点指出的是,资本社会化以后,西方发达国家产权解决不了具体到个人问题,"新自由主义经济学"却把这个不能解决的问题推给了社会主义,以此为据指责社会主义公有制最大弊端就是没有具体到个人!显然,这是一服害人的"毒药"!

第三,眼下问题是研究"产权密码"。"产权密码"思想是中国学者提出的。什么是"产权密码"?就是把产权问题置于历史、国情中全面考察,使产权构建能发挥三个方面的作用、两个关系。这三个作用是:保护功能是近代西方国家崛起的重要"奥秘";产权的经济功能即提高经济效率;产权还有提供公共物品的社会功能。两个关系即经济与国家的关系,邓大才先生还做出了这种关系的一个函数图示。这个函数图示的基本主张是构建产权还要与国家的治理能力协调起来,要有利于发挥国家的治理能力作用①。我们都知道,国家治理会产生两个基本作用,一是维护现行规则,从而使社会稳定有序;二是执行法规,推出政策,促进发展并纠正各种危害发展的行为。"产权密码"问题,实际上是主张考察产权问题不能只从"微观经济学"谈论,要从社会、国家发展与企业效率的均衡与结合来考虑问题。这是一个难

① 中共中央马克思 恩格斯 列宁 斯大林著作编译局.马克思恩格斯选集:第1卷[M].北京:人民出版社,1972:263.

题,又是一个企业家成功的规律。不能要求企业无论大小、发展阶段,都具有"产权密码"要求的眼光。但是,经济发展的事实证明,一个国家与民族没有一大批具有"产权密码"要求的企业家,这个国家与民族在经济上要发展起来是不可能的。美国福特公司明明是一个企业,招聘员工却提出了"关爱"条件,日本企业更提出了"产业报国";中国近代张謇纺织业成功后,打造了江苏南通的城市与教育;当下格力公司也提出了"让世界爱上中国造";等等。

现将邓大才先生的函数图示转引如下:

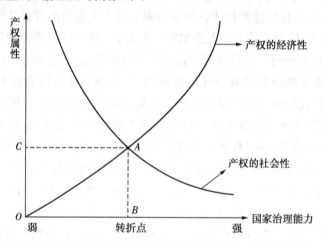

提出产权主题转换问题,对中国西南地区乡村振兴的启示意蕴是,在乡村振兴中不要为"好听、正确"削足适履建构产权,要"有效率"建构产权。同时,要注意资本社会化和从国家民族高度来看待产权建构。

6.2　西南地区乡村产权的问题分析

产权问题很重要,但是,现实产权解决又是经济矛盾中的最大难题。中国西南地区按照市场经济要求进行产权重塑、重组当下面临的主要困难是什么?以产权主体为逻辑线索,集体、户、外来农民,正确处理这三个方面内外关系的可能是认识问题、解决问题的路径。

6.2.1　集体产权的制度安排与经济实力的矛盾

用什么理论去分析产权制度建构,这实际牵涉产权研究方向、长期未解决问题的共识等问题。梳理了所有制、社会化、"产权密码"线索后,我们就可以看出,中国多数老百姓、包括一些学者,还热衷于当下很难解决的城市公有与私有、农村集体和家庭争论,这已经落后于产权主题转移的时代了。

已故华西村支书吴仁宝有句话:"不管公有、私有,最怕一无所有!"吴仁宝的话,实际上是主张把产权所有制争论转移到把产权作为创造收益的工具上来。所谓产权问题上的与时俱进,在中国西南地区乡村振兴中的表现,也是把注意力转移到把产权作为创造收益的工具上来,要围绕"创造收益"说产权,进行产权制度建构。

中国西南地区乡村振兴中的产权制度建构,首先应该处理集体产权的制度安排与经济实力的矛盾。这个问题全国农村都不同程度存在,中国西南地区乡村可能更严重。

与集体产权联系的集体经济在产权上有什么优势? 就是可以在农村实现"产权密码"中的提供公共产品。在生活中这样的例证是很多的,农村集体经济为村民提供公共产品的数量、广泛性、持续性都是最强的。当然,一些非公有经济也在做各种公益,但是,两相比较差距还是存在的[1]。比如,"家族型集体经济"。

学者邓大才论证了在中国传统社会有延续性的"家族型集体经济",为保证族人中弱势群体的生存、提携家族中贫穷而有培养前途后生、维护社会稳定还是起了积极作用的[2]。据邓大才的考证,中国传统社会"家族型集体经济"形式主要有三种:

(1)血缘性公共产权:提供综合性公共物品。家族以族或房支的名义设置一定的公共产权(公田),提供在全族或者房支范围内的修桥补路、撑船摆渡、开崛浚塘、砍柴建房、社会保障、集体防卫等生产生活性公共物品。

(2)地缘性公共产权:提供基础性公共物品。地域群体村庄,会形成一些公共产权,如公会地、庙产、香火地、公地等。以此来提供基础性公共物品,如作为村庄公共管理的经费,如村务招待费、修桥补路等。

(3)利益性公共产权:提供特定公共物品。如路会田。湖南省浏阳市洞阳镇长东村设置有路会田,属于全体会员共同所有,一般采取出租方式经营。路会田的收入用于修建村中道路。又如护林田。浙江省武义县俞源乡俞源村有护林田,护林田归俞氏宗族所有,主要作用是涵养水源,养护风水,防止自然灾害。又如老人会田。广东省龙川县山池村一些年龄比较大的老人,担心年纪大后子女不赡养自己。老人们联合起来出资购置一定的田产,形成老人会田,以此出租。平时老人可以分享会田租金收入用于日常生活,去世时用当年的租金收入置办丧事等。

所以,农村搞集体经济,不仅有广泛的切身利益性的群众基础,也有深厚的历史传统。

集体经济不仅要有所有权的合法性,关键是要通过搞好创造收益,让老百姓得到实实在在的好处。

列宁说得好,劳动生产率是新制度战胜旧制度有决定意义的东西[3]。资本主义创造了比封建制度更高的劳动生产率,所以,资本主义战胜了封建制度。社会主义必须创造高于资本主义的劳动生产率,社会主义才能取得胜利。

中国西南地区乡村振兴集体经济为什么影响力比不上华西村? 还是经济实力的问题。人民公社当初号称"一大二公",为什么被否定了,还不是人民公社制度体制下"收入低、饿肚子"。

———————————

①　史正富,刘昶.静悄悄的革命:西方现代企业产权社会化[J].红旗文稿,2012(7):4-7.
②　邓大才.中国农村产权变迁与经验:来自国家治理视角下的启示[J].中国社会科学,2017(1):4-24.
③　中共中央马克思 恩格斯 列宁 斯大林著作编译局.列宁选集:第 4 卷[M].2 版.北京:人民出版社,1972:16.

中国农村又掀起了以股份合作为模式的新的发展集体经济的实践。我们在乡村振兴中发展的是"新集体经济",是以股份合作为模式的集体经济,不是人民公社那种"一大二公"、"大锅饭"式的集体经济。这就是经济学语境下的创新了的"新集体经济",这是必须明确的。当然,也沿用了过去对集体经济产权的法律界定。

中国西南地区农村面临的问题是:能否把经济学语境下创新了的"新集体经济"搞成功?即能否用集体所有制的法律界定优势,壮大集体经济的实力。我们在调研中发现,50%左右的村庄在做这种尝试。能否成功?目前只是初见成效,有的地方效果还不明显,也有的地方目前累积风险(债务高与收益不确定)很大。

为什么同样是发展"新集体经济",事实上存在差异还是比较大。搞得好的新集体经济共同特点是把争取国家投入、社会资助、企业投资、产业到产品选择结合得较好。其中的关键还是产业到产品选择。如果选择正确,效益很快显现(至少有确定的前景),如此一来,会吸引更多的社会资助、企业投资,如此良性循环,集体经济实力哪有不壮大的?相反,恶性循环折腾一下,反而败坏了集体经济的声誉。

与乡村振兴第一线同志交流中,他们反映在壮大集体经济中有一个困惑。壮大集体经济,说一千道一万,还是要有一批高收益的企业,这些企业无论是姓"农"还是姓"工"。当年从吴仁宝到鲁冠球,把村子搞富都是通过艰苦奋斗,让一批姓"工"的企业发展起来了。但是,在产能过剩背景下,吴仁宝和鲁冠球的路已经走不通了。搞姓"农"产业到产品能不能富起来、可持续?目前缺乏这方面的经验与资料。荷兰、以色列、美国农民收入都高,他们是依靠搞姓"农"产业到产品富起来的吗?面对这样一个困惑,需要大量资料、并要作实地考察,课题组同志只能说:这是一个看来简单、并不简单的问题,需要认真研究才行啊!

以上探讨了两个问题,一是中国西南地区农村集体经济生产力基础不强的问题;二是加强农村集体经济生产力基础,如华西村那样"走农村工业化道路",还是农业产业化道路。

根据历史唯物主义的生产力决定生产关系的基本原理,集体所有制应该有其相适应的生产力基础。众所周知,我国20世纪50年代的农村合作化运动建立的集体所有制,当时主要是依靠"农民的社会主义积极性"建立的。当然,列宁讲过,我们也可以先赶往资本家、地主,然后运用社会主义制度建立它所需要的生产力基础,这是生产力与生产关系的辩证法。但是,20世纪50年代后期,我们在一个长时期内,搞的是"以阶级斗争为纲",没有集体经济的生产力基础。所以,中国农村特别是中国西南地区农村集体经济生产力基地不强的问题,始终没有从根本上解决。

当下加强农村集体经济生产力基础,农村工业化道路在大多数产品供大于求背景下已经可行性不大,唯有走农业产业化道路。国外发达国家农业发展事实证明,走农业产业化道路也可以创造有市场竞争力的生产力基础,但是,我们没有经验。这是一个历史性的新难题,是乡村振兴的关键即产业发展全部问题焦点所在。

6.2.2 以户为基础产权的现实与欲望的矛盾

2019年3月1日,农业农村部召开新闻发布会,解读日前由中共中央办公厅和国务院办公厅印发的《关于促进小农户和现代农业发展有机衔接的意见》。发布会上,农业农村部副部长韩俊介绍,中国的基本国情农情是人多地少,"人均一亩三分地,户均不过十亩田"。中国现在的农户有 2.3 亿户,户均经营规模 7.8 亩,经营耕地 10 亩以下的农户有 2.1 亿户。而在一些西南地区的丘陵山区,不但户均经营规模小,地块也特别零散。比如四川省,每户地块在 10 块以上,平均每块地只有 0.4、0.5 亩。

小农户占到农业经营主体 98% 以上,小农户从业人员占农业从业人员 90%,这是中国农村国情。在相当长时间内,我们的农村工作还是要承认这个实际,从这个实际出发。

面对这样的中国农村国情,怎么对待它似乎一直是一个有争议的话题。有为小农户唱赞歌的,以日本为例,认为应该依靠小农实现农业现代化;也有人认为,小农与市场结合存在先天、基因不足,主张以农场取代小农户。

小农户是中国农村国情,更是中国西南地区乡村实际。承认这个实际,不是不能研究它。只有研究小农户,才能科学承认这个实际,把承认和按规律改变统一起来。

对小农户怎么看很重要,要讲辩证法,反对简单否定与简单肯定;要在承认现实基础上,帮助完善发展。关键是解决如何帮助先发展、后在发展中完善。

首先,依靠小农户实现农业现代化可以作为一个长期方针确定下来。2008 年,浙江大学出版社出版了由杨建华所著的一本书,名字叫作《社会化小生产——浙江现代化的内生逻辑》。书中说,家庭、家族的"社会化小生产"是浙江现代化的基本样式。正是凭借这种浙江版的现代化样式,仅占中国国土面积 1.06%,人口 3.57% 的浙江省,创造了 6.6% 的国民财富[1]。浙江实践证明,不仅大规模的大生产可以与现代生产力规律社会化结合,小生产也可以与现代生产力规律社会化结合。这个理论是站得住的。根据这个观点,我们肯定、承认小农户不是权宜之计,而且依靠小农户实现农业现代化可以作为一个长期方针确定下来。

其次,要用"小农户+"办法,使小农户实现社会化。根据已有研究成果可以归纳为用"小农户+"帮助小农户发展。所谓"先发展",杨建华将浙江现代化经验归纳为"三大":小规模大分工;小商品大市场;小企业大集群。这些观点,完全可以应用到中国西南地区农村的小农户发展实际工作中去。怎么进行"小农户+"办法的实际操作? 各种新闻媒体报道了各地的许多具体做法。比如,小农户加电商平台、加自媒体、加电子自动控制技术、加机械种收等社会化服务,加合作社与龙头企业,加经纪人,等等。有一篇题为《同样都是小农经济,为啥日本的农业就要比我们做得好?》的文章介绍说,日本虽然也是小农经济,但是人家的小相比我们来说就不小了,一般一户农民有两三个劳动力,但规模都是在 50~70 亩,大点的能有 200 多亩。但是在我国,50 亩以上的农户就不算是小户了,50 亩以下的农户大约有 2.7 亿,能占到农户总数的 97% 左右。由于政府把促进小农户生产与现代农业有机衔接作为重要的施政方针,主要措施有:通过法律手段保障农业政策长期稳定;强化农民主体地位,提升政策施行效率;促进农业规模化经营,提升农业竞争力;完善农村金融体系,降低农民融资成本;等等。所以,日本的小农呈现农业经营超小规模化、兼业化、副业化等特点。

最后,条件具备后促进小农户的数量上有序减少,也是不须讳言的。在这方面世界发达

---

① 杨建华.社会化小生产:浙江现代化的内生逻辑[M].杭州:浙江大学出版社,2008:80-101.

国家在农业现代化过程中给我们提供了可以借鉴的先例。美国农场数量从 1997 年的 220 多万个,减少为 2012 年的 210 多万个,也就是说,15 年减少了 10 万个农场。日本农业是大多数中国学者认为可以直接借鉴的学习对象,日本的农户数量 2015 年与 1990 年相比较,也减少了 44%。有资料显示,中国目前有农户 2.3 亿,户均耕地 7.3 亩。如果要达到日本户均耕地 1.8 公顷的水平,中国农户数量应减少 2/3,6 000 万户左右合适。当然,具体路径有多条,可以平稳过渡。

6.2.3 吸引"外来农民"也是农村制度构建的重要内容

制度经济学的产权理论,为什么引起广泛关注?我们认为,它遵循了制度对应的是人,而不是可以精确到小数点后面多少位的数学公式与模型。产权奥秘在于能对人的行为产生激励与约束。

按照制度对应的是人,才能提出吸引"外来农民"也是农村制度构建的重要内容的观念。

20 世纪 80 年代后期,越来越多的农民进城务工,已经是第二代、第三代农民工了。大多数农民工将变成新市民,这是城镇化的规律。在这个规律作用下,大多数农民进城后不会返乡了,尽管乡村振兴也需要人特别是年轻人。百家号《三农风采》有文章说,有些人宁愿在外漂泊也不想回乡创业,这四点原因非常现实。这四点原因是。

(1)不想承担风险。想要创业,那么肯定是要承担风险的,不像给别人打工,不管老板赔钱还是赚钱,到月就会给员工开工资,所以打工是比较省心的。

(2)不喜欢农村生活。近几年虽然农村发生了翻天覆地的改变,但是农村各方面的条件还是和城市有一定的差距,在外工作时间长了就喜欢上了城市生活,不再想回到农村。

(3)创业压力大。有人称上班每天就工作 8 小时,而创业每天要工作 24 小时。

(4)农村创业项目少。农村的人口不聚集,所以想做一些小生意,也不好做。而在城市则不同,城市里面地广人多,创业项目也比较多,生意相比于农村也好做些。

看来未来中国农业现代化的主体主要由返乡创业者、外来农民、为农业做各项服务者(工作室或住宅都不在农村,工作对象在农村)这三部分人构成了。构建吸引"外来农民"的制度,重要性、迫切性上述材料可以说明了。

"外来农民",他们来自哪里?可能是大学生,可能是城市中的成功人士。浙江以"农创客"平台吸引大学生、城市中的成功人士到农村去创业,已经取得了明显成效。浙江出台了 5 个鼓励到农村创业的政策:给予连续三年的创业补贴,补贴标准为第一年 5 万元、第二年 3 万元、第三年 2 万元的财政支持政策;保费补贴、风险代偿等形式金融支持政策;鼓励"农创客"使用集体建设用地开展创业创新,依托自有和闲置农房院落发展休闲农业用地优惠政策;对"农创客"按照规定享受农机购置补贴和高耗能农机报废补偿、支持"农创客"开展职业农民培养、开办农业实训基地、农民田间学校等;激励"农创客"加大研发投入力度,鼓励其通过股权期权等措施在科技成果转化过程中得到合理回报。比如,浙江省宁波市奉化区尚田镇青"农创客"空间的运营负责人赵洁,做了 10 多年乡村旅游事业的她,多年前怀着对家乡的眷恋,回到奉化创业。策划了一个多月,推出了"中外友人过大年"的形式。目前镇人才库中已收录返乡青年 109 人,他们分散在各个村庄,有的开设农村淘宝服务站,有的经营农家乐,有的搞种植养殖,还有个体经营户。他们用创意妙招点缀乡村,用知识助力农村发展,就像星火燎原,青年创业风潮席卷了整个尚田镇。

中国西南地区农村也正以人为载体吸引各种乡村以外的各种资源,参与到乡村振兴的事业中。

广西壮族自治区人民政府办公厅出台了包括 11 项内容的《关于进一步支持返乡下乡人员创业创新促进农村一、二、三产业融合发展的实施意见》(桂政办〔2019〕1 号)。广西贵港今年 22 岁的小诗,本该是一名城市白领,每天过着朝九晚五的生活。她放弃自己令人羡慕的白领工作,跑到农村老家来,开始在网上卖起了家乡的茶叶。自己的茶叶供应不上,小诗开始向乡亲们收购茶叶,然后自己包装好,再进行售卖。由于小诗的生意越来越好,乡亲才知道小诗这样做是为了带领家乡致富。广西浦北的大周,初中毕业的时候就出去广东东莞打工了。工作几年以后,大周选择了回乡创业——养鸭子。他买了许多养殖鸭子的资料,同时在网上学习养殖教程,请教一些老手养殖户,不断地钻研,经过一两年的养鸭子,大周挣到了不少钱,大概有几十万,买起了自己的四轮车,生活也有了很大的改变。创业虽然很辛苦,但是也很值得。

截至 2018 年年底,重庆市培训各类返乡下乡创业人员 10 万人次,带动 50 万以上就业人员。由返乡下乡创业人员创办的成活 3 年以上的企业占总户数的 26.1%,存活 5 年以上企业占总户数的 3.2%。

6.3　西南地区乡村产权建构选择的策略

现实生活中,有不少问题理论上可行,在实际中又面临若干挑战,甚至不成功。为什么?理论追求纯粹,现实讲究可行。纯粹生活是不存在的,统筹兼顾、照顾各方的现实选择常常是成功秘诀。儒家讲"中庸",中不偏(清除极端化思维),庸不易(结合、照顾各方不容易)。产权问题上的"中庸"是什么?合适、分治、文化。

6.3.1　"适合"理论原则与产权灵活及多样

制度建构,特别是经济发展制度怎样才算正确,讨论资料较少。人们讨论得多的是"政治制度怎样才算好"。

关于制度建构,人们往往容易陷入说不清、谁也不服谁的"经济发展制度怎样才算正确"的讨论。"正确"与否总是变化、相对的,所以"说不清、谁也不服谁"。有一个观点认为,要以"经济发展制度合适"为标准。我们比较赞同,主要理由有两个:

一是"合适"为标准,具有可操作性。有人可能会说,制度特别是经济发展制度衡量,以人为标准多"高大上"啊!以人为标准,缺陷是理论上讲都同意,实际生活中无论个体或群体"七爷子八条心,到底以谁为标准啊"?合适,就是符合客观与主观,无可挑剔。要做到这些,必然立足客观条件、尊重规律、凝聚共识、大家都赞成这样做。这样构建起来的制度还不能作标准,那在实际生活中就没办法干了。

二是"合适"为标准,具有与所干事的过程契合性。制度建构是一个过程,这个过程常常与所干事的过程具有契合性。试问,事情还不开始干,制度一大套就预定好了,干事过程中人行为就依制度之样画葫芦! 这样的做法是违反主客观辩证法的。没有干事前,或干事过程中,再聪明的人也只能对制度勾画出一个轮廓来,许多大小制度的完善、纠错需要在干事中去解决。改革开放40年的历史就证明了这一点。十一届三中全会召开,只能确定工作重点转移,改革经济基础和上层建筑。怎么改,从哪里开始搞,后来办特区才逐渐清晰。特区作为改革开放的切入点,这是对的。但是,特区的改革开放到底怎么干,当时邓小平同志也不能像有"锦囊妙计"一样交出来,只能说:去杀出一条血路来。为了"合适",探索符合客观与主观、认识规律、凝聚共识,使大家都赞成这样做,都必须与所干事的过程结合。这样为了做到"合适",使与所干事的过程与制度设计、试验、完善形成互相促进、互为条件的辩证关系。

有人可能会说,一切经济活动都必须要有效率,改为效率标准不是更好吗? 听起来说服力好像无可辩驳,其实行不了。效率或效益,是结果。先有原因,才有结果。原因过程漫长艰苦,结果如艳丽之花。若改为效率标准,只有等有了结果再说,即便过程造成巨大损失、甚至灭顶之灾,在效率结果出来之前,制度建设我们什么也不能做! 这种效率标准,不是傻瓜标准吗?

6.3.2 "三权"分置下的经营权"四驾马车"

产权是经济学意义上的制度核心,它关心的不是最终所有归谁,那是法律研究的视域。经济学关心的是:产权能不能带来收益? 通俗地说是:会不会捧着金饭碗讨饭? 会不会守着好制度过穷日子? 这可以归纳为经济学意义上的产权之问,制度之问。

2014年中共中央关于农村工作一号文件,在坚持和完善最严格的耕地保护制度前提下,赋予农民对承包地占有、使用、收益、流转及承包经营权抵押、担保权能。2016年10月30日,中共中央办公厅、国务院办公厅印发了《关于完善农村土地所有权承包权经营权分置办法的意见》,就完善农村土地所有权、承包权、经营权分置办法提出意见。从此,"三权"分置成为中国农村第一的基本制度,其核心要义是明晰赋予经营权应有的法律地位和权能。

中国共产党不愧为最能与时俱进的党,用"三权"分置、搞活经营权回答了"经济学意义上的产权之问,制度之问"。因为,有了经营权,产权就能够按市场需要进行流动,产权的内容资本就能在流动中增值、带来收益,这是起码的经济学常识。

这就给中国西南地区农村制度建设提出了一个具有关键理论性与实践性的问题:在"三权"分置下,中国西南地区农村拥有经营权的主体到底有哪些?

我们认为,中国西南地区农村拥有经营权的主体是一个"四驾马车",即农户、农场、合作社(包括其他形式的集体经济)、龙头企业。

为什么中国西南地区农村拥有经营权的主体是一个"四维结构"? 是因为中国西南地区农村多样化自然、社会条件内容。从自然条件来看,"山从人面起,云傍马头上"的高山峡谷、并夹有无数小块山间坝子(也有盆地与不大的平原),不是哪一种经营主体可以包打天下的。

从社会条件条件来看,西南地区农村发展起点不与发达国家比较,与东部山东与江浙农村比也差十年,这种发展低起点的特点带来发展条件缺这少那、人心共识更难达成,唯有以发展条件、可以达成共识为基础,多样化地灵活选择经营主体。

提出中国西南地区农村拥有经营权的"四驾马车",其理论意义是中国西南地区农村拥有经营权的"四驾马车"都是"合适"的。

我们在实践操作层面处理"四驾马车"内外关系时,要提倡辩证法,反对形而上学。具体操作,以法律为基础,以创造收益为标准,理性而公开与公正。

6.3.3　现代产权文化与产权文化建设的意义

按照马克思主义关于上层建筑会反作用于经济基础的观点,任何社会的产权结构都有与之对应或适合的文化、即上层建筑世俗化的样式配套。封建社会文化的样式是以神或"天命"的逻辑展开,资本主义文化的样式是一套无法做到"民主、人权、自由"专门欺骗弱者、指责别人的说辞。

诺思在《经济史中的结构与变迁》中,把文化称为"节约机制"。文化"节约"了些什么?可以从三个角度来看①。

第一,文化节约了人们达成共识的成本。现实的产权制度事实上无法做到所有人都满意,但是,可以做到让吃了亏的个人、阶层都接受它。恩格斯在《反杜林论》中的"政治经济学"篇指出,在工业革命时期,在工厂做工的工人阶级,不仅不反对剥削,还欢迎剥削。《红楼梦》中的花袭人,对自己丫头的身份是认同了的。贾宝玉要在她那里初试云雨,她认为"也无可推托的";放假回到家中,也不习惯了,急着要回贾府伺候人。文化可以让在产权中吃了亏、处于弱势的人也接受这个产权制度安排,有利于达成共识,维护社会稳定。

第二,文化节约了"交换观点的时间"。产权后面本身就是一系列观点的现实化,人们要接受一系列观点,才能接受这个产权安排。产权制度建构的过程,也是人们进行观点碰撞、交流的过程。文化作为一种价值观体系,有了这个基础或底色,人们观点交流变得顺畅多了,自然会节约"交换观点的时间"。

第三,文化复制使产权"合理内核"得以保存下去。在我国,讲文化创新与传承的多,正视文化复制的人不多。其实,文化传承中有两个部分,一是需要创新的部分;二是需要复制的部分。仔细分析每一个传承的内容,没有全是创新的,也需要复制。比如,京剧要传承,那些二黄、西皮调就是复制的。唱西皮流水调,无论是什么台词,都得复制唱。不能把京剧西皮流水调唱得变了腔!产权讲发展集体经济,要从"一大二公""左"的一套创新为能在市场经济中竞争的集体经济。但是,只要是集体经济,产权归集体,就要运用集体力量发展公共福利。

---

① 道格拉斯·C.诺思.经济史中的结构与变迁[M].陈郁,罗华平,等译.上海:上海人民出版社,1994:53.

> 社会就是一系列组织系统。所以,在社会中做任何事情,组织作用是成功的先决条件。
>
> 西南地区农村组织化程度低、组织作用发挥不够同时并存。
>
> 人才、企业家是西南地区农村组织问题的解决核心。

第7章 西南地区乡村振兴的组织制度建构

人是社会的动物,这句话每个人在很小的时候教科书里就知道了。进而追问,社会的各种关系怎么才能稳定并延伸?那就离不开各种社会组织。比如,血缘关系就是通过家庭、家族及其亲戚各种组织及称谓来稳定并延伸。各种职业关系,也是通过法人、行业等组织及称谓来稳定并延伸。社会越发展,组织之间相对独立性,组织内与组织间关系越复杂。总之,无论是从社会学角度还是从经济发展角度组织建构都是制度建构之必须与深化。制度建构如果不向组织延伸与深化,制度"也只是清谈一阵子而已"。

7.1 关于组织制度重要性的观点

马克思主义有丰富的关于组织观点。马克思和恩格斯由于主要是生活在资本主义之下,所以,他们关于组织观点主要是工人阶级成立自己政治组织——共产党。从列宁开始,由于无产阶级执政了,所以关于组织观点的视野从社会政治领域拓展到经济、社会其他领域;经济学有专门的制度主义学派,他们的观点能够为我们认识组织问题提供理论支持;管理学的组织观点比较具体,他们的观点,可以使我们的组织观点从理论走向可操作提供思路;中央历年一号文件中关于组织的观点,对乡村振兴中组织的建构提供直接依据。

7.1.1 列宁关于组织是克服自发性和增强自觉性的观点

关于组织分门别类说得多,整体、有深度的研究资料不多。人类社会组织整体发展的逻辑是血缘—政治—经济—社会—文化—国际。其中,政治与经济组织是社会组织的主体,有决定意义。其余组织总体上最终服从、服务政治与经济组织。

马克思主义抓住社会、政治与经济组织，在革命与建设实践中进行了持续有价值的探讨。我们说组织建构，首先还是要从马克思主义的政治与经济组织观点中，汲取力量源泉。

马克思主义首先探讨的是社会政治组织特别是政党组织对于社会发展的重要性。马克思、恩格斯在《共产党宣言》谈论无产阶级从"自然存在阶级"成长为"自己有所作为阶级"时指出，"这种组织总是一次又一次重新产生"，"从而组织成为政党"①。列宁在《进一步、退两步》的文章中也说，无产阶级在争取政权的斗争中，除了组织外，没有别的武器②。

关于社会主义建设中的经济组织建设，列宁和毛泽东同志都进行过探讨。列宁在《怎样组织竞赛》一文中说，组织上的和组织家的巨大努力，组织任务与镇压剥削者反抗的军事任务，已经结成一个不可分割的整体③。在列宁创新性的建立带有市场经济特征的"新经济政策"的代表作《论粮食税》中，把社会主义经济可以采取的经济组织形式概括为五种，即自然的农民经济、小商品（出卖粮食的农民）、私人资本主义、国家资本主义、社会主义。毛泽东同志在《关于国家资本主义》的文章中说，国家资本主义已经是一种不是为了利润、而是供应人民和国家需要的"特殊的资本主义经济"。在《〈中国农村社会主义高潮〉的按语》中，毛泽东同志阐述了至今亦有参考价值的观点：组织化程度与群众接受度关系，面对不平衡的组织发展领导应该如何去认识，特别是第11篇按语中关于合作社要以增产为"主要标准"。

回顾了上述马克思主义关于组织的一些观点，我们感到十分"接地气"，一点也不教条主义，充满了创造力，主要反映在三个方面。

首先，组织建构可以"旧瓶装新酒"，不必刻意追求什么都要原创。国家资本主义问题体现最明显。"国家资本主义"，基本意思是国家政权控制的资本主义，发达国家"私有化"出售的大量是这类企业，以英国为代表的发达国家都有这种资本组织形式。列宁认为，落后国家建设社会主义，可以采用这种资本组织形式。毛泽东同志更是说明了它形式保留了原来的，内容与性质发生了重要变化。

其次，在社会主义建设中，在经济方面完全没有"恐资病"，有的是实事求是。共产党人的最终奋斗目标是消灭私有制，实现共产主义。但是，这是有生产力充分发展、能够达到按需分配的前提条件的，才能做到。落后国家人均GDP远远落后于发达国家，国内一部分人贫穷问题尚未解决，"按需分配"更是遥远将来的事情。现在建设社会主义怎么办？还要利用市场经济、包括有发展效果的资本主义组织形式，如小商品、小农户、私人资本主义等。特别应该指出，共产党执政后，在经济建设中应该如何对待包括世界500强在内的带有剥削的经济组织呢？恩格斯、列宁对这个问题有明确指示。恩格斯在《反杜林论》中说，资产阶级处

①　中共中央马克思 恩格斯 列宁 斯大林著作编译局.马克思恩格斯选集:第1卷[M].北京:人民出版社,1972:264-273.

②　中共中央马克思 恩格斯 列宁 斯大林著作编译局.列宁选集:第1卷[M].2版.北京:人民出版社,1972:452-510.

③　中共中央马克思 恩格斯 列宁 斯大林著作编译局.列宁选集:第3卷[M].2版.北京:人民出版社,1972:392-401.

于上升时期,工人不仅不反对剥削,还欢迎剥削,如工业革命时期。列宁在"新经济政策"中,明确国内可以发展私人、国家资本主义,国际上要参加西欧资本主义国际组织举办的博览会。"恐资病"有什么可担心!目前,发达资本主义组织仍然有能力发展、拥有、甚至代表一部分先进生产力,还处于马克思在《政治经济学批判序言》中讲的"发展生产力全部能力没有充分发挥出来"的阶段,制度灭亡还是很久以后的事情,资本主义经济、政治组织都是我们必须在实事求是、尊重现有"合理即合法"存在事实基础上,应该争取主动权积极"打交道"的对象。

最后,要把群众接受(最好是拥护),与增加效率结合起来。一个好的组织,理论上应该是群众接受(最好是拥护)与增加效率统一。但是,在现实中二者经常发展不均衡,严重失衡甚至对立。要分析谁是矛盾的主要方面。如果提高效率是矛盾主要方面,群众对提高效率采取的组织措施又有意见。这种情况下,应该尽量说服群众顾全提高效率大局,效率提高后才能解决群众有意见的问题。应该相信大多数人是明事理、顾全大局的。如果尽力做工作了,大多数人还有意见,这种情况下只有两种可能:我们为提高效率采取的组织措施本身就是错的;提高效率采取的组织措施是对的,但步骤策略有问题。应该实事求是予以解决。在乡村振兴中,中国西南地区农村创造的培育"示范户带头"的做法,是把群众接受(最好是拥护),与增加效率结合起来的好形式。贵州西秀区鸡场乡石井村第一书记郑燕青在领导村民发展白茶产业中,就组建了村干部、共产党员、种养殖大户"扶贫顾问团",使产业骨干作用与群众作用相结合,良性循环、互相促进。

以上探讨的三个问题:组织形式不必刻意追求原创;组织本身是"中性"、还是有"姓社姓资";组织运作中的群众拥护与产生效率。这三个问题既是中国老百姓普遍关心的问题,也是西南地区乡村振兴中一个具有普遍应用价值的问题。

7.1.2　制度经济学关于组织的观点

总体说来,制度经济学关于组织研究有两个特点:一是动态研究;二是重点研究企业组织。

如果细分,制度经济学分为旧制度经济学和新制度经济学,他们对组织是如何动态的观点也有差别。

旧制度学对组织是如何动态的观点,主要汲取了德国历史学派的观点。旧制度学派各个分支虽然研究的出发点、内容并不相同,值得关注的是他们的研究方法,主要汲取了德国历史学派的观点,采取历史主义和制度分析的方法,一方面强调从制度的整体方面研究问题,另一方面强调从制度的演进方面研究问题。

新制度经济学在研究经济组织制度时候,保留了新古典经济学的三个基本要素:稳定性偏好、理性选择模型和均衡分析方法。又在此基础上,再引入新的变量,如信息、交易成本、产权约束和政府行为干预等。

关于制度经济学如何研究企业组织,观点也是繁杂多样。我们认为,通过关注四位制度经济学代表人物的观点,可以厘清他们是如何看待企业组织的基本线索。

第一,诺思关于制度同组织关系的观点。制度同组织是什么关系?诺思认为,制度高于组织,制度不应包括组织。制度是一套"游戏规划",组织则是在规则指导下的一个团体。诺思在《经济史中的结构与变迁》中,通过对世界现代社会以前的历史考察,逻辑性地给我们阐述了他对制度是一套"游戏规划",组织是实现"游戏规划"的看法[①]。他说,传统农业社会比游牧社会组织复杂,这是为什么呢? 因为,传统农业社会的经济活动要建立一套实现人与自然资源稳定结合的复杂"游戏规划",为了实施这些复杂"游戏规划",组织团体也复杂得多。诺思这里阐述了一个重要的关系:制度="游戏规划",组织=实施规则团体;复杂"游戏规划"=复杂的制度=复杂组织=复杂的经济结合内容。

第二,科斯关于组织同市场关系的观点。科斯认为,市场与企业组织都是配置资源的手段。1937 年科斯在《企业的性质》中就说,市场与企业都是配置资源的机制,企业是市场价格机制的代替物。马克斯·韦伯更是明白地说,由于企业内部是实行"行政性的科层管理",比市场讨价还价节约成本。在这里,特别要强调独立的企业法人组织形式的发现、创新的重要意义。组织,存在于社会生活的各个方面,组织是大致沿着血缘—政治—社会公共生活—经济的逻辑发展的。中国与古希腊等文明古国,组织在经济前面的序列发展大体都是一样的,但是,自始至终没有在中国本土发现、创新企业法人这样的组织形式,这给中国传统经济的发展动力与空间带来了很大的局限。无论是晋商,还是徽商,都是采用"家族"组织形式。直到近代,江苏南通张謇用股份制筹办纱厂,筹资之初,偌大的长江平原的有钱人都不知道现代企业为何物,不予配合。张謇筹资之路屡遭挫折,甚至要以状元身份卖字筹集路费。"家族"组织形式,在创业初期不失为一种有效率的组织形式,但是,家族源于血缘固有的封闭、利益分化难等诸多弊端,经济组织做大做强就困难了。罗马人发现、创新了企业法人组织形式,并用法律把它定型化。西欧资本主义正是借助企业法人制度发展起来了,企业法人与股份制、证券金融市场相结合,实现了现代企业制度的转型。这些都是现代市场经济的存在式样。

第三,威廉姆森关于企业不是生产函数,而是规制结构的观点。企业组织对于市场的优势怎么才能看出来? 威廉姆森认为,市场失灵时,组织可以降低交易成本。意思是说,"企业规制"可以降低市场失灵的冲击。"企业规制"怎样降低市场失灵的冲击? 这个问题的探讨还不多。但是,韦伯关于企业要建立"科层制"的组织体系的观点,可以给理解这个问题予以启示。韦伯认为,处理企业外部的关系,需要用"交易",处理企业内部关系则需要建立"科层制"的组织体系。为什么? 试想,班、组长每一次给工人分派具体工作任务,如果都按交易原则来进行,则每一次工作都是充满报价、谈判与博弈、成交签合同,不仅没有市场高效率,反而效率低到极点!

第四,理查德·尼尔森与温特在《经济变迁的演化》中认为,组织的"惯例"最值得重视与关注。"惯例"是一个集合。这个集合是由行为、规则、程序、习惯、战略、技术等要素构成。"惯例"的特征是可重复、可复制,因而可以传承。这里提出的"惯例",在管理实践中证明是一个特别值得重视的问题。实践证明,任何制度、组织与管理,如果不能变成被管理对象的

---

① 道格拉斯·C.诺思.经济史中的结构与变迁[M].陈郁,罗华平,等译.上海:上海人民出版社,1994:41-56.

自觉行动,都可能流于形式主义或空谈。制度、组织与管理是否变成了"被管理对象的自觉行动",有没有什么可以衡量的标志? 可以说组织的"惯例"就是明显的标志。所谓"惯例",就是大多数人认可、遵守,并已经成为习惯的行为规范。如果制度、组织与管理的主要内容,达到这个水平已经可以了,即便有少数人不赞成"惯例",不时有违反,他们也会受到谴责与自责,他们也逐渐会皈依"惯例"。

7.1.3 管理学关于组织权力与责任结构的观点

说到组织建构,不能不说管理学关于组织的观点①。这些观点可以从另一个维度或另一只"眼睛"助力中国西南地区乡村振兴的实践。

管理学科历史从泰勒算起也逾百年了,各种 XYZ 理论更新接踵而至、各种教材"虽不同,亦有小异"。我们只是尽量概括与中国西南地区乡村振兴的实践有关的观点,扼要介绍而已。

管理学中组织概念与制度经济学是不同的。管理学中的组织关键是角色结构。这种结构的逻辑是:组织目标—程序(结构框架)—权责利(科层组织实体)—角色(等级职务与职称)。

管理学研究组织的关键问题有三个:如何确定管理层次及分工? 如何在一定限度内自上而下在权责利统一的状态下行使权力? 如何达到通过管理更有效率地利用资源过程?

管理学的组织观有两个特征:一是组织与人是紧密联系的②。组织管理的对象首先是人,只有通过对人的恰当而有效管理,才能使企业的人、财、物实现很好的结合,即配置资源效率最大化。组织不是天生的、而是人设计出来的。二是组织是变化的。要根据企业发展阶段与市场竞争需要,适时采用一些组织,包括撤销一些过时的组织机构。

管理的难点在于处理管理幅度、管理能力、管理需要三者之间的关系。管理能力如果不行,管理幅度内的事务就处理不好,管理需要即问题就无法解决。有人作了管理的难点三者之间的关系图,如下所示。

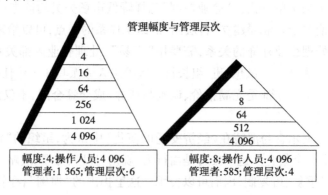

管理幅度与管理层次

幅度:4;操作人员:4 096
管理者:1 365;管理层次:6

幅度:8;操作人员:4 096
管理者:585;管理层次:4

---

① 中共中央马克思 恩格斯 列宁 斯大林著作编译局.列宁选集:第 4 卷[M].2 版.北京:人民出版社,1972:687.

② 毛泽东选集:第 5 卷[M].北京:人民出版社,1977:229,235.

图中的关键数字是以人数为标准的"4"或"8"倍。好像管理学界多数人认为,这个幅度在实际工作中反映了规律,具有可操作性。

目前管理的重点已经由纵向科层管理发展到网络管理。这个观点是由中国管理学者杨国安提出的。杨国安有多重身份,他曾经担任过中欧国际工商学院的副教务长,飞利浦教席管理教授,中欧四大名师,美国密歇根大学管理学教授,也曾任宏碁集团的首席人力资源官,他被誉为是世界华人管理大师。

杨国安把组织管理划分为劳动密集型与知识密集型,"劳动密集型企业的组织管理三角,核心是成本、质量和速度。它对人才标准要求不高,更注重流程标准化管理。"在杨国安看来,这一类企业,以海底捞、富士康等作为标杆。

"知识密集型企业的组织管理三角,核心变成了用户导向、创新和敏捷。自我驱动、精兵强将、灵活敏捷。"

他说,现在创新驱动成了发展的关键,知识密集型企业就成了未来主导。因此,"企业的组织形式,正在从科层制组织走向市场化的网络组织。"在市场化的网络组织里,需要"更加扁平,更加市场化的网络组织,更多支持业务团队去打外面的市场。"这样的组织战略在腾讯的发展中得到了证明。

7.1.4　历年中央一号文件关于农村组织的观点

从 1982 年开始,中央一号文件历年都是谈的农村工作。其中,中央也适时为农村组织建构作出了顶层设计的指示。梳理历年中央一号文件关于农村组织的观点,对于中国西南地区乡村振兴的实践是必要、有帮助的。

历年中央一号文件主张,农村应该建立能够解决特定历史条件下农村发展问题的组织,农村的组织构建要与农村发展阶段相适应。其中,有历史节点意义的文件是:

首先,五个一号文件为家庭经营这种组织形式"正名"。从 1982 年到 1986 年五个一号文件,以"三农"为理论根据,为家庭联产承包责任制、包括家庭经营这种组织形式"正名"。特别是 1986 年的中央一号文件中提出要将统一经营和分散经营结合,即后来的"双层经营"。

其次,引导农村发展与市场经济接轨,解决农民增加收入问题。时间是 2004—2009 年的中央一号文件。2004 年 1 月,针对全国农民人均纯收入连续增长缓慢的情况,中央下发《中共中央国务院关于促进农民增加收入若干政策的意见》。2005 年明确提出了"提高农业综合生产能力"概念。2006 年和 2007 年都使用了"社会主义新农村建设"概念。2008 年提出了"农业基础建设"概念。

再次,从 2010 年到 2016 年提出了"统筹城乡",并着力解决统筹城乡中的重大问题。2010 年 1 月 31 日,中央下发《中共中央国务院关于加大统筹城乡发展力度进一步夯实农业农村发展基础的若干意见》,2011 年又开始解决水利、农业科技、现代农业、农业现代化、农村全面小康等重大问题。特别要指出,2013 年中央一号文件对专业大户、家庭农场、农民合作社等农村组织形态都予以肯定。

最后,提出了乡村振兴战略。2017 年中央一号文件题目是《中共中央、国务院关于深入推进农业供给侧结构性改革加快培育农业农村发展新动能的若干意见》,提出了"推进农业提质增效"问题。2018 年中央一号文件题目是《关于实施乡村振兴战略的意见》,实施乡村振兴战略,是党的十九大作出的重大决策部署,是决胜全面建成小康社会、全面建设社会主义现代化国家的重大历史任务,是新时代"三农"工作的总抓手。

7.2 西南地区乡村振兴中面临的组织问题分析

7.2.1 组织化程度还需提高

改革开放以来,在联产承包制基础上,通过"双层经营体制",农民的组织化程度有了很大提高。但是,目前水平仍然较低,中国西南地区农村组织化程度更低。中国农村有近 2.5 亿农户,但参加农业合作组织的农户仅有 2 363 万户,占全国总农户数的 9.8%。可以说,组织化程度低仍然是导致农村落后、农民收入不高的重要内因。

什么是农民的组织化? 就是组织主体依据一定的原则、采取不同方式,将具有生产经营规模狭小、经营分散、经济实力较弱、科技水平滞后等传统职业特征的农民,转变为有组织进入市场与社会,并且能够获得与其他阶层同等待遇的现代农民的过程。农民的组织化概念的关键词是:组织主体、农民有组织进入市场与社会,特别是获得同等待遇。

中央党校经济学部教授、博士生导师徐祥临认为,现在一方面农产品剧烈波动,从大蒜到猪肉,波幅都在 30% 以上,超过受供求关系影响的正常波动值一倍,属于不正常范围。是什么原因形成这种不正常范围波动? 跟农民组织化程度不高关系很大。欧美农业是大规模的,日本、韩国的农业是小规模的。但是,他们农民的共同特征是组织化程度都是很高的。组织起来以后,农民在农产品流通过程中只获得流通利润,农产品价格不会像"过山车"一样大起大落。在中国由于农民组织化程度不高,生产与流通利益没有一体化,农产品流通领域被经纪人、单纯在流通中牟利的所谓龙头企业操纵,他们恨不能在流通中"发横财",自然为农产品涨价非理性地推波助澜! 流通与生产一体化后,如果流通中价格涨得太快太高,总需求会减少,不利于生产。这个经济学的简单道理用不着多说!

中国西南地区农民组织化达到什么水平? 用一些数据来说话吧。

据统计,截至 2013 年 6 月底,广西全区农民合作社达 12 745 家,比上年增加 1 071 家,增长 9.2%,增速加快;出资额近 126 亿元,实有成员超过 66 万户,带动非成员农户约 167 万户。广西 2018 年还有 2 500 多万农村人口,农村人口户籍超过 600 万户,应该还有 70% 以上的农村居民属于组织程度很低的范围。还有一组数据可以支持上述分析。2012 年底,全国依法注册登记的农民合作社达到 68.9 万个,平均每省、自治区、直辖市每年增加 4 770 个,而广西仅为 1 891 个,发展速度低于全国平均水平。广西 2012 年合作社总数为 11 674 个,在全区 31 个省、自治区、直辖市中排名第 23 位。

西南的云南省和广西差不多。2018 年云南还有农村居民 2 520.5 万人,农村农户数量也超过了 600 万户。据农业部门统计,截至 2016 年年底,全省农民合作社达 4.4 万个,比上年增长了 25%;193 万余户农民入社。依照上述数据,也应该还有 70% 以上的农村居民属于组织程度很低的范围。

根据徐祥临教授的观点,农民组织化不高,与农产品价格非正常波动联系在一起。

如何才能不断提高农民组织化程度？ 根据广西经验,要把增强合作社的竞争力作为切入点。因为,提高农民组织化程度增强合作社的市场竞争力。离开了合作社的市场竞争力,讲提高农民组织化程度就是"清谈",用重庆方言叫作"空了吹"！

广西解决提高合作社市场竞争力主要有三个方面的问题。

(1)内部管理有待规范,相当一部分农民合作社产权不够明晰,管理不够民主,财务不够规范。

(2)带动能力有待增强,出资额在 100 万元以上的合作社占总数的 35.9%,能从事产品加工、成立品牌的还是少数,竞争力较弱,带动农户能力还不够。

(3)组织水平有待提升,农民合作社缺乏现代农业生产技术及管理水平,难以有效指导农民合作社发展。

7.2.2　规则意识还须加强

"无论技术怎样进步、社会如何发展,规则都是'基础设施'。用实际行动捍卫我们的规则文明,就是在点亮你我生活、创造美好未来。"这句话是中国日报网的一篇文章的中心论点。

2015 年《农村工作通讯》刊载了黄琳斌的文章,题目是《引导农民树立规则意识不容忽视》。文章说,青海是我国西部重要乳品产区,2014 年年初以来,鲜奶价格一路走跌,养殖户损失惨重。另外,我国最大的番茄种植区新疆,2014 年番茄酱出口价格也比去年明显下滑。据记者调查,鲜奶和番茄酱价格走跌,与国际市场变化等诸因素有关,但农户自身的缺乏"规则意图"因素也不容忽视。比如,不少奶农养殖、挤奶、存奶时不讲卫生,导致牛奶质量不达标。

加强规则意识,是推进农民合作社规范化、制度化发展的客观要求。2006 年 10 月,我国颁布了《中华人民共和国专业合作社法》,以后又出台了配套的法规和政府政策,使农民获得了现代型合作权利,但是,加入合作社后的农民,依然对地方惯习、市场惯例等非正式制度保持着较强的认同感,没能及时提升履行义务、责任的"规则意识"。造成了虽然有了合作法律,但是,农民与市场经济各种主体的合作中"扯皮"甚至官司不时发生。

守不守规则,根本还是利益矛盾。有一句话是"订立规则时立足根本利益,对其他利益要学会谈判中'切香肠式'让步;规则一旦制定,就不要讨论与争论'占便宜或吃亏',剩下就是两个'执行'！"目前西南地区农村的农民订立规则不会谈判、不会让步;制度订立不是讨论执行,而是争论吃亏了！ 这是困扰农村规则落实的一个难点。

要减少不遵守游戏规则,治本之策还是紧密利益连结。内蒙古鄂托克旗企业与合作社,通过技术、资金、生产、加工、销售等各个环节建立有效利益联结,共同破解销售难问题。截至目前,已有 2 200 多户农牧民与天泰万欣、雨田、好利宝等企业、合作社,建立起价格保护型利益联结机制,农牧民户均增收 4 000 元左右。目前,全旗建成农牧业产业化龙头企业 59 家,现代草原畜牧业示范户 334 个,种植大户 396 个,种养殖大户的农牧业生产机械化率达到 70% 以上,工商部门注册登记农牧民专业合作社 198 家,入社农牧民达到 1 522 户。看来,只要铸牢利益连结这个关键,龙头企业、合作社、农户可以成为命运共同体中的朋友。2018 年 6 月 21 日,国务院新闻办举行发布会介绍"中国农民丰收节"相关情况时,农业农村部部长韩长赋说,新型经营主体、龙头企业等是"中国农民丰收节"的重要参与者,欢迎并鼓励他们通过参与中国农民丰收节,与农民形成更广泛的联系。

中国人对于组织是角色结构普遍有印象,对组织是执行"规则"的团体应该进行"启蒙教育"。只讲组织是角色,一进组织就为"争当老大"斗得你死我活,对于进入组织就有执行规则的义务推三阻四!组织所订立的各种合同,是具体的游戏规则,每个加入组织的人都有执行这些规则的义务。在对农村、西南地区农村进行这种教育是必要的,要贯穿接轨市场经济过程的始终。这里可能要克服一个心结:执行规则要吃亏!有人说:"我是执行规则的,他不执行怎么办?"这就要求法律跟进,让不执行规则的人特别是有主观故意的人付出大于收益的成本代价!

7.2.3 农业专业化组织需要的人才还须培养

农民组织走向专业化是市场经济的必然产物。农民组织走向专业化,必然要求大量专业化人才加盟。中国西南地区农村发展得好的地区,已经出现了组织发展专业化与人才缺少的矛盾。

组织走向专业化与人才的矛盾,主要表现是对农村各种实用人才的需求。农村各种实用人才需求,主要分为四类人才:(1)生产能手,如种植、养殖、捕捞和加工能手等;(2)经营能人,如私营企业主、农村经纪人和农民合作经济组织带头人等;(3)能工巧匠,如技能带动型人才、发明创造型人才和文体艺术类人才等;四是村组干部人才。

中国著名研究农村问题的专家党国英认为,提高农民组织走向专业化的进度、水平。切入点可以考虑支持专业小镇的发展①。浙江民营经济发展路径不是特色小镇么?为什么不能再次在农村中成功呢!粗略估计我国农业产业链上 5 万亿元左右的经济总量,可以支撑小城镇发展。加上产业关联的乘数作用,保守估计可以有 15 万亿元左右的经济总量,完全能够支撑小城镇发展。考虑我国国民收入分配的有关变量,这个经济总量可以支撑 2.5 万人规模的城镇达 1 万个左右。从欧美经验看,这种小城市正是专业农户分享农业产业链收入的根据地。

我们认为,党国英同志的观点有可行性。在组织专业化与人才问题上,常常陷入"是先有蛋,还是先有鸡"式的争论。以小镇为基础专业化组织出现,既契合了市场规模效应,又契合了人才聚集效应,解决这个问题理论上看似很难,在实际中又并非想象的那么难,这也是理论与实践的辩证法。事实说明,特色经济以村为生产单位固然可以,但是,以村为基础单位的省级、甚至全国农村特色产业联盟似乎又是未来一个努力的方向②。

---

① 党国英.我国农村呈现农业专业化分工变化[N].中国食品报,2019-04-26.
② 邱明.论农村专业化合作组织的形成与发展[J].农民致富之友,2014(7):218.

7.3　西南地区乡村振兴中组织建设的选择

7.3.1　产业链上的共产党组织建构与发展

国务院发展研究中心副主任、经济学博士王一鸣说,价值链共同合作,共同构筑高质量和可持续发展①。

中国农业科学院杨伟民博士,以属于农业范围的乳产业为例,说明了组织建构应该和产业链结合。杨伟民博士认为,中国乳产业从 20 世纪 90 年代开始,乳产业 10 年年均综合递增长率为 20% 以上,但是,在高速增长的背后奶农却增收缓慢、加工企业利润不断被摊薄,直至 2008 年发生"三聚氰胺"质量事件,一举击垮了中国的乳产业。近年来,中国乳产业又在困境中重新崛起,原因是使从原奶生产到收集运输、加工包装、流通销售各环节的组织,在产业链这面旗帜下整合,各个组织在履行环节职能中变得更强大了。

由此可见,组织建构不能脱离产业链来讲。农村党支部建设都可以同产业发展的领域、环节结合起来。农村还有什么组织的建构不能与产业链结合呢?

以产业链为依托,构建发展农村的各类组织,已经是被中国农村发展实际证明了的成功经验。

山东寿光蔬菜的种植历史悠久。1979 年播种面积就有 8.9 万亩,1984 年增加到 18.4 万亩,为以后蔬菜的大面积生产奠定了一定的产业基础。寿光蔬菜发展的切入点、转折点是建市场。1984 年 3 月 1 日,寿光蔬菜批发市场正式建成运营,此后经过 20 年的发展和完善,昔日的蔬菜市场经过几次的扩建、搬迁已发展成今天"设施先进、功能完备、品种齐全、货畅其流"的全国最大的农产品物流园,真正达到了"买全国、卖全国"的目的。建市场的同时又要发展各种经济组织,形成以市区蔬菜市场为龙头,以乡镇专业批发市场为骨干,以镇村集贸市场为基础的市场体系,已发展蔬菜、果品等经营公司 510 家,运销专业户、协会、联合体、经纪公司等中介组织 1.7 万个,60% 以上的村建立了农产品销售服务组织,农民进入市场的组织化程度大大提高,生产的蔬菜 90% 以上通过各批发市场及各类中介组织销往全国各地。

中国西南地区农村,也有把发展产业链同发展经济组织结合起来并成功了的例证。

2005 年以来,重庆市黔江区就在探索农村中的党组织建设与产业发展相统一,使黔江区农民纯收入从 2003 年的 1 580 元,增长为 2004 年的 1 960 元,对地处武陵山区的连片贫困地区来讲,年均增长 200 多元是不容易的! 2018 年,据黔江区统计局发布数据,农村人均可支配收入达 11 806 元。

广西兴山县中心镇的优势产业是茶叶,过去无序竞争太厉害,茶叶品质低,价钱也上不

---

① 王一鸣.适应变革趋势提升产业链水平[J].上海企业,2019(8):53.

去。在发展茶叶产业中,成立了茶叶党支部,领导茶农在提高品质上下功夫,严格按照优质茶叶标准进行生产与营销。茶叶产值达 3 500 多万元,户均仅依靠茶叶一项收入 2013 年就有近 6 000 元。

又如云南省的中药材产业。2018 年云南省中药材种植面积达 756 万亩,比 2017 年同期增长 8.8%,种植面积继续保持全国第一。中药材农业产值达 351.8 亿元,同比增长 8.2%。其中三七、天麻、重楼等 8 个中药材品种农业产值分别达到 10 亿元以上,中药材产业产值过亿元的产业重点县(市、区)达 40 余个。有 10 万多户农户参与中药材产业,专业大户达 96 000 多户。药农年人均纯收入达 3 000 多元,占年均纯收入的近 1/3。2019 年 6 月,云南省生物医药产业推进办公室召开新闻发布会,介绍继天麻药材被国际标准化组织(ISO)正式发布后,灯盏花素、三七总皂苷也相继通过美国食品药品监督管理局(FDA)认可的 GRAS 认证。

农村组织的建构与产业链怎么结合? 王一鸣同志的"三个转变"观点有参考价值。这"三个转变"是:

(1)由"结构"标准向"效率"标准转变。随着我国产业结构体系日趋完备,资源在产业间再配置的空间逐步缩小,产业结构的思维需要从"实体型"的品种或企业数量调整,向提升产业链水平思维转变。衡量产业结构高级化要从"结构"标准向"效率"标准转变。

(2)由"技术"升级向"系统"升级转变。我国的产业升级部署不能仅仅停留在工业机器人、3D 打印等关键技术领域的突破,还要协同推进传感、大数据、纳米新材料等通用技术领域的突破。同时,要加强大规模生产系统、柔性制造系统、可重构生产系统、工业互联网系统的协同推进战略部署。

(3)由"产业"思维向"体系"思维转变。产业发展从单一"产业"思维,向"现代产业体系"思维转换,围绕产业链部署创新链,围绕创新链完善资金链和人才链,加快形成实体经济、科技创新、现代金融、人力资源协同发展的现代产业体系,才能解决产业升级资金缺乏、技术缺乏、人才缺乏等长期困扰我们的问题。

以产业链为依托,构建发展农村的各类组织特别是农村基层党支部、党小组组织,这是毛泽东同志"支部建在连上"思想的继承与发展。有一个理论问题需要回答:现在是以经济建设为中心了,为什么经济组织需要建立党组织、并且要强调发挥党组织的领导核心或发挥党员的先锋模范作用? "支部建在连上"的从思想上建军的理论与事实,已经回答了这个问题,当下只不过要结合经济建设这个新实际重申而已。有一个简单的事实是,一切社会中的事情都是人干的、都要人来干的,这个简单事实决定了在中国、包括在当下从军事到经济建设,只有在中国共产党的领导下、发挥共产党员先锋模范作用才能成功。人干的事情、都要人来干的事情,首先要有凝聚力,这个凝聚力中国过去依靠"桃园三结义式的义气""上阵父子兵式的兄弟伙",这些产生的凝聚力都只能"可以共患难,不可以共富贵",唯有以为人民服务为宗旨、以实现社会主义和共产主义(当下在中国具体为两个一百年的"中国梦")目标的凝聚力才能取得胜利! 中国许多民营企业在发展中已经体会到发挥中国共产党的领导作用、发挥共产党员先锋模范作用在企业发展中的作用。在乡村振兴中,也应该强调、弘扬这个经验。

7.3.2　价值链上的合作共赢式组织提质增效

华为公司副总裁徐直军在 2014 年华为核心伙伴供应商大会上的讲话中阐述了一个观点:价值链上的合作,使组织都变得强大。徐直军说,客户、供应商乃至整个价值链共同合作、共同构筑高质量,才能达成我们的质量目标和追求,共同构筑起我们交付给客户的产品和服务的高质量并实现可持续发展。不愿意改进或者改进不到位的供应商会被淘汰,持续高质量和可持续发展能力表现优秀的供应商将会获得溢价的机会。"合作伙伴的流程"是平台,使我们与合作伙伴的合作越来越深入,我们借助"合作伙伴的流程",把更多实现价值的流程环节交给合作伙伴和供应商来完成。"合作伙伴的流程"平台,是价值链的共同合作原理,同样是中国西南地区农村各种组织做大做强的正途。

产业链容易理解,价值链不那么好理解,觉得它有点玄,太抽象了。价值链是什么? 是知识。知识是价值链共同的基础,也是知识的专业性分工使价值链以纷繁复杂的式样而存在。西安电子科技大学隋静和金生、于建成认为,价值链是由知识构成的,如何利用知识价值链实现质量改进与创新? 知识价值应用于质量管理,形成质量知识价值链,从而改造原有产业链,变成新的、创新了的价值链。海尔集团的成功,成功地推动了产业链、知识推动下的质量改进、知识价值链的良性循环[①]。海尔产品从 1984 年的一个型号的冰箱产品发展到目前已拥有包括白色家电、黑色家电、米色家电在内的 96 大门类 15 100 多个规格品种的产品群,哪一个产品没有知识支撑? 是众多的知识转化为专利、专利转化为产品,江河流水一样的产业链,产业链的更新和升级又推出新的价值链。如此良性循环,企业哪有不发展的?

中国农村、特别西南地区农村,完全可以学习、借鉴这些经验,加快发展,少走弯路。"学会合作",是乡村振兴中应该响亮提出的一个口号、观点! 为什么? 自然经济与"熟人社会"是并存的。市场经济就是开放式、同陌生人打交道的新经济与新世界。与"熟人社会"相交往,范围狭窄、十里八乡,仅依靠道德自律就够了。与陌生人打交道,道德、法制、契约,一个也不能少!

还需要指出的是,价值链是以全世界为标准、为"边界"而存在的。只有以全球价值链为标准、为"边界"进行重塑,才能避免"断链""短链"等情形发生。中国、包括西南地区的价值链距离以全世界为标准,进行价值链的构建、重塑,目前还有很长一段路要走。

7.3.3　农民企业家精神培育与作用

组织本身是建构或设计出来的。谁来设计? 是人来设计或创制的。什么人对组织建构或设计、创制贡献最大? 企业家。现代化就是以发展为中心的时代,一切组织都必然围绕着发展的轴心转。自然企业家设计、使其成长壮大的企业组织是组织系统的核心。

企业家凭什么在人群中独领风骚、能够建构或设计、创制企业? 他们的与众不同之处在

---

① 隋静,和金生,于建成.质量知识价值链分析和质量改进与创新研究[J].西安电子科技大学学报(社会科学版),2005,15(4):54-59.

于企业家精神。

　　创业者不等于企业家，更不是每个创业者都有企业家特质与精神。因为，据世界数据统计100个创业者创办的企业5年内就会破产95个！据日本人统计，能够成为"百年老店"的企业只占现有企业的0.7%。企业家精神是以成败论英雄的。只有那些在经济竞争的风浪中几经劫难而屹立的企业和企业家，才能够高谈阔论"企业家精神"！今天中国被认为有企业家精神的鲁冠球、吴仁宝、刘永好、曹德旺、任正非、马云、董明珠等，哪一个不是市场竞争风浪中的强者！中国成功的企业家英雄谱不少是"农民企业家"。所以，中国农村、包括西南地区农村并不缺乏企业家精神的土壤和传统。

　　"好汉不提当年勇。"现在问题是要让有丰厚企业家精神的这片中国农村土壤，成长起更多乡村振兴时代的企业家，谱写出"企业家精神"的续篇！江苏省无锡市锡山区有个全国首家"中国乡镇企业博物馆"，1956年，在无锡市锡山区东亭乡春雷村，由当地村委会自发组建的"东亭春雷造船厂"是中国最早创办的乡镇企业之一。有人认为，反映浙江农民长期创业的"四千四万"精神，即"踏尽千山万水""吃尽千辛万苦""说尽千言万语""历尽千难万险"。这应该是既有中国特色、又有中国农村特色的"企业家精神！"一句话，能坚持、能吃苦、能容人，这是老一代农民企业家精神中的核心。"有激情，有创新，有智慧，有转变，有格局"，有人认为，这应该是乡村振兴时代农村创业中增添的新篇章！

　　还有一个问题要提出讨论的是，与20世纪80年代相比较，21世纪乡村振兴中产生的"农民企业家"有什么不同吗？韩非子说过，时异则事异。可以肯定的是，21世纪乡村振兴中产生的"农民企业家"，与20世纪80年代相比较应该有很多不同之处。我们认为，20世纪80年代的"农民企业家"，被称为"草根企业家"，特点是原本是农民、文化基础不高、靠"打拼"出来。21世纪乡村振兴中产生的"农民企业家"，许多人不一定是原来的农民，可以是打工的成功人士或佼佼者，可以是原来的城市干部、大学生，他们或许原来拥有资金、技术、文化、管理特殊才能，在乡村振兴中创业成功并带动了农村经济的发展。因此，他们应该称为"在乡村或农村的企业家"。

乡村振兴中运用什么管理理论？企业管理，宏观管理都不那么合适，或许广泛运用于计算机的系统管理比较合适。

中国西南地区农村对乡村振兴中的政治与经济、市场效率与弱势农民、一核多元等"关联事件"关注及研究，或许很重要。

第8章　西南地区乡村振兴的管理制度建构

俗话说，"麻雀虽小，肝胆俱全"。乡村振兴，顾名思义，基本单元是"村"。村相当于部队一个班，是基本、有相对独立作战能力的基本单元。村在乡村振兴中要作为一个有相对独立作战能力的基本单元而存在，就必须采取一系列符合村庄内外条件的、以五个"振兴"为目标的行动。要行动，总得有谋划、实施、各种情况应对等过程的组织与管理。因此，乡村振兴中的管理制度建构也是制度建设的重要方面。

8.1　乡村振兴中需要建构的是系统管理制度

乡村振兴过程需要管理，这个问题大概不会有争论。但是，乡村振兴需要什么管理，这可能就有争议了。乡村，肯定不是一个企业，乡村是一个集合体：有村民，有政治组织，也有专业户、农户、合作社、龙头企业等经济组织。各类组织，又必须在乡村振兴战略中各司其职，各尽力其力。这是乡村振兴管理的一般必要性。对乡村这个充满共性、又有诸多个性的集合体，显然，把一般为人们所熟悉的"企业管理"运用到乡村振兴中是不合适的。乡村一般只有几平方千米，把宏观管理的理论运用到乡村，更不合适了。我们认为，将"系统管理"的理论观点运用于乡村振兴中是合适的。目前系统管理主要应用在计算机技术管理中，一般人不那么熟悉。下面将结合乡村振兴的需要，介绍"系统管理"的主要理论观点。

8.1.1　系统管理与企业管理、项目管理的关系

乡村振兴中的管理制度建构既不同于领导一个国家、一个较大区域（省、县、镇）发展的

宏观或中观管理,也有别于单纯以谋利为目的的微观企业管理。我们认为,"系统管理"比较适合作为理论原则供乡村振兴管理制度构建指导与参考。

系统管理的具体形态也叫系统工程,控制论在工程管理中的应用为工程控制论。系统管理是指管理企业的信息技术系统。它包括收集要求、购买设备和软件、将其分发到使用的地方、配置它、使用改善措施和服务更新维护它、设置问题处理流程,以及判断是否满足目的。"系统管理",原属于应用于计算机技术的自然科学理论,我们剔除其技术性内容,根据乡村振兴管理需要提出以下观点。

第一,"系统管理"理论有两个特点:

(1)从时间维度上看,系统管理与一般管理不同,一般的管理主要对管理对象的目前状况进行控制,使之与预期目标一致,而系统管理则不仅注重当前管理,而且还注重对管理对象过去行为特征的分析和发展趋势的预测,它在时间维度上坚持系统的整体观和联系观,强调任何一个系统都是过去、现在和未来的统一,把系统看成是时间的函数。

(2)从空间维度上看,系统管理与一般管理不同,一般的管理往往只关注某个具体特定的管理对象;而系统管理从整体、联系和开放的观点出发,关注具体对象控制的同时,还考虑该对象与其他事物的关联性以及对象与环境的相互作用。

系统即时间函数,关联性与环境的相互作用,这是系统管理两个特点的关键词。这些特点的关键词,对于乡村振兴也有很大的适用性。乡村振兴是需要花时间的,这个时间的内涵是强调过去、现在、未来统一。但是,中国幅员辽阔,东西南北中、高山丘陵平坝草原戈壁差异都很大,不同时间与空间下的过去、现在、未来的统一,都是需要尊重与研究的。同时,这些差异的历史与社会现实"情景"下产生的"事物的关联性及其事件",又会对环境产生影响。有了这些认识,就像军队打仗用的"沙盘"一样,可能防止重大的失误。

第二,"系统管理"在操作上可以看作要抓住"三个环节"。

(1)系统操作配置和系统监控配置。系统操作配置和系统监控配置,是"系统管理"技术在交通中应用产生的。无论是操作或监控的配置,不是预设的,而是依据"流量"来确定。这个理论运用在乡村振兴中,使我们管理能够始终同主客观情况变化保持一致,管理从理念到操作都充满了灵活应变性。在中国西南地区农村,特别需要充满了灵活应变性的管理,才能适应充满各种自然、社会、人群差异的实际。

(2)事件关联和审慎又恰当的处理艺术。包括西南地区农村在内的中国农村,村庄的事件关联性是比较强的。村庄的事件关联性,要求我们处理艺术审慎又恰当。村庄事件处理为什么叫艺术?因为有审慎又恰当的要求。现实中的审慎又恰当,对处理事件的领导个人与领导集体都提出了很高的要求。这可以看作派出"村第一书记"制度产生的重要原因吧。试想,如果全由原来的村支书领导乡村振兴工作,他们的文化底子、政策水平、眼光见识,即使排除私心杂念与"熟人情面"干扰,要做到处理事件关联和审慎又恰当,可能难度很大。

(3)对事业的影响力。乡村振兴过程是一连串事件集合成事业的成功。对乡村振兴中事件的处理,既要考虑事件本身处理的逻辑,又要考虑对整个乡村振兴事业、包括对未来最近事件展开的关系,权衡利弊得失颇费心力。

系统管理,虽然这个理论提出在自然科学的计算机领域,但是,社会领域早已存在、运用,并且取得成功。只是大多数人不注意、不熟悉罢了。为什么?大多数人站不到那个高度,杜甫诗句"会当凌绝顶,一览众山小"。登临绝顶,充满了艰辛与风险,不是每个人都做到的;不登临绝顶,自然看到眼前都是高山,这山没有那山高!系统管理的"凌绝顶"是什么?全局、战略、长远。只有站在全局、战略、长远,才能看见系统管理的存在,并运用它。在乡村振兴中,好像是一个村又一个村在奋斗,在这奋斗中又亟待提倡系统思维与系统管理。

8.1.2　乡村振兴"事件关联性"如何选择

"事件关联性",目前主要作为计算机网络监测技术来使用。这个"事件关联性"技术下面还有关联性分析、过滤、关联系数计算及认定等一系列技术环节。我们认为,剔除专有技术特别强部分,关联性分析、过滤、关联系数计算及认定等完全可以应用于包括西南地区农村的乡村振兴实践。

我们在调研中发现,"第一书记"等村干部们都很忙,"5+2,白加黑"都不足以反映他们的工作时间与劳动辛苦。仔细分析,有些忙是必须的,有些忙可能不必要甚至"费力不讨好"。我们都应该学习邓小平同志"抓关键一招"工作法!邓小平同志一生有"举重若轻"的本事。曾经听抗日战争中做邓小平同志警卫工作的人讲过一个真实事情。一次,由于军情紧急,几个师、团要向邓小平同志汇报工作,正赶上邓小平同志打桥牌下不了台。邓小平同志说:"你们讲吧,我听着!"于是首长们陆续开始汇报,邓小平同志边听着、出牌也没耽误。首长们汇报完后,邓小平同志将手中牌放在桌子上,沉思了几分钟后,开始概括首长们的汇报内容,分析内容关键,作出问题解决办法。最后说,"你们再回去开会研究一下吧,与我的意见没有原则冲突,就按研究意见办吧!"说完照样继续打牌。过段时间后,捷报又传来了。邓小平同志后来概括说,这叫作"抓关键一招"。邓小平同志接着说:"改革开放就是决定中国命运的关键一招!"

如果按邓小平同志"抓关键一招"办事,各级领导可能忙的程度会降低,工作质量却不一定会下降。如何抓住、抓准关键一招?可能关联性分析、过滤、关联系数计算及认定等一系列技术就派上了用场。

经营企业也有因为抓住、抓准了关键一招,使发展扛大风大浪、上台阶的例子。

华为集团是在"中美贸易战"中顶住了美国政府打压的英雄企业。华为为什么顶得住?依靠鸿蒙操作系统"备胎"战略,这是华为版的"抓关键一招"!2019 年 8 月 9 日,华为在东莞举行华为开发者大会,正式发布操作系统鸿蒙 OS。鸿蒙 OS 是一款"面向未来"的操作系统,一款基于微内核的面向全场景的分布式操作系统,它将适配手机、平板、电视、智能汽车、可穿戴设备等多终端设备。2012 年,华为开始规划自有操作系统"鸿蒙";华为已申请"华为鸿蒙"商标,申请日期是 2018 年 8 月 24 日;注册公告日期是 2019 年 5 月 14 日,专用权限期是从 2019 年 5 月 14 日到 2029 年 5 月 13 日。

阿里巴巴收购雅虎,马云说后悔了,别人给他分析,也算抓住、抓准了关键一招。马云曾经说自己退休之后要写一本关于"阿里巴巴的 1 001 个错误"的书,其中就有阿里巴巴收购雅虎。2012 年马云为了获得阿里巴巴控制权、支付宝牌照以及进行阿里巴巴的 IPO 计划,花了 76 亿美金从雅虎手中回购了 21% 的股份,并一次性以 5.5 亿美元现金向雅虎支付了一笔技术和知识产权许可费。此时阿里巴巴市值飙升,雅虎中国则已经一文不值了。

中国西南地区云南发展中药种植也抓住了国际认证这关键一招,打开了市场空间。灯盏花素和三七总皂苷通过了美国食品药品监督管理局(FDA)认可的 GRAS 认证后,就可以作为安全性食品添加剂进入市场。世界上的食品添加剂市场 80% 属于香精,现有食品添加剂市场规模约 150 亿美元。中药材成为食品添加剂进入市场就有经济学上的"稀缺价值"。这一来"想不赚钱也不行了"①!

"事件关联性",这应该看作是寻找、或者是乡村振兴中"抓关键一招"的方法论。我们应该以"事件关联性"为标准,将村庄面临的事务作出一个轻重缓急的排序,将一般的技术工作、事务工作交给专家或这个方面负责的同志去办理。其实,通过研究邓小平同志抓改革开放这个关键一招的工作布局、工作关联系数,从横向协调到纵向推进,从树正面、树关键一招,到排除各种干扰,说是一招抓起来也十分棘手。抓住、抓好也非一日之功,有事情干哩!

8.1.3 系统管理的因果链控制

因果分析,本来是马克思主义辩证法的方法论的重要内容。马克思主义辩证法,分析了原因与结果的复杂关系,有一因多果,也有多因一果,还有多因多果。"关联事件",是一个很有创新意义的发现。如果把马克思主义辩证法的方法论与关联事件相结合,我们在乡村振兴中处理复杂问题的能力可能有所提高。

从关联事件的处理到事件关联性分析,实际上形成了一个逻辑层次深入关系。这种关系的分析,一方面更清楚地说明了什么是系统管理、如何进行系统管理。这里要讲的系统管理的因果链控制,实际上是讲"事件关联性"分析中如何排除客观干扰问题。

客观干扰,即事物的因果链像一个"八卦阵",常常使聪明的周郎或陷入其中,或无功而返。

人们过去比较熟悉的是有因必有果,系统管理讲还有有因无果的事件。教材中讲辩证法因果关系对称性都是比较强的,系统管理讲还有不对称的因果关系。我们认为,乡村振兴中处理好有因无果的关系、不对称的因果关系,就是需要重视与重新学习的问题。比如,因果长链、概率因果、自为因果、因果网络,这些我们过去在学习教材辩证法讲因果关系就是陌生的。

有因无果的事件,有,毕竟属于少数。大概现实生活中有一些现象,眼前或一时气势汹汹,过一段时间后就会自然"退潮"。在乡村振兴中经常可能发生的自然灾害、群众受情绪化支配的事件,都可能以"气势汹汹"态势出现,但是,如果没有其他把它们人为推向复杂化因素的介入,都可能"退潮"。我们作为乡村振兴的领导者、参与者,如果在"气势汹汹"面前不乱了方寸,沉着应对,等待或至多促进"退潮"到来就可以了。生活证明,与有因无果的事件作正面冲突,是不智慧的行为,甚至徒劳。比如,当山洪暴发时,一股洪峰向村庄的民居、庄稼袭来,与洪峰决战胜算有几分? 还不如以保证人身安全、尽量减少财产损失策略为上。

不对称的因果关系,这类事件甚多,且关系、形态如天上云彩般变化无穷。有人用"出因

① 张怡.通过 GARS 认证、制定国际标准云南中药材产业走出"国际范儿"[N].昆明日报,2019-06-20.

果树"概念来表示它们①。"出因果树"概念,原来是运用在医学领域分析疼痛的概念。

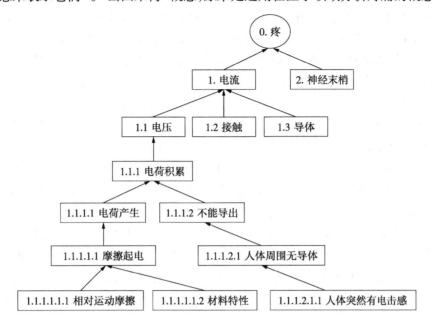

图中的核心观点是"人对于较大静电能量会有疼痛的感觉",反之,静电能量较小,人们会有疼痛减轻的感觉。从这个图示可以看出,"疼—静电能量"的因果关系存在多层、多种不对称的情况。面对这些多层、多种不对称的情况怎么办? 医生的办法是作多层、多种不对称的具体分析,对症下药。所以,外科医生一台手术下来少则几个小时、甚至更长;而屠夫开膛,一刀砍下去瞬间就成了。乡村振兴有多少工作需要像医生一样的心态、技术啊!

8.2　西南地区乡村振兴中应用系统管理亟须处理的关联事件

系统管理围绕"关联事件"展开。我们结合中国西南农村实际,梳理出了上演关联事件的主要"由头"。什么是由头? 可以理解为贬义词:借口;可以理解为中性词:缘由。我们是把由头作为中性词来理解。乡村经济与政治、村民与市场,都可能成为"关联事件"展开的由头。在中国"关联事件"可以展开,但是,结局都是皆大欢喜,原因在于乡村振兴是在中国共产党的基层组织村党支部领导下进行的。中国共产党的基层组织村党支部有一个协调各方的机制"一核多元"。

8.2.1　乡村经济与乡村政治

系统管理,谁来执行管理职能? 无论是从客观或主观看,管理都是一个系统,也就是说,

---

① 沈力."因果链"的表达策略与类型[J].当代语言学,2016,18(2):159-175.

有两个以上主体协同、存在若干管理方面与对象。但是,中国共产党及其在农村村庄的党支部,是领导乡村振兴的核心。中国共产党及其在农村村庄的党支部,是一个政治组织,乡村振兴涉及内容是"五个目标",以党为领导核心从制度上是没有问题的。但是,从管理学角度又是有研究空间和需要研究的。邓小平同志曾经说过,既要坚持党的领导,又要改善党的领导。结合各方面现代化工作,如何坚持党的领导,又要改善党的领导都是需要研究的。

如何研究在乡村振兴中把坚持党的领导与改善党的领导统一?

一是理论上分析当下中国政治与经济的关系。2018年10月17日,广东省习近平新时代中国特色社会主义思想研究中心发表了题为《以强有力的政治引领推进乡村振兴》的文章。文章认为,要以提升组织力为重点,突出政治功能。深入实施乡村振兴战略,需要大力提升农村基层党组织的组织力和政治功能,以强有力的政治引领推动乡村全面振兴。文章分析了"政治引领"对于乡村振兴有三个作用:(1)政治引领关系乡村政治、社会生态。正反两个方面都有很多事实证明了这个观点的正确性。凡是农村党组织作用发挥得好的乡村,政治、社会生态都充满了朝气、正能量。反之亦然。(2)政治引领关系乡村振兴的内生动力。这个观点是强调农村社会、经济发展的主体动力来源于农村党组织的领导、共产党员的带动作用。有一个普遍事实,在比较落后的乡村振兴中要率先发展产业,广大村民在发展产业之初都充满了怀疑与动摇,在这种情况下通常都是党支部号召"共产党员带头承担风险,干起来!"党员带头成功了,村里的产业才能发展起来。(3)政治引领关系到能否把乡村建成有机命运共同体。党员如果发展产业带头成功了,接着就是带动其他村民,他们就建成了有机命运共同体。

二是要研究从实际出发振兴乡村产业。乡村振兴第一条是产业,即经济振兴。全中国改革开放40年的事实证明,中国共产党有能力把经济搞上去,乡村振兴的产业振兴也不能离开中国共产党的领导。但是,关键是研究如何结合农村实际,把农村产业振兴起来。王朝科、王宝珠从政治经济学视域提出了"使用价值空间"概念,认为乡村产业振兴的过程逻辑是"完全使用价值空间"在数量上不断扩大、质量不断提高、结构不断优化的动态过程[①]。周立、王彩虹则用"脱嵌"与"回嵌"作为分析方法,提出了党应该如何领导农村产业实现振兴的观点。"脱嵌",是指农村产业仅作为经济形态,脱嵌于社会,弱化了社会功能,弱化了生态功能。"回嵌"是指农村产业的社会和自然回归,从而恢复农业农村的多功能性,促进农村一、二、三产业融合发展[②]。中国人民大学经济学院党委书记兼院长刘守英教授作了"乡村振兴的政治经济学"主题讲座。刘守英教授指出,我国传统的乡土经济是一种农工混合经济,以"家庭工业"和"作坊工业"为表现形式,农户既是家庭农场的经营单位,也是手工业生产单位,这种有机结构基于对土地依赖性,具有流动性低的特点,具体表现为农业成本利润率的下降,农村人口的减少以及村庄的缩并。据此他认为,中国农村产业振兴就是以农为本的"乡土中国"转型为"城乡中国"。在"城乡中国"结构下,"农二代"离土离村,而城市资本及

---

① 王朝科,王宝珠.乡村振兴:一个政治经济学的分析框架[J].当代经济研究,2018(11):40-49,97.
② 周立,王彩虹.由双重脱嵌到双重回嵌:乡村振兴中的产业融合分析[J].行政管理改革,2019(6):44-53.

劳动力等生产要素在城乡之间的对流增强,导致农业产业的功能、形态、发展方式发生了变化,随着村庄功能的演化而产生了变革,城市文明与乡村文明开始共融共生。"城乡中国"要建设工业化的农村,但这一工业化,不是单纯发展制造工业。他以贵州省湄潭县茶产业为例,指出湄潭县政府出台系列土地流转制度保障的同时,主导发展优势产业,通过扩大产业面积、进行农民培训、培育农产品品牌等方式,使湄潭农业生产率不断提高。

中国西南地区乡村振兴当下的任务,产业振兴还是第一条。如何领导进行产业振兴?上述专家从政治经济学的视野、从经济学专业角度的分析,许多是有启示作用的。

8.2.2　市场效率与相对弱势农民

市场是趋向统一的。市场的统一性主要表现在两个方面:平均价格最终形成,市场效率主体平均利润形成。马克思在《资本论》中分析过,个别生产者的实际生产成本可能高于平均价格,他们就会一时亏本,这段时间就会无效率,俗话说是"赚不到钱"。这种情况在农业中是反复出现的。比如,猪肉、鸡蛋价格波动太大,价格处于下行到成本线以下的时间段,养猪、养鸡的生产者就会恐慌,生怕价格继续下行,"自己亏不起了!"

中国西南地区乡村由于发展基础差,农户基本上没有什么"第一桶金"垫底就进入了市场,有不少是背着不少贷款压力进入市场的。这种情况下,更是"吃得起补药,吃不起发药"(意思是只能赚钱,不能亏本)。

市场竞争那样无情且剧烈,农户经济处于"只能赚钱,不能亏本"的弱势,管理者夹在市场与农户中间左右为难!如果处理不好这种两难关系,发展就进行不下去了,管理权威也丧失殆尽。这确实是一个乡村振兴中的严峻问题,需要长期研究,总结实际工作的经验。乡村振兴时间还不长,各地已经创造了值得重视的三个方面的经验。

一是相对隔离效率与风险,建立保障农户收益的"防火墙"。比如,龙头企业对农户的"最低收购价"、国家对农民的"保护价",都是这样的收益的"防火墙"。无论是"最低收购价"或"保护价",确定价格的基准都不是当时的市场价格,而是农户生产某种农产品的成本加上一定的利润。

二是建立政府投入资本金保值制度。我们在调研中发现,中国西南地区乡村在发展中最缺的就是资金,可以引进龙头企业带来一些资金,可以让农民自己筹集一些资金,但是,资金缺口仍然很大。在农业发展起步阶段没有多少抵押资产、经济不确定性大的情况下,争取金融贷款可能性很小。在这种情况下使用一部分政府支农、社会资助资金就成了唯一选择。但是,政府支农、社会资助资金又是不能亏损的。于是,企业在使用这部分资金时就与资金管理主体签有合同,主要内容是:企业在使用政府支农、社会资助资金时如果发现出现亏损事实,亏损 5% 以上马上要报告,亏损 10% 以上就要减少资金再使用额度(一般近 3 月内使用平均数减半),亏损 20% 就停止使用这部分资金。

三是在总利润中建立"分配优先权"制度。总利润分配要排序。乡村振兴中无论是合作社或龙头企业利润分配,一般顺序是:集体经济具有第一优先权,农户收益具有第二优先权。以后,才是其他有利润分配权的各方主体。

"风险隔离,效益共享。"这可能是在乡村振兴中利益关系处理的伟大创造。这好像违背了市场经济的普遍原则,我们才有资格称"中国特色社会主义市场经济"。这在中国西南地区乡村振兴中已经明显体现,借助中国西南地区乡村振兴实证,我们可以对"中国特色社会主义市场经济"有更深刻的理解。什么是"中国特色社会主义市场经济"? 客观上遵循世界市场经济通行规则,涉及人的问题上对资本主义市场经济的人剥削人、赢家通吃等"规则"抛弃、改造。

8.2.3 "一核多元"的乡村振兴管理系统

村庄"一核多元"的管理系统,是由于村庄虽小,却是社会一级基层单元。中国传统社会这一级基层单元,主要采取"家族式"管理体制。一般的社会管理,往往在祠堂里就算终审了。只有后果严重的社会行为,才由"国法"来管辖。新中国成立后,在终结封建主义过程中,家族权力被否定,人们的社会、经济行为都由统一的国家法律制度来规范,这就形成了社会主义的以农村党支部为核心的领导体制。

中国乡村振兴背景下的中国农村管理系统如图所示。

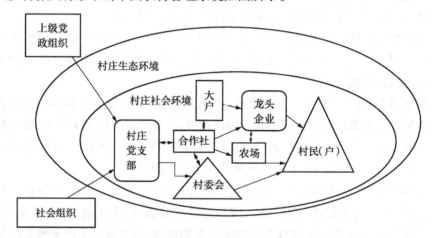

从图中可以看出,村庄系统管理是分为三个层次结构。

第一个层次,中共农村党支部是核心。核心犹如大脑中枢,内部是最高层级,对外是传导的必经环节。村庄内部,村民以户为单位,社会关系联系着村委会,经济关系联系着合作社、专业户、龙头企业等生产组织。

第二个层次,村委会作为社会治理单元,工作对象实际上是村民,与村民之间存在"给予"公共福利、"规范"所有村民言行(包括合理诉求解决、反映)。可见,经济之外的村民思想、行为,村委会像大禹治水一样,负有疏导责任。

第三个层次,经济组织和经济主体(村民及户)。这个层次是村庄最多的组织体系、管理对象。村庄内经济组织、经济管理对象的多少,是发展水平高低的反映,符合经济决定政治原理,符合现代化、市场化的规律。比如,江苏华西村党委 2013 年下辖 8 个大公司,固定资产 40 亿元。

系统论有三个基本要点:

一是要素。要素具有复合性的特点,是内部与外部要素的结合。这里强调的是要素的结合,要结合就有目标、有思想。

二是层次。层次理论上讲是结合的可视形式,没有层次的结合的实际生活很多事例证明是同床异梦、貌合神离的,是没有战斗力的。乡村振兴结合产生的层次是一个从抽象到具体、从政治与社会指向经济建设的逻辑共同体。党的组织与合作社、龙头企业的关系就体现了这一点。

三是整体。所谓运用系统管理思想指导乡村振兴,就是要把村庄要素按功能即作用之不同与大小,整合成为一个有机整体,实现发展目标。

8.3　西南地区乡村振兴中的系统管理的选择

怎样在乡村振兴中运用系统管理理论? 在相当一段时间内"村"这个集合体还处于"政治合力——经济与社会发展"阶段,所以,如何凝聚政治动力具有决定意义。根据这样的阶段性认识,我们提出了党支部的核心地位与领导能力、村委会、村民三个方面的问题。

8.3.1　党在乡村振兴中的核心地位与领导力的提升

习近平总书记曾经说过,办好农村的事情,实现乡村振兴,关键在党。由于实施乡村振兴战略,本身就是党和国家工作全局的一个组成部分,因此,确立党在乡村振兴中的核心地位,从各方面来看是顺理成章的事情。

但是,中国农村的复杂性,西南地区农村的差异性,要求党的各级组织特别是党的基层组织善于从实际出发,找到所在地方的特殊实际与规律,从而在复杂情况中实现乡村振兴的各项目标。

现在学术界使用"提高领导力"来阐述改善党对乡村振兴工作的领导内容。清华大学教授于永达认为,提高党对乡村振兴工作的领导力,主要指三个能力。一是乡村规划方面要体现党组织的领导力。要通过科学规划,在遵循乡村发展规律的基础上,把乡村强、美、富体现出来,变成生活的现实。二是要在培育人才上体现领导力。乡村振兴必须过"人才关"。党支部要在发挥现有人才作用、培育人才、吸引人才三个方面发挥核心转化为"磁铁"作用。三是要在乡村振兴布局上体现党的领导力。乡村振兴的经济、政治、文化、社会、生态是乡村振兴的任务、布局、目标。这"五大目标"一旦进入乡村发展实际,它们之间不兼容的冲突、不平衡非因果链关系等都会暴露登场,党有没有能力协调、解决这些矛盾,是一次次"考试"[①]。

在乡村振兴的特定阶段,乡村即村庄党支部书记和村委会主任"一肩挑",对这种有阶段合理性、规律性的现象,我们要正确认识。2019 年 1 月,《中国共产党农村基层组织工作条例》第 6 章第 19 条规定,"村党组织书记应当通过法定程序担任村民委员会主任和村级集体

---

① 于永达.切实提升乡村振兴战略的领导力[J].人民论坛,2019(6):60-61.

经济组织、合作经济组织负责人,村'两委'班子成员应当交叉任职",意味着村党组织书记兼任村民委员会主任,俗称"一肩挑",在现阶段是大势所趋。各地陆续实行了村党组织书记兼任村民委员会主任"一肩挑"。实行"一肩挑"有利于提高村干部办事效率,有利于增强村组织的凝聚力,强化班子成员工作责任心,其好处是不言而喻的。但是,也可能带来负效应"一言堂"。要避免出现"一言堂"现象,要"约法三章":一是明确职、权、责、利,用规章制度来约束权力的运行。二是要确保党员、群众的监督到位。三是把干部勇挑重担决策果断,民主决策管理,基层党组织战斗堡垒作用,群众脱贫致富主动性结合起来。

8.3.2　更好地发挥村委会在乡村振兴中的作用

2010年10月颁布,2018年修改的《中华人民共和国村民委员会组织法》规定:村民委员会是村民自我管理、自我教育、自我服务的基层群众性自治组织,实行民主选举、民主决策、民主管理、民主监督。村民委员会办理本村的公共事务和公益事业,调解民间纠纷,协助维护社会治安,向人民政府反映村民的意见、要求和提出建议。

由此可见,村委会是以村民为基础的"内部人"社会自治机构。村委职责或"要干的事"有三个方面。一是"对自己"或村民"三自",即自我管理、自我教育、自我服务;二是在村内实施"四个民主",即民主选举、民主决策、民主管理、民主监督。民主又可以分为两大内容。程序性内容,即民主选举、民主决策;实在性内容,通过民主管理、民主监督,解决内容可以是公益,可以是纠纷或治安问题。三是"对上级反映",内容可以是意见、要求、建议。

村委会这三个方面的工作都十分重要,关系着农村基层的稳定与发展环境。

中南大学商学院教授吴金明认为,村民委员会是乡村振兴的主要推手。其职责表现在六个方面:搬迁安置,土地流转,发展集体经济;土地管理——项目建设范围内建设用地的管理,按照"谁用地、谁出钱"进行;获得非建设用地土地增减指标政策性收入;开展集体经济组织经营,获得经营收入;保护生态环境;社区建设及社保体系管理等。同时,还需要通过村委会的工作,三个具体的发展环境,即实现村民就地就近就业创业,配合流转土地,获取收益;参加村集体和社区各种文化团体活动;以主人的身份对八方来客提供热情周到的服务,积极主动营销推介本乡村的风土民情、民俗文化①。

通过以上分析,可以得出在乡村振兴中村委会应该充当什么角色的"一家之言"。这就是由于村委会是村民构成的"内部人"组织,所以,村委会应该发挥反映、凝聚村民共识的作用。

8.3.3　村民在乡村振兴中的主体作用的演化

无论什么管理理论、方法、模式,归根到底要以村民的现实状况、发展中的作用见"真功夫"。

因此,系统管理认为,人与人、人与物、人与财是系统管理的三对基本关系,决定管理

---

① 吴金明.准确定位政府在乡村振兴中的作用[EB/OL].华声在线网,2018-10-09.

效率。

系统管理的三对基本关系应用到包括中国西南地区在内的农村,就是村民在乡村振兴中的主体作用。

发挥村民在乡村振兴中的主体作用,这是一句说起容易做起特别困难的事。难在哪里?一是中国西南地区农村许多青壮年进城打工去了,西南农村本身就居住分散,加上青壮年、甚至举家进城了。缺人,主体人数都很少! 二是即使在,村村民主体意识觉醒也是一个复杂的过程。

主体,严格意义上叫"主体性",法学、社会学等学科都在使用"主体"的概念。但是,主体首先是一个哲学概念,哲学上的主体指对客体有认识和实践能力的人。这个概念就告诉我们,不是一个自然人、任何人都当然作为主体而存在,主体要有与之匹配的能力,而这种能力又只能在实践过程中通过自觉、一定时间内的学习(包括"悟")才能获得。赵海英有一本书,名字叫作《主体性:与历史同行》。他在书中阐述了马克思哲学的历史生成性思维①。法国哲学家萨特认为,主体性生成是很困难的。困难之处在于,主体要把他所理解的客观条件,内在化和被体验,以说明自己有能力建构能够与集体实践的形式能融合的主体性。主体性是"特殊的普遍",是历史的产物,是创造了历史的基本结构!

如何培养村民的主体性? 抓住"主体生成"这个中心问题,在中国包括西南地区的农村可能要抓住村民议事会、村乡贤作用的发挥,这些是值得关注的路径和形式。

浙江象山县涂茨镇旭拱岙村是较早开始"村民说事会"的地方。"村民说事会"制度,就是每个月设置两次固定说事日,村民提出问题,村干部协调解决,村民干部共话村里事。"村民说事会"既可以说大家关心的"大路货"话题,也可以说有专业性的事情。一次"村民说事会"上,一位村民尖锐地提出:"在村级工程项目上做小工的总是相同的几个人,是不是村干部做人情?"面对村民的质疑,拱岙村村支部书记葛聪敏随即召集 80 多人,专门召开了一次"村民议事大会"进行讨论、征求意见,还根据村民们的意见制定了村里的"做工规定",明确了村里"小工"的工作时间、报酬、招工方式,完全消除了村民的疑虑。自 2010 年以来,象山在全县乡村推开"村民说事"制度,通过"说、议、办、评"等举措,让群众有序参与村级各项事务管理、决策和监督,形成了"有事要商量、有事好商量、有事多商量"的共识。如今,"村民说事"已成象山乡村治理的一张"金名片"。仅在 2018 年,象山围绕村庄建设、集体经济、基层治理等开展"主题说事"3 000 余次,参与村民 4 万余人次、新乡贤 1 200 余人次。通过"村民说事",象山汇集民智,凝聚共识,为浙江美丽乡村建设提供了新经验。

浙江缙云县东渡镇又创造了凝聚乡贤力量,助推乡村振兴的经验。近年来,东渡镇经济发展,社会进步,能人辈出,涌现出了一批精英人士:有的实干创业,成了致富能手,有的求学致仕,还有的术业专攻成了专家学者。东渡镇党政领导开始考虑,如何把这些乡贤聚集起来,让他们能更好地利用经验、学识、专长、技艺、财富以及文化修养,积极参与到村里的新农村建设和治理中来,使其成为服务全村群众的好参谋和好助手。他们通过建乡贤信息库,制

---

① 　赵海英.主体性:与历史同行[M].北京:首都师范大学出版社,2008.

定乡贤认定标准,对在经济文化教育等各领域具有一定知名度和社会地位的乡贤逐人登记造册,并指定专人负责,及时完善更新资料库,积极吸纳新的乡贤,壮大乡贤力量。通过"乡贤+"经济发展、美丽乡村建设、乡村治理等路径发挥乡贤作用。乡贤成为润滑剂、减震器、连心桥甚至是领头雁,用其学识专长、创业经验反哺与带动家乡父老,助力乡村振兴。

> 文化即认同，成就一项事业又需要广泛认同。所以，文化是重要的。
>
> 文化既是传统的既定，又是可以选择、再选择的。
>
> 西南地区农村在乡村振兴中要通过示范的"细雨"，重塑发展所需要的文化。

第9章　西南地区乡村振兴的文化制度建构

近年来，人类不好的科学消息接连传来。据科学家研究，大象是不会忘记的动物；日本科学家训练的猩猩记忆力战胜了英国的记忆力亚军；机器人围棋手阿尔法战胜了世界围棋手冠军李世石等。寂寞小宅写了一本小说，名字叫《人类至上》。人类还能够保持"至上"地位吗？科学家们肯定地回答：能。理由是：机器与动物再学习能力可能超过人类。但是，它们不可能产生代际传承的文化。人类正是凭借代际传承的文化，一代比一代聪明，并能不断创新创造。动物、机器人永远不可能形成这种创造能力。所以，动物和机器人将统治人类是个"伪命题"。由此可见，文化是人具有的核心竞争力之一。现在，人类文化讲"基因"。可能有些道理。比如，中华文化没有侵略基因，但统一基因很强大。整体看中国几千年文明史，侵略、欺负别国的事从未有过，国家统一也占主导地位。中国文化为什么没有侵略基因？与"和而不同"的包容文化基因有很大关系。西方文化从古希腊开始，并在文艺复兴中弘扬的人道主义，但是，达尔文的只存在于动物世界的"弱肉强食"，对西方人文文化影响也都很大。由于西方文化中存在人道主义，也存在极端化的"弱肉强食"，同样是德国人，既出了希特勒这样的战争狂人，也有拉贝这样敢于在"南京大屠杀"中保护中国人的人，还出了勇于承认历史错误、1970年在波兰犹太人死难者纪念碑面前下跪的勃兰特总理，1995年德国总理科尔再次在纪念碑面前下跪。英国哲学家霍布斯关于"人是什么？一半是天使，一半是野兽。"这话可能比较准确地概括了西方文化的基因这种有点极端化的结构。在乡村振兴中如何发挥文化的力量，始终是一个重要的、有全局意义的问题。乡村振兴，主旋律是发展农村，所以，我们也主要从发展条件与动力、发展问题与文化关系视角进行研究。

9.1　文化是经济发展的原动力的实证分析

培根说，知识就是力量。文化比知识概念范围大，知识是文化系统中的一个层面的存在。文化的力量性,已经被历史许多事实证实。从文艺复兴、到中国永嘉学派培育的江浙一带经济发展的"民间力量",都证明了文化是一种促进发展的力量。"真理标准讨论",给我们国家带来的发展,是文化力量在中国最近的证明。

9.1.1　西方文艺复兴与西欧的现代化

马克思曾经指出:文艺复兴是对人的价值和创造力的肯定,是人需要把人当成人来看待的时代。马克思这里指出了文艺复兴的主题、本质,是对人的地位肯定,即"把人当成人"。对人的价值肯定即"创造力"。正因为文艺复兴肯定了人的地位与价值,为西欧率先开始现代化提供了条件与动力。

文艺复兴、宗教改革和启蒙运动构成了西欧乃至整个西方与现代化并行的三个相继的文化发展阶段。这三个阶段,促进西方现代化是通过思想观念变革、制度变革、现代民族和国家形成来实现的。从发展特别是经济发展角度,如何看待以文艺复兴为代表的西方文化发展,对于西欧乃至整个西方与现代化思想观念、制度变革的具体作用表现,马克斯·韦伯在《新教伦理与资本主义精神》中有比较具体的分析。对人的肯定,前提是人与动物的区别。启蒙时代又称为理性时代,提倡理性、法制理性基础上的民主,是其重要内容①。理性,在经济领域又具体转化为"合理主义"。什么是合理主义? 韦伯从不同角度进行了分析。合理主义,就是合法致富,致富通过创业与学技术都可以实现,教育、企业也发展起来了,关键是人的观念与行动变革。要树立"时间就是金钱"等观念,要采取"在牛身上挤奶,在人身上找钱"的行动等。

有人认为,对文艺复兴后的商人阶层崛起、国家形成在现代化中的作用要予以高度重视。

中世纪的西欧也是"以农为本",封建庄园对商业的挤压,使商业到了近乎"消亡"的边缘,商人不被当作是社会正式成员。但是,西欧内外部环境决定了庄园体制的脆弱性,为商人提供了一定的生存和发展空间。庄园内部既无法实现完全自给,又无法养活增多的人口。因此,重拾商业传统成为满足日常生活需要的必然选择。文艺复兴时期的西欧商人,是一个发端于传统社会之外、又成长于西欧社会之内的"新生"阶层,他们积极奉行"我创造了我自己"的行为准则。这种积极的人生态度和探索精神,打破了西欧社会的"宁静",拉开了西欧社会转型的序幕。商人对于西方社会现代化具体贡献有两个。

(1)积累企业组织管理经验。商人建立了行会、同盟和公司,大胆地进行商业冒险和技术革新,并使商业活动越来越安全、规范,在商业活动中培育了现代企业意识,积累企业组织管理经验。

(2)商人既创新发展,又策略性地处理与当时占统治地位的社会关系。商人运用商业财富来制订法律,管理城市,参与时政,投身于公益事业之中;商人捐修教堂,给王公贵族贷款,

---

① 马克斯·韦伯.新教伦理与资本主义精神[M].彭强,黄晓京,译.西安:陕西师范大学出版社,2002.

投资兴办实业,努力调和与传统势力的矛盾,使自己的活动在封建社会内部开花结果①。

西欧文化的世俗化,具体表现很重要的是对国家重视。国家的逐渐集权带来了政治和文化上的高度统一,为哥伦布、麦哲伦"发现新大陆"提供财力支持,为国家间贸易提供支持。先后形成现代国家的西班牙和葡萄牙一马当先,荷兰和英国紧随其后,最后法国也加入其中,都通过在欧洲大陆和世界各地进行大量的商贸活动,积累了巨额财富。这些国家通过进口原材料、出口制成品,发展了更广阔的商贸网络。亚洲和非洲(包括成为非洲奴隶贸易前哨的非洲地区)成为它们新的贸易对象,而美洲成为它们的殖民地。在 18 世纪初始,几个欧洲强国已经成为,或即将成为世界帝国。马克斯·韦伯在《新教伦理与资本主义精神》中,从理论上概括了文化与经济发展互相促进的关系。

现代社会的发展,不光包括经济发展,而是全面发展。其中,摆脱贫穷和人口增加,也是现代社会发展的重要表现。在 18 世纪前,欧洲的食品供应量停滞不前、慢性疾病、天灾造成巨大损失、文化水平低下,这些传统社会的贫穷落后比比皆是。在 18 世纪,欧洲摆脱了这些由传统而贫困的社会带来的桎梏。在 1750 年至 1850 年,欧洲人口翻了一番。

近年来探讨的有一个问题,也值得在乡村振兴中予以关注:什么样的文化才能促进、支持经济发展?只有西方文化?还是各民族文化都有支撑经济发展的"合理内核"?长期以来,西方有一些学者有意无意宣扬"西方文化优越论",认为只有西方文化可以支撑现代化,其余一切文化都不能支持现代化,只有"死亡"!美国文化学者亨廷顿更据此提出了"文化冲突论"的错误观点。根据马克思主义辩证法观点,一切民族文化都有其长处,也有不足,更有与时俱进的基因;民族文化只要能够结合时代情况与时俱进,都可以成为支撑现代化的力量。宣扬只有西方文化可以支撑现代化,其余一切文化都不能支持现代化,只有"死亡"的观点是殖民地时代的观点与论调。中国有一些持"全盘西化"的人,也对中国文化支持现代化缺乏自信。20 世纪 80 年代,曾有持"全盘西化"的人提出了"再做 300 年殖民地"的错误观点!印度不是做了英国近 300 年殖民地么,产生了推动现代化的文化动力了吗?党的十八大以来,中国人对自己民族文化的自信心大大提高了,改革开放以来涌现的一大批成功企业家,身上无不带有将中华优秀传统文化与市场经济结合的特点。实践证明,中国传统文化、革命文化、改革开放文化,都可以成为推动中国现代化的直接动力。

肯定中国传统文化、革命文化、改革开放文化,都可以成为推动中国现代化的直接动力,逻辑上才能肯定乡村振兴的文化动力来于包括"乡村文化"的自身。有一个电视节目"记住乡愁",其中挖掘了不少乡村文化中的优秀因素,完全可以转化为支持、推动乡村振兴的文化力量。

9.1.2　中国南宋永嘉学派与中国沿海的崛起

中国有没有发展资本主义的文化思想来源?这个问题探讨的是中国传统文化中本身是否包括支持经济发展的力量。具体要追溯到南宋至明代资本主义时期。南宋至明代资本主义萌芽为什么会发生?学术界比较公认的"南宋永嘉学派",是中国发展资本主义的文化思

① 李云芳. 中古西欧"抑商"说质疑[J]. 齐鲁学刊,1999(3):97-102.

想来源。

永嘉学派,也称"事功学派""功利学派"等,是南宋时期在浙东永嘉(今温州)地区形成的、提倡事功之学的一个儒家学派,是南宋浙东学派中的一个先导学派。因其代表人物多为浙江永嘉(现代温州地区)人,故名。永嘉学派提出"事功"思想,主张"经世致用,义利并举",重视经史和政治制度的研究,主张通商惠工、减轻捐税、主张"宽民力""救民穷",在富民基础上富国。正如明清之际的学者黄宗羲所指出的"永嘉之学,教人就事上理会,步步着实,言之必使可行。足以开物成务,盖亦鉴一种闭眉合目朦胧精神自附道学者,于古今事物之变,不知以为何等也"。

温州学者黄振宁认为,永嘉学派的思想至今对中国现代化产生着重要影响。他认为,"温州人会做企业、会经商""温州模式",都与永嘉学派思想有千丝万缕的联系①。事功主义的态度,使得温州人更容易克服意识形态的"泛道德主义"思想障碍,使知识精英自觉与努力,促进现代性在温州不断成长,成为推进早期现代化的不可忽视的动力。近代史上的温州,对现代性的追求,对民生改善的探索与追求,被长期坚持下来,成为这个地区的一种社会风气和文化土壤,成为一种新的文化传统,使得温州人的心理更容易适应变革,更能积极地参与变法图强。温州人身上那种敢为人先的精神,抱团做强的作风,善行天下的品格是永嘉学派主张的体现②。

第九届、第十届全国人大副委员长许嘉璐认为,永嘉学派还作为儒家文化的组成部分,在引导中华民族奔向现代化这个人类共同的方向。

永嘉学派的思想中主张"义利并举"是一个最大亮点,这个亮点与市场经济是一致的。习近平总书记在多个国际场合讲话中,提出要正确处理义与利的关系,可见,义与利关系是在市场经济下发展经济必须面对的一个重要问题。市场经济不讲效率即利是不行的,但是,也不能见利忘义。市场经济中义与利关系处理论上好讲,现实中处理起来令人头痛。归纳一些将义与利关系处理得较好的实证经验来看是两条:一是坚持义为先为重原则;二是义与利可以理解为生产与分配两个问题分开处理。如果不坚持义为先为重原则,就会估计这件事干了"有着(即获利)",事都没有开始干,就争吵着未来利益怎么分配,都想得"大头",吵来吵去甚至企图肉体消灭争利者。这件事没干就完了!如果能坚持把"利"理解为生产与分配两个问题分开处理,生产中暂时搁置争议,齐心协力把生产搞好即把"蛋糕做大",利益"蛋糕"做大后即便比例最小、也比小蛋糕大!

农村中受小生产影响大,最容易斤斤计较,也容易陷入"事都没有开始干,就争吵着未来利益怎么分配",学习一些永嘉学派的思想肯定有好处。

9.1.3 "真理标准讨论"与改革开放奇迹

"真理标准讨论"与改革开放是社会发展与文化关系离我们最近的一次证明。其实,文

---

① 洪振宁.对深化永嘉学派研究的建议[N].温州日报,2019-08-05.
② 许嘉璐.从"义利双收"到"义利并举"[N].北京日报,2018-05-09.

艺复兴与"真理标准讨论"讨论主题都是一样的：人！文艺复兴及其以后的宗教改革及启蒙运动，是要肯定人的地位与价值；"真理标准讨论"是为了在价值标准上拨乱反正，通过解除"左"的思想禁锢解放人。总之，社会发展与人的不断解放一致。所谓"经济发展"，就是把人性的爆发力转化为无数财富的增长。

国家行政学院教授竹立家说，没有解放思想和真理标准大讨论，就没有中国的改革开放。没有思想开放，中国的改革开放就很难进行下去，不会取得现在这样的成果。当时《实践是检验真理的唯一标准》的发表，主要还是针对社会上流传的"两个凡是"的思潮，如果这种思潮继续存在，我们要发展市场经济、要发展包产到户就很困难，就没有办法开启改革开放的大门①。

"真理标准讨论"后，邓小平同志又顺理成章地提出了当时中国社会的主要矛盾，改革开放的总的目标和方针，通过十一届三中全会的组织程序，就这样被确定了下来。改革开放的指向，就是要发展社会生产力，解决中国社会的贫穷问题，解决人民物质文化生活落后的问题。

真理标准大讨论后，党又对思想路线不断进行深化，提出了思想路线的新内容：解放思想，实事求是。思想路线不断的深化，改革开放的速度也大幅度加快，并最终确定了市场经济体制改革的方向，为过去40年的发展奠定了基础。

关于"真理标准讨论"为什么成为改革开放历史的一个节点，大多数人只是注意了它当时的意义是为否定"左"的错误提供了哲学理论根据。但是，人们还没有注意到"真理标准讨论"在中国持久的社会文化价值，是对不利于弘扬实事求是的思想路线的障碍的清除。这个主要的障碍是什么？如果把文化理解为一种认同的话，"真理标准讨论"后确立什么最大的认同？是这样一个公式：

实事－求是＝脑袋长在自己脖子上－顾全与融入大局

脑袋不长在自己脖子上，是做不到实事求是的；真正掌握了实事求是，没有不自觉与主动顾全与融入大局。为什么？无论是城市、还是农村，历史和现实、时间与空间存在层出不穷的特殊性，这些特殊性永远不能指望别人帮你"实事求是"，只有当地的人们（脑袋长在自己脖子上），去调查研究、去寻找解决。规律是一个体系，我们当下要紧的是处理横向各层级规律体系之间的关系。小道理归大道理管着，一般说来，高层级规律管着层次较低的规律。如果层次较低的规律，能够自觉顾全与融入大局高层级规律之中，既有利于大局，也能加快自身发展。深圳正因为承载了改革开放大局，既推进了改革开放在全国展开，也加快了自身发展。

在革命战争年代有一个小地方拒绝融入大局、独立闹革命，最后失败了的教训。抗日战争初期，中国共产党确定了抗日民族统一战线的新方针，陈毅奉命把南方各地红军游击队整编成新四军。陈毅同志到个别红军游击队，宣传了中国共产党的抗日民族统一战线的新方针后，竟被当"叛徒"抓了起来。陈毅反复宣传中央新方针，有的游击队说："你们去抗日吧！

---

① 竹立家.真理标准大讨论是中国改革开放的"第一炮"[N].每日经济新闻,2018-08-17.

我们仍然按红军那一套干革命!"个别拒绝接受统一战线方针的游击队,后来被日伪军联合消灭了。

我们的乡村振兴,虽然是以"村"为支点,但在干中要顾全与融入所在县、省乃至全国现代化的大局。

我们当下的任务是改革开放在新时代"再出发",实施乡村振兴战略也是新时代改革开放"再出发"全局战略的内容。中央党校(国家行政学院)校委委员陈立说,"幸福都是奋斗出来的"。新时代全面深化改革,难免会触动一些人的"奶酪",碰到各种复杂关系的羁绊,不可能皆大欢喜。没有自我革命、壮士断腕的气魄,就不敢向积存已久的顽瘴痼疾开刀,就不能坚决破除利益固化的藩篱。这考验着共产党人的勇气、胆识、担当,更关系国家改革开放事业的成败。我们必须"撸起袖子加油干",努力使党中央有关改革开放的各项政策和措施全面落地,得到贯彻落实,为实现中华民族伟大复兴的中国梦贡献力量①。

实施乡村振兴战略也是新时代改革开放"再出发"的内容,实施乡村振兴的过程也是村庄内外关系、利益的改革与再造。我们也可以用改革开放的眼光、思维理解乡村振兴。改革结果一个更比一个辉煌,但过程之曲折风险;改革过程与一连串改革者的名字是联系在一起的;改革开放是一系列面向世界的重大决定、实践转型、项目落地的纵向与横向的连接;等等。从这个视角,改革开放40年的许多成功经验、包括教训完全可以应用在乡村振兴中。

9.2　西南地区乡村振兴制度文化的选择与代际更替影响

9.2.1　人的发展需求导向的文化选择

现在人们对文化的研究,多聚焦于内容划分,对于能够商业模式化、舞台表演、数字化技术传播部分更是反复挖掘。对于作为制度的文化部分,研究是不够的。根据制度是应人的重复性行为规范化的要求而产生的基本道理,作为制度视野的文化是跟人的什么行为有关系?亨廷顿认为,人有认同要求,就产生了文化。认同是正能量文化,就被凝聚为"主流价值观"。

村庄由于地域是在农村基层,人数数量与人才少等因素,大多数村庄不具备文化内容的原创,大多数村庄是选择文化。可以选择民族或地域文化相近的乡土文化,也可以选择与村庄存在联系的更高(可以是传承型、创新型)层次的文化。

村庄人们对文化是怎么选择? 一般分为两步走。

第一步是从现存文化占主导地位的文化中选择最有操作性的内容,作为自己认可特别是判断是非美丑善恶标准的价值观。汉武帝以后,中国乡村人们选择的都是以儒家文化为主导的文化。因此,汉武帝以后,实行的是"罢黜百家,独尊儒术"。当然,儒家也没有穷尽一

---

① 陈立.真理标准大讨论与新时代改革开放[N].学习时报,2018-05-23.

切当时的真理,也不是万能的,这就给道、佛、法、墨、兵等各家学说留下了存在空间。所以,从传统村庄人们的思想、行为、建筑、庙宇、景观雕塑中可以看出,儒家思想影响最大,但其他思想也留有影响空间。值得指出的是,人们也有选择混乱、选择错误的时候。汉武帝以前,人们选择混乱、选择错误缺乏文献资料。但是,韩非子说:儒以文犯禁,侠以武犯法。犯禁、犯法,肯定是指一般百姓。他们为什么会这样? 韩非子眼中,这些儒家与侠客又是原因。甚至"集体价值观选择错误",这也是历史上反复出现过的事实。比如,德国的法西斯主义、日本的军国主义,当时也确实深入影响到百姓,一般人在这些思想文化的影响下,"群体式"也做下各种错误的言行。具体到个人,文化选择还存在"大同小异"。比如,在传统村庄社会中,被称为"先生"的读书人与目不识丁的村民、村庄老人与儿童、男人与女人,都存在各种差异。同样是读书人或村民,个体差异选择儒、道、佛、法、墨、兵等各种文化类型、比重也充满了各种差异。总之,村庄文化,无论是过去或现实,都是选择的结果,这种选择存在"大同小异",使得村庄文化是一个"横看成岭侧成峰"的多维存在。我们要遵循毛泽东同志维护真理、纠正错误、实事求是、去粗取精、去伪存真的观点对待它和处理它。还要注意的是,作为一个区域、居民、文化层次都有各种局限性的村庄,在哪个时候都不可能把全部文化在村庄中再现,一般是选择最有思想性、行动直接性、操作性的部分内容,作为村庄文化的基础、框架的边界。所以,即便传统村庄中有 90% 以上村民都是文盲,但是,他们对于儒家处理人际关系的一套孝悌、礼貌、热情、诚实等规范性的"做人规矩",甚是熟悉并尽力去做。他们不知道、也不想知道"为什么"、却知道"怎么做"。这种文化全景图,在中国西南地区农村还不时可见。

第二步是使文化选择具有多种形式的存在感,以便发挥潜移默化的"教化"作用。在传统社会,每家都有的神龛、每族都有的祠堂,到戏台、建筑装饰、家训、民约、节日、工艺品、服饰等,无不体现村庄文化的一个侧面。在现代社会,标语、旗帜、荣誉称号等是反映各个时代文化影响痕迹的标识。中华人民共和国建立 70 周年之际,习近平总书记亲自授予了 47 人共和国国家荣誉勋章,社会反应很好。有人说,年轻人不必只是追那些歌星、电影明星了。要"追星",首先就向这些共和国勋章获得者学习吧!

上面我们阐述了一个基本看法:村庄文化制度,就是选择。什么是村庄文化? 就是选择后的文化存在。

并不是每一个村民在村庄文化选择、建构中的作用都是一样的。其中,主客观有两种因素影响最大。

从客观方面看,各种载体作用最大。"记住乡愁"节目介绍了至今保存完好的典型村庄,当时的人们已经作古,文化信息通过村庄建筑、雕塑、形制结构,我们依然可以看出乡愁村庄给我们留下的文化密码。

从主观方面看,乡贤的作用最大。谁可以称为乡贤? 在中国传统农村,一般是读书人,那些读过几年书特别是中了秀才后未能中举人及进士的人,他们一般在村庄或书院教书,通过教育和"道学先生"形象成为受尊敬的人,在建构与传播、传承乡村文化中起着重要的、不可替代的作用。在今天的乡村文化中,干部、共产党员、文化高的人、复员军人,这四种人在文化选择中的作用最突出。

通过上述分析,我们认为,包括中国西南地区在内的乡村振兴文化制度建构,简单说来就是建构一个优秀文化的选择机制,并借助干部、共产党员、"新乡贤"及各种载体使之"落地"并传承弘扬。

9.2.2 时代变迁和人的代际更替中的文化再选择

人类代际更替是自然规律,是不可抗拒的。古人想成仙不死,结果是幻想;现代人通过锻炼、养身、保健可以延长寿命。但是,是人都迟早会死亡的!包括个体、群体都是生命的存在。人的寿命长度虽然不同时代有很大差距,但是,一般现代人寿命平均 70 多岁,个别人可能活到 100 岁左右。也就是说,每隔七八十年,上一代人基本所剩无几,现在活着的人就算下几代人了。

人类代际更替,既然是不可抗拒的规律,只有顺应它、研究它。所以,社会学、人口学等都在研究它,并形成了"代际理论"。代际理论是描述和研究不同代的人之间思想和行为方式上的差异和冲突的理论。代沟和代际冲突一般出现在社会巨变的环境下。曹雪芹的《红楼梦》、巴金的《家》,都从文学角度形象地描写了代沟和代际冲突。

人类代际更替、代沟和代际冲突都给文化制度建构、文化内容本身提出了诸多严峻问题和挑战。

有人说,学术上看代际和谐与代沟及代际冲突是同时存在的,文艺作品为了创造"冲突",把代沟和代际冲突夸大化了。所以,一般对代沟和代际冲突印象很深刻,对代际和谐印象不那么深刻。我们在这里要强调,代际和谐与代沟和代际冲突并存,是代际关系的辩证法,代沟和谐是矛盾的主要方面。否则,文化没办法传承了。

为什么代际和谐是矛盾的主要方面?在于下一代人总体上需要向老一代学习一切有用的文化,才能成长创新。孔子被尊为"万世师表"的原因就在于此。年轻一代只要通过学习就可以应付他们面对的一切。

长辈在向年轻人传承文化的同时,也会发现,年轻一代面临的社会环境与上一代发生了变化,依靠他们那些知识、经验不能完全解决作为青年一代面对的问题,这时冲突就发生了。我们应该鼓励年轻人通过创造、创新去解决他们面临的新问题。当然,在年轻人解决新问题中也可能出现错误的举动,我们老一代应当给他们善意指出,提出改进建议。但他们常常年轻气盛,会听不进上一代积累几十年的经验和善意的意见、建议,怎么办?违了法的言行要用法律去制止,不违法的事"吃了亏就晓得了"!总之,老年人与年轻人、知识相对较多的专家与各类操作见长的人,不能以己之长比人之短,应该互相学习、取长补短、形成合力,为实现共同目标而努力奋斗!

如果代际和谐是矛盾的主要方面,代沟和代际冲突的系数又是较低的,那么文化再选择的环境、气氛就较好,这种环境、气氛的文化再选择也会使优秀传统得以继承,还会添上解决新问题的内容,这样的文化再选择、再建构岂不是越来越好、锦上添花!

由此可见,建构文化再选择、再建构的制度,关键是保持、营造代际和谐是矛盾的主要方面,代沟和代际冲突的系数又是较低的态势。

中国西南地区少数民族众多,如何处理既保留民族优秀的特色,又不断在文化中增强国家认同是一个必须重视的问题。北京大学社会学系教授,前系主任马戎2011年提出了一个令我们思考的问题:中华民族存在分裂的风险吗?马戎认为,我们要居安思危,把民族工作做得更好一些[①]。

马戎说,苏联学术界在民族问题上的"集体失语"和集体失职,是要对苏联之所以出现国家分裂负有责任的。只要他们深入社会基层,只要他们与少数民族干部和民众交谈,他们不可能看不到存在于各民族之间在权力和资源分配、经济差距、语言政策、文化宗教差异等方面的问题,不可能看不到在迁移、通婚、居住格局等方面存在族际隔阂和冲突,他们也不可能看不到这些隔阂和矛盾正在不断积累和加深。

中国至少在2011年前的数据反映也存在前苏联类似的隐忧。马戎列举了当时西部地区的一些数据:从人口普查和政府统计数据来看,西部一些民族在教育、行业、职业、收入结构等方面与全国平均水平相比有明显差距,以西方社会学术语讲就是存在严重的"族群分层"。例如2000年,藏族6岁以上人口"未上过学"的占45.5%,远高于汉族的7.3%;同年维吾尔族职业结构中"国家机关、党政组织、企业事业单位负责人"只占0.84%,低于汉族的1.72%;2008年南疆和田、喀什地区农民年人均纯收入为2070元和2627元,同年西藏自治区农民年人均纯收入为3176元,远低于浙江、江苏农民人均纯收入的9258元和7356元。这些宏观的结构性差距使阶层矛盾与族群关系叠加在一起,必然增大族际隔阂和矛盾,是需要在今后一个时期内通过教育事业的发展、对少数民族干部的培养选拔和西部地区的经济发展尽快加以扭转的一个任务。

马戎主张,对国家、中华民族我们要强调从法律特别是宪法角度来理解,而不是仅从政治和民族角度来理解。从马戎的观点可以看出,乡村振兴的决策有多么大的重要性、意义!

以上介绍了代际之间、代际更替有关观点。乡村振兴客观上也面临处理代际问题。代际之间、代际更替这些关系如果处理得好,就有可能增加乡村振兴的动力。代际问题属于社会学研究的对象,我们要防止经济上阶层矛盾与社会学上的族群关系交织叠加。中国乡村社会包括民族、姓氏这两大类社会学意义上的关系,只要不发生民族、姓氏这两大类社会学意义上的关系"越界"与政治、经济关系交织叠加,就容易处理好。比如,有报道利用姓氏家族关系,违法操纵村委会、党支部领导人的选举,这就发生了作为社会学意义上的关系"越界",与本来不应搅和一起的政治发生了交织叠加,事情被人为复杂化、甚至违法了。

9.2.3　示范文化制度与文化效果

前面已经提及现今乡村干部、共产党员、新乡贤对于乡村选择型文化制度落实的影响。这里强调的是要形成一系列示范文化制度的重要性。示范事实,即榜样力量的存在与榜样制度不是一回事。今天存在职业"碰瓷者"、职业性乞丐(甚至自残或将他人打残、还有演员型乞丐)和社会弱势群体,真正需要帮助的人真假难辨,示范文化制度的导向性、正能量保护性就凸显出来了。

---

① 马戎.中国是否存在国家分裂风险?[EB/OL].搜狐网,2018-01-07.

1999 年,学者翟杰全就论证过中国传统社会以儒家为代表的示范文化制度的作用与意义。他说,"文化示范制度"是很重要的,中国封建社会之所以能延续 2 000 多年,其间一次又一次经历了制度延续与制度重建挑战,究其原因,封建社会用科举、士人、乡绅等"文化示范制度"塑造了一个应对制度延续与制度重建挑战的人群,是重要的制度原因①。

值得注意的是,各地在乡村振兴时也在广泛采用示范效应推动工作。2015 年年初,国家发改委、农业部等 7 部门联合公布了"首批国家农村产业融合发展示范园创建名单";2018 年,农业部提出要培育 1 000 个运用科技促进乡村振兴的示范镇;2015 年 2 月,山东省人民政府印发《曲阜优秀传统文化传承发展示范区建设规划》;2018 年 9 月,据《新疆日报》报道,新疆哈密市示范引领用"文化+推动乡村振兴"。以上资料说明,"文化示范制度",已经成为从国家、到乡村加强文化内容建设、制度建设的共识。

浙江温州还提出要将乡村振兴中的示范村、镇、园区不断升级,以促进乡村振兴工作不断跃上新台阶。"示范不断升级",这个提法好!

2018 年 10 月 8 日,同济大学余敏江教授等人在《北京日报》撰文指出了乡村振兴中发挥示范效应的一些偏差,也值得重视。偏差主要是示范不可复制;把示范变成"表面文章",省略了扎实、全面展开乡村振兴,使乡村振兴陷入形式主义泥坑。

在中国西南地区乡村振兴中,应该自觉用好这种共识性成果,让西南地区丰富的文化资源发挥更好的作用。

9.3 西南地区乡村振兴的文化障碍分析

9.3.1 乡村智叟型障碍乡村振兴的创新

2017 年 9 月 11 日,《青海日报》发表了一篇题为《勿有智叟之"智"》的文章。文章说,"智叟"作为《愚公移山》中的一个重要人物"出镜",言语虽不多,但给人印象深刻。面对挖山不止的愚公,智叟"笑而止之":"甚矣,汝之不惠。"仅寥寥数语,智叟自作聪明、冷眼旁观、畏艰怕难的形象就跃然纸上②。

"智叟",属于事情还没开始做,或者开始了并遇到困难的时候,他们出来专门说风凉话、"泼冷水"。

"士不可以不弘毅。"包括乡村振兴的事情在内,在实现中国梦的道路上,是需要"智叟",还是"愚公"?答案不言而喻!55 年的艰苦奋斗才华丽转身的塞罕坝,14 年披星戴月才化蛹成蝶的东山岛,18 任县委书记一张蓝图绘到底的右王县……事实证明,哪里有"愚

---

① 翟杰全.中国古代的文化选择与儒学的文化示范[J].中州学刊,1999(4):129-133.
② 李善禹.勿有智叟之"智"[N].青海日报,2017-09-11.

公",哪里就能创造奇迹。"功成不必在我,干事必须有我。"

到底"智叟"是"智"或"不智"?现在似乎有了争议。从小聪明、投机等角度看,"智叟"不能说是愚不堪言之人。对于智、智慧,我们应该主要从认识并运用规律,为发展作贡献的视角来看问题。从这些"大智大勇"的视角来看"智叟",他那些"智",只能叫作玩弄小聪明、投机。

"智叟"发表反对挖山的意见,按现在人观点看,是可以的。但是,我们不是反对智叟作为愚公的反对派而存在、发表自己的观点,而是反对智叟"笑而止之"。这短短的 4 个字,包含着两个不恰当的行为和言语:一是讥笑的行为;二是制止愚公挖山的内容。如果智叟没有讥笑的行为与制止愚公挖山的言论内容,仅就挖山本身发表自己的不能成功的观点,也是可以包容的。正因为有讥笑的行为与制止愚公挖山的言论内容,就有了智叟企图把自己观点强加于愚公的倾向。

智叟型的,姑且把他们看作"干事前反对派"。这种人还是可以减少、甚至促进其转变的。减少、甚至促进其转变的办法,就是理论联系实际,用事实教育。智叟论文化比愚公高,也有经验、见过世面,智叟的短处是缺乏理论联系实际,对挖山这类事实少见多怪。重庆市合川区香龙镇准备发展柠檬产业,干前没信心、表示怀疑的村民不少。合川区香龙镇组织村民到广安市中兴绿丰公司的万亩柠檬产业基地参观学习。参观学习后,许多认为干不成、没信心的村民成了发展柠檬产业的带头人。

9.3.2 "事后诸葛亮"障碍乡村振兴中干实事

什么是"事后诸葛亮"型的人物?生活中那些说"我早料到会发生这种事""我就知道会这样"等类似的人,就是"事后诸葛亮"型的人物。

"事后诸葛亮"型的人物,就是属于那种站着说话不腰疼的人,很多时候还没弄清楚事实的真相就妄加评论的人,自己明明也是"局内人"、却要摆出一副"局外人"的模样说三道四、妄加评论。

"事后诸葛亮"型的人物,到处都有,越是比较落后的地方,这种人愈能自发产生,并且越有市场。

乡村振兴,核心是要把中国农业从传统农业发展到现代农业,这是大方向、总目标。但是,农业现代化比较工业现代化来说,愈带有地域自然、社会特色。"重要是干起来!"如果人们都准备当"事后诸葛亮",当局外人发表一番不负责任的评论,不喜欢参与过程扎实干,都愿意当"事后诸葛亮"。谁来实干?所以,必须反对"事后诸葛亮"型的人物。

反对"事后诸葛亮"型的人物对干事气氛的危害,有以下三点:

第一,要把"事后诸葛亮"与必须的反思相区别。"事后诸葛亮"与反思,相同的是,时间节点都是发生在一件事干完后。不同的是,反思秉承客观、全面(实事求是地肯定成绩,同时指出问题),"事后诸葛亮"夸大问题,似乎没有看见成绩。最根本的是,"事后诸葛亮"缺乏客观、全面、实事求是。

第二,要发布权威信息,主导舆论氛围。干事的人多数较忙,无暇顾及信息,以及舆论氛围的主导。由于没有权威信息,主导舆论可能陷入先入为主。我们要通过发布权威信息,主导舆论氛围。这样就减少了"事后诸葛亮"人物的舆论市场,也会减少村民对于乡村振兴中的事件的先入为主倾向。

第三,对话语表述提出要求,对权重作出等级划分。针对"事后诸葛亮"型的人物"站着说话不腰疼",没弄清楚事实的真相就妄加评论,自己明明也是"局内人"等特点,要求发言前对主要观点作必要调查,表达观点时主要观点要配以调查事实;多就事实分析,反对大篇抽象议论;谈到成绩与问题时,应该把自己摆进去,至少有换位思考(最好讲"要是我干会怎么做");等等。要以事情过程相关性划分话语等级。原则上是,越是全程参与的人,话语权重愈大。

9.3.3 "何必这么累"型阻碍乡村振兴队伍的扩大

2018年4月26日,《人民日报》发表了贺林平的文章,题目是"乡村振兴先要振'心'"。文章说,乡村中有贫困户一天三顿酒,雷打不动,成天在醉梦中,怎么能脱贫?有的村民成天在麻将桌上,送去的项目都不要。总之,有的村民把扶贫、乡村振兴看成上面的事、村干部的事,说:"三顿有饭吃就行了,何必这么累、还要担风险去找钱!"

乡村振兴中等、靠、要思想与行为比较重,奋发有为的想法与行动不足,也是乡村振兴中应该正面解决的问题。经济理论上把这种状况,叫作"内生动力不足"。中国西南地区由于发展起点低、村民素质受高山峡谷阻碍界不开阔,这个问题比全国更严重。

怎么增强乡村振兴的内生动力?

一是要开阔眼界,树立村民"振兴致富"的信心。有的村民为什么对"有饭吃"现状有满足感,对于同市场经济接轨致富不感兴趣?本质是缺乏对从"有饭吃"到"振兴致富"信心,因此,开阔眼界从而提高村民自信心是切入点。一般来说,文化+眼界=自信心。还是要寻找那些外出务工见过世面、文化相对高的人,示范带动才能逐步提高村民的自信心。

二是改善农村的路、水、电、通讯等基础设施,为生活、发展创造必需条件。乡村山清水秀,为什么留不住人,外面的资源进入也难?在于城乡巨大的基础设施差距。不在基础设施方面城乡一体化,乡村振兴就是一句空话。目前乡村振兴成效显著的地方,一般是基础设施条件本身比较好,或是采取国家资助、村民自筹、引进资本三方面发力,使基础设施迅速得到了改观。所有基础设施中,交通第一,"要致富,先修路"。基础设施也是一个多层次、互相联系的系统,甚至村民中的粪坑、厕所也可以算基础设施。如果农村到处粪坑臭而脏,上厕所条件差得连脚都迈不进去,怎么留得住村里人,外面的人怎么能呆得下去?

三是依托项目,在逐步增收中增强乡村振兴的"内生动力"。四川省新津县普兴镇五峰村400多户村民,2007年人均收入不到4000元,通过发展獭兔、青花椒、乡村旅游等项目,2009年村民人均收入达到7000元,村民致富信心大增。

第3编 西南地区乡村振兴的主要机制建构研究

什么是机制？在一定意义上是普遍价值的乡村振兴的行动系统。这个行动系统是怎么来的？是制度系统的行动化。当然，固然机制是制度的行动化，但是，列宁说过，理论一旦导入实践，实践就比理论复杂得多、丰富得多。好像一个圆的轴心和圆的周长一样，圆的周长与轴心是对应关系，但绝不是重叠关系。比如，地球赤道是地球最长的周长，由于圆周长达4万多千米，肉眼已经看不出赤道是圆的。

乡村振兴亟须建构的机制主要有哪些？我们认为，主要有五个机制，即投入机制、经营机制、领导机制、政策机制、风险防范机制。这五个机制就像一辆汽车行驶一样，需要有动力系统、刹车系统。

投入机制、经营机制、领导机制、政策机制为乡村振兴提供动力。这种动力系统本身也分为不同层次。下面对动力系统的五个层次关系予以扼要介绍：

第一，投入机制是动力源。没有投入就没有产出，也没有发展。在市场经济条件下，投入的是资本，资本有天生逐利的本性。因此，在市场经济条件下我们对合法的逐利行为要予以肯定、鼓励！"依靠劳动、把劳动赚到的钱作为资本投入当'老板'都光荣"！这应该成为我们这个时代人们的基本经济观、经济价值观。

第二，经营机制是投入的深化。经济只有投入，没有经营，资本是不会自动产生利润的。马克思在《政治经济学》导言中指出，在生产中，人客体化，在人中，物主体化。马克思在《资本论》中还说，活劳动推动死劳动。是指生产者、经营者使厂房和设备生产出产品。企业不停地购进原材料，通过生产与销售环节，使产品—商品—货币不中断地进行，这就是经营。

第三，领导机制是经营机制的深化。谁在经营？现代经营都不是个人，而是特定团队，这些团队成员必须按照一定领导体制建构起来，才能发挥领导作用，形成领导力。中国乡村振兴中的领导机制更有复合型的特点，是我们必须注意的。就拿一个村的乡村振兴领导机制来说吧，牵涉党支部、村委会、企业、合作社、大户、农户、社会资助等。这是一个政治、经济、社会与内外部的复合系统。"一个也不能少",村党支部中心作用下为乡村振兴目标而聚合。这是中国力量、中国精神、中国效率!

第四,政策机制为发展构建、提供着环境。政策已经像空气一样,是发展的内生动力了。凯恩斯理论为政策内生为发展不可缺少的力量提供了理论依据。政策是在一定范式主导下的"政策工具箱的政策工具的组合"。包括中国西南地区在内的乡村振兴中,处理政策系统关系也是一个复杂的问题。十一届三中全会以来,我们在抓好沿海、城市改革开放的同时,从来没有放松农村发展。中共中央连续20多年中央一号文件都是关于农村发展问题就是证明。所以,我们有丰富的解决"三农"问题的若干政策。在乡村振兴中,我们首先要用好过去已经出台、还管用、还没有落实或落实不够的政策;其次,才是出台与争取过去没有、现在亟须的政策;当然借鉴发达国家的已经成功的政策也是一个选项。总之,乡村振兴中要实事求是地处理政策的过去、现在、国外三个方面的关系。

第五,风险防范机制是现代经济系统的"必需装备"。犹如古代驾牛车出行,刹车简陋甚至没有,也不要紧;现代社会卖汽车,如果没有刹车的话,这辆汽车肯定卖不出去!风险防范机制,犹如汽车上的刹车系统一样重要与必备。风险防范机制是为了应对各种偏离发展目标的事件、情况必不可少的机制组成部分。发展之路曲折而坎坷,充满了各种不确定性。像汽车刹车机制一样,开车的时候不是时刻都要踩刹车,但是,一旦刹车失灵,那开车瞬间变成了车毁人亡!为了防止悲剧的发生,汽车需要刹车制动系统。乡村振兴中,风险防范机制需要应对的风险比城市工业更严峻,仅就自然风险来看,旱涝、海啸、台风、风雪成灾等,这类风险的防范就令全世界头疼。但是,天气预报、专门气象服务,按这些信息及时防范风险,绝大部分风险带来的危险都能防范。包括西南地区在内的中国乡村振兴前景光明与风险值得重视这两个方面,我们都必须看到。看不到包括西南地区在内的中国乡村振兴前景,我们对乡村振兴的正确性就会认识不足,那更谈不上积极支持、参与乡村振兴;如果看不到包括西南地区在内的中国乡村振兴风险不小,就会在风险一旦发生时,不能积极应对、惊慌失措,最终也会丧失对乡村振兴的信心。

> 没有投入，就没有产出。这是经济学简单的道理，但是，一旦进入现实，这个简单的道理却变得不简单了。
>
> 乡村振兴的投入主体主要是政府、社会、企业（金融货款+法人投资），企业投入应该是主要来源。
>
> 中国西南地区乡村振兴中投入"瓶颈"的解套，或许投入平台建设、人气与财气相互转换最值得重视。

第 10 章　乡村振兴的投入机制的建构

　　没有投入就没有产出，也就没有发展。这个道理每个人都懂。无论搞什么发展，经常令人发愁的是：钱从哪里来？人到哪里去？搞什么事情即项目可以推进发展？在中国西南地区搞乡村振兴，这些问题更加棘手。因此，乡村振兴机制建构，首当其冲的是乡村振兴的投入机制的建构。要逐步解决乡村振兴的投入机制的建构，可能当下应该弄清关于投资的主要理论观点，我们中国西南地区乡村振兴中的投资状况，我们可以作哪些投资选择。

10.1　关于投资的主要理论观点

　　发展经济学有一个重要观点：为了摆脱贫穷，欠发达地区或国家发展之初需要有一个"投资大推进"阶段。投资多少，当然越多越好。但是，欠发达地区或国家发展之初缺钱无法搞"投资大推进"，又形成了缪尔达尔所说的"贫困恶性循环"。不管怎么说，投入尽管困难重重，还是要尽量投入。没有钱是一时的，没有思想将长期受害。重温学习投资的主要理论观点，无论现在我们可以投多少，都是必要的。

10.1.1　罗森斯坦·罗丹理论和哈·罗德-多马模型对乡村发展的意义

　　目前投资理论，已经成为一个有丰富内容、众多学者群的经济学理论方面军。有一种观点认为，目前投资已经形成了八大理论，即垄断优势理论；内部化理论；产品生命周期理论；

国际生产折衷理论;比较优势理论;国际直接投资发展阶段理论;投资诱发要素组合理论;补充性的对外直接投资理论。

关于发展与投资的相关性,从斯密到凯恩斯,都有诸多论述。斯密认为,促进经济增长有两种途径:一是增加生产性劳动的数量;二是提高劳动的效率。"增加生产性劳动",就是增加投资。李嘉图则认为,要使等量劳动的生产效率增加,就要求社会有更大比例用于再投资,从而增加社会资本存量。马歇尔则提出了教育投资的概念。凯恩斯认为,是"需求创造出了自己的供给",所以,要通过国家干预,进行投资才能摆脱危机。

发展经济学是从发展角度来看待投资的。根据发展经济学权威专家谭崇台教授编的《发展经济学的新发展》的观点,发展的理论基础已经从哈罗德-多马模型重视"资本-产出比",发展到了罗默等人的"内生增长"①。

有发展"三驾马车"的说法,即投资拉动、进出口拉动、消费拉动,也有叫"驱动"的。仔细分析,这"三驾马车"是先后启用的,最先启动的是投资拉动;只有当投资形成的生产能力可以支撑进出口后,才会进入进出口拉动;当进出口拉动形成了国民财富与国民收入达到"中等发达"水平后,国内形成了一个数量不小的"中等收入阶层"后,才能进入消费拉动阶段②。

英国著名的发展经济学家罗森斯坦·罗丹于1943年在《东欧和东南欧国家工业化的若干问题》一文中提出,投资大推动理论的核心是,只有在发展中国家或地区对国民经济的各个部门同时进行大规模投资,具体做法是,必须以最小临界投资规模、对几个相互补充的产业部门同时进行投资,才能产生"外部经济效果"。投资大推动理论有三个关键词:最小临界投资规模、同时进行投资、外部经济效果。实践说明,投资大推动理论这三个关键词还是反映了发展规律的。一个地区发展起点低,不进行超过"最小临界投资规模",就不能启动发展。就像久旱的土地,下雨没达到一定的量级,就不能有除旱降温的效果。发展是有关联性的,"同时进行投资",才能使发展的列车奔跑起来。只进行一方面的投资,也没有发展。比如,在乡村振兴中,只修了路,没有其他投资特别是发展产业投资,怎么会有真正的振兴呢!

哈罗德-多马模型的主要内容是研究产量(Y)、资本存量(K)、投资(I)和增长率(G_w)之间的因果链条关系。得出的基本结论是:要使逐年的新投资不断扩大,同时使已有的生产能力始终得到充分利用,才能有保证的增长率(稳态增长率),又称之为均衡增长率。"有保证的增长率",是乡村振兴中一个要花大力气才能解决的问题。市场价格波动、产业项目组织管理技术不熟悉,都使"有保证的增长率"遇到困难。

由此可见,经济发展的阶段性、周期性都是不能省略与违背的。中国西南地区乡村振兴的起点还处于传统到现代转型期,那些看上去不那么"高大上"的理论还管用。中国西南地区乡村振兴需要用罗森斯坦·罗丹的投资大推动理论,还需要用哈罗德-多马模型重视"资本-产出比"。以上经济学关于投资的历史观点,与当下目前既强调投资量,又关注投资结构

①　谭崇台.发展经济学的新发展[M].武汉:武汉大学出版社,2002.
②　宋圭武.大国路径:中国改革真问题探索[M].北京:中国经济出版社,2012.

与效率的观点是一致的。投资量、结构与效率,细究起来是一个层层递进的因果链条。没有一定的经济投资量,任何发展都是不可能产生的。但是,不注意合理的投资结构,一定量或更大量的投资,也不会产生应有的投资效率。在乡村振兴中,每一分钱的投资都来之不易,所以,把投资量、结构与效率尽量统一起来,十分重要。

10.1.2　凯恩斯的投资乘数对乡村发展的意义

投资乘数理论,是凯恩斯理论的重要内容之一。凯恩斯的投资乘数理论,应归纳到大类投资理论中,但是,从发展经济学视角看,凯恩斯的投资乘数理论为我们观察投资与发展的关系,提供了具有操作性的理论指导。

按照凯恩斯自己的定义,投资乘数是这样规定的:当总投资量增加时,所得之增量将 k 倍于投资增量。这里的 k,就是所谓投资乘数,如果写成数学式子,可以用 ΔI 表示总投资量的增量,用 ΔY 表示所得之增量,则可以得到公式:

$$\Delta Y = k\Delta I$$

凯恩斯投资乘数的量化计算,要根据边际消费倾向提供的数据才能计算出来。有人列举说,假定总收入的边际消费倾向为 0.6,即增加的收入中有 60% 用于消费。若增加 100 万元投资,可引起投资品的生产企业增加 100 万元生产,从而使其增加 100 万元收入。其中根据上述边际消费倾向,将有 60 万元用于消费。这又会导致同额生产量的增加,使第二轮增加 60 万元收入,其中又有 36 万元用于消费。这 36 万元的消费支出又会引起同额生产的增加,使第三轮收入增加 36 万元……如此下去,会引起一连串收入增加。

如果看待凯恩斯的投资乘数理论,目前学术界分歧还不小。

有人说,投资乘数理论可以作为拉动内需的理论基础。投资乘数理论是一种研究投资与社会需求之间因果关系的理论。该理论认为,从因果关系上看,增加投资,就能增加需求。从量上看,增加一笔投资,可以引起几倍于投资量的需求。这个由投资造成的需求关系是几何级数反映的,所以称为投资乘数[①]。

有人说,在实际投资中,一笔投资不可能都按乘数规律引起收入的增加。凯恩斯企图通过乘数论来说明增加投资对于解决失业、实现经济繁荣、摆脱经济危机的重大作用,不是必定有效。但是,"投资乘数论"却是资本主义政府实行赤字预算,增加政府投资的理论依据[②]。

凯恩斯的投资乘数理论,单纯纠缠其"乘数"究竟是多少,可能最终答案令人失望,因为地区、产业、发展阶段不同,投资乘数差异很大。凯恩斯的投资乘数理论,细究起来未必算是理论。我们关注的是,"投资与社会需求之间因果关系",及其对中国西南地区乡村振兴的理论指导作用。根据这个关系的观点,增加投资,就能增加需求;增加一笔投资,可以引起几倍于投资量的需求。因为,乡村振兴必须、必然要带来粮、畜、果、蔬等农户品供应,农产品是满

———————————

① 孙雅娜.外商直接投资与中国经济增长[M].北京:经济管理出版社,2009.

② 刘长根."投资乘数"理论的再认识:兼与陈彩虹同志商榷[J].中南财经大学学报,1990(6):100-103.

足人们需求的,这种需求受个人与群体消费力与"吃、穿出健康"的经济及自然双重规律制约。有人问:"生产出来,有人买吗?"这是个严峻但事实可以解决的问题。增加一笔农业投资,可以引起几倍于投资量城市的需求,倍增了我们乡村振兴信心!当然,实践证明,投资增加需求,是有条件的。这种条件有三个:一是技术,二是深加工,三是有能力开发市场。以色列的西红柿成功,就反映这三个条件。以色列农民生产那么多西红柿肯定以色列国内市场消化不了。但是,以色列通过技术使西红柿保鲜期提高到了90天,以色列有65%的西红柿通过深加工出口创汇7亿美元,每年蔬菜有50%出口消费。

10.1.3　合作社的投入视角

合作社也称协作社,最先是法国空想社会主义者欧文的一种构想,并未付诸实施。

现在世界上公认的第一个最成功的合作社,是1844年在英国的罗奇代尔镇由28个失业纺织工人自发成立的"公正先驱者消费合作社"。当时每人出资1英镑作为一股,共28英镑,后来逐渐发展壮大,社员增加到近3万人,股金增加到40万英镑。可见,合作社一开始就不仅具有组织功能,同时也发挥筹资投入的功能。

国际合作联合组织,是一个非官方的国际组织。1895年在英国伦敦成立,现总部设在瑞士的日内瓦。

中国历史上第一个合作社产生于1918年,是由北人倡导合作思想的胡钧教授及其学生们共同组织创办的"北大消费公社"。1922年9月,毛泽东同志在安源创办的"路矿工人消费合作社"是中国共产党领导下的第一个合作社。

新中国成立后,我国普遍实行了合作化道路,在城镇和乡村组织成立了供销合作社、消费合作社、信用合作社、生产合作社和运输合作社。到1955年,农业、商业或手工业的合作化都有了比较快的发展。但是由于后来中央的路线转到了全面实施社会主义改造,在长达20年的人民公社体制下,受行政性计划经济的影响,使农民合作经济组织日益向意识形态和政治组织变质,越来越不适应经济发展的要求。

改革开放以后,农村实行家庭联产承包责任制,随着市场经济的发展,农业和农民的弱势地位在市场的面前表现得日益明显,一家一户的分散经营很难抵御市场风险。在这种情况下,农民便选择了抱团、合作。1982年,安徽省天长县界牌镇17户农民联合创办了改革后我国第一个新型的农民合作组织——水产研究会。20世纪90年代以后,各地积极探索发展和完善各种合作经济组织。除原有的社区合作经济组织、供销合作社、信用合作社得到一定程度的发展和完善外,各种以民主平等、自愿互利为原则的农民专业合作社、专业协会、股份制合作社等农村新型合作经济组织大量涌现,发展迅速。2006年10月31日,第十届全国人民代表大会常务委员会第二十四次会议通过了《中华人民共和国农民专业合作社法》。从此,从法律上规范农民专业合作社的组织行为,对保护农民专业合作社及其社员的合法权益,促进农业和农村经济的发展,起到了重要作用。

合作社的研究,一般是从组织制度视角较多。这样看待合作社,就把它作为与家庭、企业一类组并列。

我们认为,亟须创新对合作社的研究,从投入视角研究合作社。也就是说,对合作社的研究,要从经济学即经济发展视角来研究。从经济学即经济发展视角来研究合作社,合作社就成了一个资本聚集平台,在农村赋予农民合作社以法人地位,才有了经济学的理论根据。有了成熟的企业法人制度,为什么在中国农村还要采取合作社来聚集资本?这可能是因为合作社比企业法人有更大灵活性。因为,企业法人制度的基础是明确产权,也是产权基础上的生产要素经营,合作社可以在没有产权关系的生产与经营任意环节可多可少的"合作"。这种研究,对于欠发达地区的乡村振兴十分重要。因为,包括中国西南地区在内的欠发达地区,合作社事实上都起着投入机制的作用。

从投入视角研究合作社,学术界一些同志已经在这方面取得了值得关注的成果。2014年,浙江大学出版社就出版了程恩江、刘西川同志著的《农业合作社融资与农村合作金融组织发展》。2019 年《农业经济》杂志也发表了陈靓秋题目为"农业合作社自主筹资模式探讨"文章。文章说,纵观世界农业发达国家,无一不是通过建立农业合作组织,来克服小农生产和大市场之间的矛盾。我国农业合作社发展过程中最大的瓶颈,就是资金短缺和筹资困难问题。我国政府财政压力较大,在现阶段单靠政府财政支持农业是不现实的。国外发达国家的经验证明,合作社自主筹资的效率最高,因此,对我国农业合作社自主筹资模式需要探讨。从中国现阶段来看,合作社的筹资模式存在很大的地区差异。比如,江苏合作社主要通过无担保、无抵押、弱抵押、弱担保模式筹集资金;重庆则是创投基金+金融贷款;浙江是联社互相担保;等等。

10.2 乡村振兴中投入架构分析

投入有一个"有钱、无钱"问题,还有一个"有没有投资渠道"问题。我们对"有钱、无钱"问题关注得多,投资渠道与效果关注少。中国西南农村既发生过"有钱、无钱"的问题,也发生过"满天是飞机,地下无跑道"。要梳理党政机关无偿授助、市场经济有偿资金,都要根据出资人(行政型、企业、村民)的需求、特点、培养更多乡村振兴"跑道"。

10.2.1 中央关于乡村投入文件的梳理

改革开放 40 年来,在深化农业农村改革的各个重要阶段,国家都适时出台了与之相适应的支农政策,政策、科技、投入是农业和农村持续健康发展的三大重要动力源。1989 年中国政府设立了"支持农村发展资金"制度。国务院印发《关于建立农业发展基金增加农业投入的通知》,将农业发展专项资金更名为农业发展基金,规定从耕地占用税、国家预算调节基金、乡镇企业税收、农林水特产税等财税收入中提取一定比例,用于改善农业生产条件,推动粮食生产。这一时期,国家财政支农投入由 1980 年的 150 亿元增加到 1989 年的 265.9 亿元,占财政总支出的 9.22%,年均增长 6.5%。1993 年第八届全国人大常委会第二次会议审议通过的《中华人民共和国农业法》规定,"国家逐步提高农业投入的总体水平。国家财政每年对农业总投入的增长幅度应当高于国家财政经常性收入的增长幅度"。这是政府的财政支农政策首次转化为国家法律规范。1994年,国家实行财政分税制体制改革,农业综合开发资金替代了原来的农业发展资金。2002年,全国人大常委会修订《农业法》,将关于农业投入增速的规定修改为"中央和县级以上地方财政每年对农业总投入的增长幅度应当高于其财政经常性收入的增长幅度"。2004年,中央财政建立支农专项补贴制度,实行农民收入、良种、农机具购置三项补贴,2006年在三项补贴基础上增加农资综合直补,2015年将前三项补贴合并为农业支持保护补贴。

全国农业与农村委员会副主任刘振伟在《建立稳定的乡村振兴投入增长机制》中说,自1993年农业法对农业投入增幅提出法定要求以来,全国一般公共预算农林水支出稳步增长,由1993年的440.5亿元增加到2018年的20786亿元,26年间增长了47倍。

目前普遍感觉是,中央支持农业农村发展资金总量不小,但是,资金来源过于分散,不利于资金作用的发挥,于是有了支持农业农村发展资金的整合使用或"捆绑使用"的探索。比如,2004年以来,陕西省平利县统筹捆绑各类资金1040多万元,其中扶贫项目投入266万元,解决了8个村5.2千米道路硬化和民居亮化问题;县计划局、交通局投资180万元,修建了5座便民桥;水利局投资90万元解决了4个村的人畜饮水问题;林业局投资80万元,加大治山力度,提高了植被覆盖率;农业局投资46万元,为重点村配套建设沼气池,扶持发展茶叶、绞股蓝主导产业;财政局在资金配套政策计划外另从预算渠道安排60万元,以弥补道路硬化及民居亮化工程补助资金的不足,形成了"钱往一处使"的喜人局面。国务院发布《国务院关于探索建立涉农资金统筹整合长效机制的意见》(国发〔2017〕54号),文件说,针对当前涉农资金多头管理、交叉重复、使用分散等问题,优化顶层设计,创新体制机制,完善政策措施,不断提高涉农资金使用效益。支持连片特困地区县和国家扶贫开发工作重点县把专项扶贫资金、相关涉农资金和社会帮扶资金捆绑集中使用。

目前,亟须探索国家支农资金与发挥金融在乡村振兴中的作用相结合的问题。土地和惠农金融服务政策释放的红利。比如宅基地的"三权"分置改革,全国有近3亿亩宅基地,1/3闲置,农民的宅基地与房屋过去不能抵押贷款,现在改革试点的地方都可以了,这为未来农村的建设提供了很好的制度保障。"允许通过村庄整治、宅基地整理等节约的建设用地采取入股、联营等方式,重点支持乡村休闲旅游养老等产业和农村三产融合发展。"这些土地政策的突破,都可以给农业农村发展导入不少资金。

10.2.2 企业对乡村振兴的投入

目前,乡村振兴中企业投入还没有普遍开展起来。但是,也有一些影响力较大的企业在乡村振兴中的投入起了很好的示范作用。我们都知道,脱贫攻坚与乡村振兴相当于一部戏的序曲与高潮一样,没有脱贫,乡村振兴的高潮就无从说起。因此,无论是国有企业,还是民营经济,目前重点是参与三年脱贫攻坚。

2019年8月29日,中央台电视台"新闻联播"报道,国有企业对农村脱贫攻坚投入达57亿多元人民币,帮助91万多人初步摆脱了贫困。

万达集团以"包县扶贫"的模式,参与乡村振兴。万达集团创造了以产业集聚山东省云谷玫瑰小镇、浙江嵊州蓝城农业小镇、贵州省丹寨县"三结合"的万达小镇(教育、旅游产业、扶贫基金),"以镇为基础的乡村振兴模式"。

特别要指出的是,万达集团在中国西南地区乡村振兴中的参与度是最深的。2014 年 12 月 1 日,万达集团"联姻"贵州正式与丹寨县签署扶贫协议,实施"企业包县,整体脱贫"的扶贫新模式。历时三年,总投入 15 亿人民币,万达集团董事长王健林说,"这既不是简单捐款,也不只是投资建厂。"万达以打造特色小镇为"重中之重",在打造旅游新 IP 的理念下,丹寨万达小镇应运而生。这是一座以苗族、侗族传统建筑风格为基础,以非物质文化遗产、苗侗少数民族文化为内核,集"吃、住、行、游、购、娱、教"为一体的民族风情小镇。小镇引入石桥古法造纸、苗族锦鸡舞、生态蜡染、芒筒芦笙、卡拉鸟笼等丹寨县 7 个国家级和 17 个省级非物质文化遗产,设有数十家民宿客栈和万达影城在内的等 200 多个品牌商家,带动全县旅游产业发展,直接或间接创造丹寨上万人就业。截至 2017 年 11 月 23 日,丹寨万达小镇自开业以来,143 天时间累计客流量达 265.3 万人次,实现旅游收入 17.78 亿元。一时之间,丹寨万达小镇成为企业扶贫典范、乡村振兴的标杆。

目前,主要是要使广大企业认识到乡村振兴中蕴藏着的巨大商机。因为,企业参与乡村振兴,要实现乡村振兴与企业盈利双赢才能持久下去。全国政协、中国科协组织的农业农村调研后认为,企业在乡村主要通过解决农户、合作社"小生产与大市场"的矛盾,可以实现乡村振兴与企业盈利双赢。解决"小生产与大市场"的矛盾,为什么就能乡村与企业双赢? 奥妙就在把蛋糕做大。这是基础,最重要,也很不容易。需要想到好点子,懂得新技术,会算经济账,还要能筹资,添置新设施。这些事情,光靠农民自己,是很难做到的。单个农民不行,把全村农民简单集合到一起,可能也不行。因此,农民需要外力,这个外力,要有能把蛋糕做大的所有条件,只能是企业。我们在湖南考察了好几个稻谷合作社,这些合作社,都有一个牵头企业——都是涉农企业,包括稻谷种子公司、稻谷加工企业、农资流通企业等。在陕西梅县考察猕猴桃的种植,该县猕猴桃协会的负责人,同时就是一个猕猴桃种植、收购、储藏和销售的大型企业董事长。这些实例,就说明了这个乡村经济学的这个道理。

10.2.3　"三变改革"生成的投入

所谓"三变改革",就是"资源变资产、资金变股金、农民变股东"。资源变资产是指将合法的集体土地、林地、林木、水域、湿地和闲置的房屋、设备等资源的使用权,通过一定的形式入股到新型经营主体,取得股份权利;资金变股金是指将各级各部门投入到农村的发展生产和扶持类财政资金(财政直补、社会保障、优待抚恤、救济救灾、应急类等资金除外),按照各自使用管理规定和贫困县统筹整合使用财政支农资金、资产收益扶贫等国家政策要求,量化为村集体或农户持有的股金,集中投入到各类经营主体,享受股份权利,按股比获得收益;农民变股东是指农民自愿以土地(林地)承包经营权、林木所有权、集体资产股权、住房财产权(包括宅基使用权),以及自有生产经营设施、大中型农机具、资金、技术、技艺、劳动力、无形资产等各种生产要素,通过协商或评估折价后,投资入股经营主体,享有股份权利。10 个步骤分别为:建立工作班子、制定工作方案、宣传动员培训、清查核查资产、明晰产权归属、评估资产价值、公开公示结果、接受审查验收、建立资产台账、健全管理制度。2017年中央一号文件肯定了"三变"改革，指出，从实际出发探索发展集体经济有效途径，鼓励地方开展资源变资产、资金变股金、农民变股东等改革，增强集体经济发展活力和实力。

"三变"改革极大激活了农村资源要素，有力推动了农业结构调整和农村经济发展，加快了脱贫攻坚和农民增收致富的进程，成为具有标志性意义的制度创新成果。这一制度创新成果已经在全国各地陆续推广开来了。

"三变"改革的发源在中国西南地区贵州省盘州市。贵州省盘州市舍烹村先试先行的"三变"改革让农村资源变活，村庄变美，农民变富。"三变"的发起人叫陶正学。陶正学16岁走出大山在外打工闯荡，开过货车、办过选煤厂……在乡村振兴的感召下，陶正学决定回到老家发展生态农业。他认为，"煤炭总有一天会没有的，只有绿水青山才是子孙后代取之不尽的财富。"凭着对家乡的了解和经营经验，陶正学发现，舍烹村穷的原因就在一个"散"字：资源散、资金散、思路散。而把这"三散"串起来的纽带就是"股份制"，陶正学开始探索资源变资产、资金变股金、农民变股东的"三变"改革①。

西北农林科技大学经济管理学院教授王征兵也对"三变"改革的不完善地方提出了"五大难题"②。

（1）致富项目难选。农民把资产、资金和人力投入到集体经济中，目的是保值增值，但在大部分农产品过剩、农产品价格低迷的情况下，经营什么项目才能赚钱，这是目前农村"三变"改革的头等难题。

（2）农产品难卖。最近几年农产品营销成为头等问题。集体经济组织怎么能超越农业企业、家庭农场或个体大户？

（3）经营管理人才难寻。如何说服农民、达成共识，需要高超的管理能力；如何让集体资产保值、增值，则需要非凡的经营能力。

（4）财务监管难信任。许多农民对农村集体经济财务的真实、客观、透明表示怀疑，这也是他们对参与"三变改革"积极性不高的主要原因。谁来监督集体经济的财务，谁能堵住财务漏洞，这是农村"三变改革"中的又一道难题。

（5）赚了钱难分。在集体经济中，每个农民贡献的方式不同，有的投入资产多，有的投入资金多，有的投入人力多，每个人都希望自己的要素回报高一些。所以，集体经济即使赚到钱，如何合理分配真是一道难题。

王征兵教授的观点有一定的道理。出路何在？在"三变"改革基础上进一步深化改革、创新发展。一个具体制度，只能解决一个方面的问题，必然留下历史老问题没能解决、或者是新出现问题未及解决。当年联产承包，只能解决增产问题，没办法解决增收问题。我们正是在稳定承包制基础上，不断深化改革、创新发展，逐步解决农村增收问题。

---

① 冷桂玉，等.探访中国农村"三变"改革发源地："三变"带来山村新生活[EB/OL].中国新闻网，2018-11-10.
② 王征兵.农村"三变改革"面临的五大致命难题[EB/OL].搜狐网，2018-02-22.

10.3　中国西南地区乡村振兴的投入创新选择

本节主要分析中国西南地区投资"短板"。市场投入比例太小、乡村金融"中梗阻"、人气财气转换障碍，可能是值得关注的问题。

10.3.1　增强市场投入的比重问题

为了研究中国西南地区乡村振兴，梳理关于通过市场机制投入农村的资本特别是资金状况，发现了一个研究角度重大创新：过去我们说发展农村，总是指责企业对农村投资少了。但是，在乡村振兴中研究市场向农村投入问题，不是死抠投入了多少钱，而是问"农村市场发展得怎么样？农村市场有吸引力吗？"这两个问提得好！如果农村市场没有发展起来，就像没有汽车的公路一样，硬逼汽车往没有路的地方开，这不是人为制造事故吗？如果农村市场没有吸引力，通俗说是"企业赚不到钱"，市场投入怎么会往农村去呢？

农村市场的构建和提高吸引力，依靠谁去建设农村市场？城市的企业要到农村去建设市场和提高吸引力。到农村去建设市场和提高吸引力，不要认为是去躲风险、"糊弄农村人"。以河南长葛市的一个叫大周镇地方开超市的事例，说明应该如何去开发农村市场、向农村投入的问题。得出具有经济学意蕴的结论是：要脚踏实地投资农村，为农村消费者提供低价但必须是高品质的商品与服务。

大周镇很早年就被授予"中州名镇"称号，还有年度纳税额好几千万的民营企业，目前已有 3 000 平以上超市两家。阿里巴巴超市经营的基本做法是两条：(1)投资乡村超市，别人都在"一切从简"，我偏要高大上。(2)像城市店那样，把品类齐全、甚至"全品类"的商品服务提供给农村消费者。这两个办超市的理念通过商品配置结构反映并落实：商品配置结构具体为五大品类：分为家纺、鞋袜、洗化、礼品、包装食品。关键是确保正品，对抗假货。这样就直击了乡镇消费者的痛点，准确把握住乡镇市场需求潜力。

农村市场开拓是一场持久战。所以，农村市场开拓、对农村的投入要与消费热点一致，这样才能事半功倍。有人认为，农村市场消费热点目前可能有三个：通信、水利、人居环境改造。

农村信息基础设施建设开始大幅提速。农业农村部拉上中国移动、中国联通、中国电信三家运营商组成"全国农民手机应用技能培训联盟"。工信部又在 2004 年组织电信运营商启动"村村通工程"。2004 年至 2015 年，基础电信运营商共投入 900 多亿元，为 21 万个行政村和自然村接通电话，并为 15 万个乡镇和行政村接通宽带。其中，中国移动在 10 余年间投入 450 亿元，建设基站 6.2 万个，累计为 7.7 万个自然村提供电话服务。中国电信科技委主任韦乐平也曾调侃："西部边远地区建设的宽带，100 年都无法回收成本。"偏远地区建一个无线基站的成本已近百万元，加上长期的运营和维护，成本更高。怎么办？2015 年 10 月的国务院常务会议提出改革创新电信普遍服务补偿机制，国务院计划总投入 1 400 亿元，力争到 2020 年实现约 5 万个未通宽带行政村通宽带,为 3 000 万农村家庭提供宽带升级,并逐步实现无线网络覆盖。财政部开始为农村宽带提供补贴基金,西部补偿成本 35%。在各方努力下,资金成本未必能成为掣肘,2015 年年底,中国移动现金流 340 亿,而电信、联通现金流则分别为 215 亿、446 亿。

2017 年各省农村污水市场空间将达 1 400 亿。当前还有 1.6 亿户农户未实现污水处理,粗略计算还需要投入 1.6 万亿元。农村污水处理的资金问题,要如何解决?国务院办公厅印发的《关于创新农村基础设施投融资体制机制的指导意见》中强调,在投融资方面,允许地方政府发行一般债券支持农村道路建设,发行专项债券支持农村供水、污水垃圾处理设施建设,探索发行县级农村基础设施建设项目集合债。

人居环境改造项目很多,主要包括推进垃圾治理、"厕所革命"、污水处理和农村面貌提升。人居环境改造市场空间有多大?河北省隆化县累计投入资金 1 500 余万元,新建垃圾填埋点 55 个,已有 177 个村交付第三方清运,聘用保洁员 576 人,其中贫困群众 254 人,每人每年增收 1 万元以上。

10.3.2 乡村金融问题

研究中国西南地区乡村振兴的投入创新选择问题,不能不说到乡村金融问题。但是,中国目前学术研究视野、特别在经济学研究中特别突出"要么宏观太大,要么微观太小",行业、不同区域基础研究资料不足。所以,搜集西南地区金融资料太难,只能"从全国看西南"。

2018 年 2 月 26 日,《经济日报》用一个图示形象地反映了乡村振兴中的金融需求,如下图所示。

从图中可以看出,最近三年金融机构对乡村振兴的贷款余额即贷款总额就超过 10 万亿元人民币,说明金融支持乡村振兴的实力还是比较强的。

2019 年 2 月 11 日,人民银行、银保监会、证监会、财政部、农业农村部日前联合印发《关于金融服务乡村振兴的指导意见》(以下简称《指导意见》)。《指导意见》强调,要以习近平新时代中国特色社会主义思想为指导,紧紧围绕党的十九大关于实施乡村振兴战略的总体部署,坚持以市场化运作为导向、以机构改革为动力、以政策扶持为引导、以防控风险为底线,聚焦重点领域,深化改革创新,建立完善金融服务乡村振兴的市场体系、组织体系、产品体系,促进农村金融资源回流。

实施乡村振兴战略,是党的十九大作出的重大决策部署,是决胜全面建成小康社会的重大历史任务。乡村振兴离不开金融"活水",所以,从基层金融到中央银行都应该积极、主动引导金融机构,不断创新服务,为全力推进农业产业化进程、切实提升服务乡村振兴能力和水平作出应有的贡献。

现在需要做的是"双向发力"。即开拓农村金融市场、引导金融资源向农村回流。"双向发力"这两个方面都有许多老大难问题,农业发展亟须金融支持,金融机构不敢向农村发放贷款。

金融支持乡村振兴,农村金融主力军为农业银行、农村合作银行、农业发展银行、农村商业银行,还有新兴为农村进行服务的金融机构,比如,农业保险、村镇银行。

其余可以为乡村振兴服务的金融机构都是成熟型了,唯有村镇银行历史相对短,"叫好与说问题"的声音都不少。

2012 年 3 月 28 日,国务院总理温家宝主持召开国务院常务会议,决定设立温州市金融综合改革试验区。"十二条"改革路径中,就有一条提出,"鼓励和支持民间资金参与地方金融机构改革,依法发起设立或参股村镇银行、贷款公司、农村资金互助社等新型金融组织,符合条件的小额贷款公司可改制为村镇银行。"2006 年 12 月 20 日,全国银监会出台了《关于调整放宽农村地区银行业金融机构准入政策,更好支持社会主义新农村建设的若干意见》,提出在湖北、四川、吉林等 6 个省(区)的农村地区设立村镇银行试点,全国的村镇银行试点工作从此启动。

村镇银行当时要解决的农村金融问题是:每个镇(乡)分布银行业金融机构网点 3.56 个,显然与农村发展的金融需求不适应;中国还存在 2 868 个"零金融机构乡镇",其中 2 645 个在西部地区,占全国总数的 80%。

2007 年当年,新设立村镇银行 19 家,2008 年年末,共建立村镇银行 91 家,比 2007 年增加 72 家,2009 年村镇银行开设的速度减慢,共建立 57 家,共为 148 家。截至 2013 年年末,全国共组建村镇银行 1 071 家,其中开业 987 家,筹建 84 家。村镇银行遍及全国 31 个省份,覆盖 1 083 县(市),占县(市)总数的 57.6%。截至 2014 年 12 月,全国共有村镇银行 1 547 家。

村镇银行这样的金融"小超市",具有决策链短、信息传导迅速、贴近市场、贴近客户等诸多优势,与"支农支小"实现无缝对接,成为促进县域经济发展的生力军。数据最有说服力,2015 年 9 月末,葫芦岛市的 4 家村镇银行资产总额 63.8 亿元,实现净利润 0.66 亿元。"支农支小"贷款余额 19.61 亿元,同比增加 6.36 亿元,比 2015 年年初增长 41.09%。

但是,村镇银行带来的金融问题与金融风险也不能视而不见。比如,利率市场化对村镇银行盈利能力提出挑战;与大中型银行形成同质化竞争;农业供给侧结构性改革融资需求量增加与村镇银行贷款能力的矛盾;等等。怎么办? 还是只有从改革中找出路! 2018 年 8 月

27 日,中国银行及新加坡富登金控就联合收购建设银行于北京金融资产交易所公开转让的 27 家村镇银行股权事宜与建设银行签订股权转让协议。可能是村镇银行在改革中解决自己面临问题的一次探索。

乡村振兴中的金融支持,既是关系发展起步、发展进程加快的重要问题,又是最难的问题。"难"就在于现行金融制度都是以城市、实体工业企业为蓝本设计的。城市现行金融制度与知识、服务业成为主导产业发展不适应,要改革。实事求是地讲,农村金融支持难就难在没有从中国农村实际出发的制度设计。照搬过时了的城市、实体工业企业一套去搞农村金融,不难才怪! 由此可见,解决农村金融支持难,还是要依靠创新改革,搞出一套从中国农村实际出发的制度设计。

10.3.3　人气与财气的转换问题

宋代著名政治家王安石说,因天下之力,以生天下之财;取天下之财,以供天下之费。这句话翻译成现代汉语是:用天下人的力量,创造社会财富;国家通过税收,满足社会运转对财富的需求。王安石这句话,也是反映了人与财富的关系。

包括中国西南地区在内的农村,为什么还存在贫穷落后? 人气不旺,也就是"进出的人流"太少。城市为什么是现代经济的聚集地? 因为每平方千米聚集了 1 万人左右! 有句话说"钱随人行"。没有大量人进出流动地区,经济和社会发展也会受到很大障碍。因此,乡村要振兴,必须提高乡村的人气!

目前乡村增加人气的主要办法是发展乡村旅游、休闲、养老等产业。乡村旅游是增加乡村"人气"的主要途径。比如,河南封丘县以相思文化为吸引点,提高名气;以乡村旅游为切入点,引来人气;以文化产业为落脚点,聚集财气,实现相思文化产业园区的可持续发展。到封丘"游"什么? 古文化"相思"。农业产业看树莓和金银花。封丘凭借优美的生态环境和丰富的生态资源,先后获得了"中国树莓之乡"和"中国金银花之乡"称号。封丘县树莓种植面积已突破 3 333.33 公顷;金银花种植面积在 6 666.67 公顷以上,获国家原产地认证和中药材 GAP 认证,是国内金银花生产第一县;封丘还是全国电子商务进农村示范县,建设了电子商务园区和电子商务综合服务中心。

"人气与财气的转换",可能包含着中国特色、中国人的经济智慧。在西方经济学的视野中,"财气"即效率、利润,是资本产物,与人没有关系。中国乡村振兴许多事实说明,聚了人气,也就增加了"财气",即效率、即利润。怎么看待、解释这个现象? 可能难倒西方经济学者,中国经济学人不应该感到怪哉!

> 经营存在全依赖行为，名义上是组织行为，一切行为的导演都是人，特别是人才。要把研究经营与人、特别是人才挂钩。
>
> 中国西南地区乡村振兴中的经营机制建构，行为能力、善于与"陌生人"在共同利益范围、原则下合作，可能是最要紧的。

第11章　西南地区乡村振兴的经营机制建构

经营机制主要是关于组织、利益、人三者之间的关系。其中，关键在人，导向问题。人与组织之间关系的是决策的问题；人与利益之间是发展、激励、约束的匹配与对称问题。从组织、利益、人三者之间关系视角来看，西南地区乡村振兴中经营机制的建构，要从西南地区农村过去与市场经济体制关系疏远、要从利益切入，就像邓小平同志说的"发展才是硬道理"，推动阻碍发展、影响把"利益蛋糕做大"的决策和人的有关问题逐步解决。本章力图通过"关于经营机制的重要观点"，为这个切入点选择提供理论依据，进而对西南地区乡村的经营机制状况分析，并提出"经营机制选择"的几点建议。

11.1　关于经营机制的重要观点

什么是经营机制？是讲经济行为的。但是，对行为可以从现象与本质两个层面来看。从现象看，一切社会行为都是有组织行为。传统社会皇帝诏书、商号票据，都不是个人名义行为，而是政治或经济组织行为。现代社会中，从议会议案到总统等元首行政命令，从企业文件到合同文书，都盖有大红图章，更是组织行为。可是，从本质看，皇帝或商号本身会行文行令吗？如果现代政府或企业只有一栋建筑或机器设备，空无一人，这些地方会由建筑物发布法令或签订合同吗？这些是谁干的？是人。当然，每项职业与岗位有不同的知识及技能要求，当一个合格总统与经营好一个企业，个人修为区别蛮大的。但是，无论古代皇帝或商号掌柜，现代总统或老板，都是人。同样是皇帝，秦嬴政与唐李世民同是皇帝，差别还是不小；试想今天美国总统不是特朗普，而是希拉里，同样的事情可能处理形式与风格差别也不小。所以,我们主张乡村振兴中建构经营机制不要在概念、现象上兜圈子,抓本质,突显人在经营机制中的作用。我们围绕经营机制的核心是经济主体的行为,人的行为并非完全不可捉摸、"是一团混沌",从行为结构解剖可以把握行为规律,我们需要在乡村振兴中建立能解决问题的经营机制。

11.1.1 经营机制的核心是研究经济主体的行为

2016年9月,中央农办领导考察江苏省无锡市阳山时,给予2012年开始的田园综合体高度肯定。2017年的中央一号文件,将"田园综合体"写入文件之中。随后,中华人民共和国财政部发布《关于开展田园综合建设试点工作的通知》,全国有18个地方开展了"田园综合体"试点。2019年1月10日,《中华时报》在一篇关于介绍"田园综合体"的核心含义时说,田园综合体是农民以合作社为载体,参与受益,合作社是集创意农业、循环农业、体验农业为一体的平台。

由此可见,"田园综合体"、农民合作社,都是为影响、改变、创新农民这个主体经济行为的平台、工具。

研究经济主体的行为,本来也是"主流经济学"的一贯主张,只是这个主张容易被一些经济现象分析的数字公式、模型之类的工具性东西掩盖了。亚当·斯密《国富论》中的"经济人假设",就表示没有人、不研究人,就没有经济学。马歇尔开创了用高等数学公式、模型之类工具分析经济现象,但是,马歇尔在《经济学原理》中明确说,经济学也是研究人的学问。凯恩斯有效需求是人的需求,不是机器的需求,萨缪尔森在《经济学》教材中,把企业、政府、居民并列为三大主体等。但是,值得指出的是,经济学从教材到论文讲企业主体多,讲个人主体少,至多从购买者即"消费心理学"视角研究较多一点。

我们认为,从经济学基本理论上讲经济主体特别是个人情绪应该重视张维迎教授的《市场的逻辑》[①]。市场经济与人到底是什么关系?这方面还缺乏充分探讨。亚当·斯密《国富论》中的"经济人假设",说明了市场经济是符合人性的经济。但是,为什么对市场经济感情上不能接受、具体问题上骂市场经济的还不少?我们认为,张维迎教授在《市场的逻辑》中阐述了一个观点:市场经济符合人性、常常违反人们情绪。所以,"端起碗吃肉,放下筷子骂娘"现象反复出现。市场经济怎样违背人的情绪?比如,张维迎教授的《市场的逻辑》中说,市场经济有两个特征:一是在竞争中为他人创造价值,二是陌生人之间的分工合作。"他人"、"陌生人",人们在接受时情绪容易"非理性情绪化"。既然是"他人",凭什么要为他造出质优价廉产品,如果受"非理性情绪化"支配,很容易认为"这不是犯傻吗?"既然是"陌生人",凭什么跟他合作,还要处处听他指挥!

张维迎教授在《市场的逻辑》中提出"学会理性思考",重要方面是人处理经济问题时不能受情绪化支配。如果受情绪化支配,就会处处从个人角度患得患失;不考虑可行性,陷入乌托邦式的幻想;用感觉代替事实;纠缠于过去恩怨,不能"向前看",共同努力把蛋糕做大。

---

① 张维迎.市场的逻辑[M].上海:上海人民出版社,2009.

"情绪化支配"是经济理性的大敌。为什么人的个体、群体都容易受情绪化支配？冷静分析，还是不能正确处理个人与集体、眼前与长远特别是看得见的可能是虚幻小利与未来才可能得到的大利关系。为什么金融诈骗、网络谣言，总要引起一些上当或情绪化激动，专家分析反复强调骗子抓住了一些人贪小便宜、希望"一夜暴富"的人性弱点！

主体行为研究，最早在学术领域开展这项研究的是心理学。法国人莫里斯·梅洛-庞蒂的《行为的结构》，是学术界认可的权威著作①。莫里斯·梅洛-庞蒂认为，人的行为结构是一个有秩序的反应行为的有影响力的系统。无论是人的个体或群体行为，关键是定位导向下行为结构性的联结、行为综合性的动态均衡。

这里的"定位导向""行为综合性的动态均衡"很重要，如果定位不正确，行为必然失去均衡，各种极端化的思想、行为，会引导人掌握不了自己，做出各种非理性行为，伤害乃至毁灭个人、甚至惹下弥天大错。2019 年，香港那些破坏法制、危害社会、参加游行示威的人，不就是非理性的活教材吗？我们认为，经济主体的行为如果能够顾及个人与企业影响力，坚持有秩序的反应系统，采取正确定位下的行为联结，注意行为综合性与动态均衡，用这些行为去经营、发展，市场经济中就不会出现人们不愿看到、但反复出现的经营"行为乱象"。

11.1.2　经济主体的行为的结构的"动态均衡"定格化

有一句谚语说：世界上最难读懂的一本书就是人。为什么？因为人的思想、心理、行为横向具有复杂的多面性、纵向具有云彩一般可变性。但是，人无论是个体或群体行为是可以规范的。包括经济学在内的法律、道德、政治、社会学等各门社会科学都花了不少精力，研究如何才能规范个体或群体（经济上主要是企业法人）的行为问题。

经济学对规范个体或群体的行为有些什么主要研究成果，并对中国西南地区乡村振兴有启发意义？我们认为主要有四个层次值得重视。

第一个层次是货币规范。西美尔关于货币是解放人的工具，凯恩斯有支付能力的"有效需求"，可以看作是对人们行为规范的经济学努力。人的思想、行为都具有很大的不确定性，但是，人的经济行为归根到底要"落地"到有支付能力的"有效需求"。如果不能"落地"到有支付能力上，行为就不具有经济影响力。

第二个层次是合理主义。个体或群体行为固然多变、充满了不确定性，但对变化总趋势要有一个正能量的估计，并促进向这个正能量估计的总趋势变化。人的行为变化的总趋势是什么？越来越好。不然，社会、经济也不会发展了。这个总趋势的经济学表述是什么？我们认为，可以用马克斯·韦伯在《新教伦理与资本主义精神》中的"合理主义"来表述。韦伯高度赞扬了"新教徒"合理主义行为变化对社会发展的促进作用。韦伯写道，受穷就是给上帝丢脸。于是学工商管理的就去创业，学技术的就进厂做工，社会也就发展了。

第三个层次是动态均衡。合理或是不合理怎么衡量？动态均衡就是标准。我们反对把数学方法看作是经济研究唯一方法，把数字公式、模型神化，但是，我们也要肯定数学方法及

① 莫里斯·梅洛-庞蒂.行为的结构[M].杨大春,张尧均,译.北京:商务印书馆,2010.

其数字公式、模型在经济研究中的应有作用。这个作用是什么？就是实现动态均衡。经济学的供应曲线、消费者曲线等公式、模型，都是说经济过程是各种参与要素量的变化，无论怎么变化，我们的任务是找到动态各种量的交叉点即平衡点。个人或企业无论有多少行为，将来行为有多少变化，必须找到各种自己、他人行为并与市场环境兼容的一个交叉点即平衡点。否则，要么损人不利己、要么害人害己、甚至自我毁灭！

第四个层次是建构一个好的经营机制。经营，在汉语中首先讲人的谋划，并采取正确的行动使这种谋划实现。西方讲经营，基本上把人的谋划抹去了，经营就剩冷冰冰的管理了！要在经营上综合中国智慧与西方观点。讲经营首先讲谋划，再讲管理的及其行为。讲谋划，才能在经营中嵌入合理主义、动态均衡这些人的行为的决定方向、命运的东西。这样结合，能通过谋划使行为少走弯路，本来行为就是对的，又通过管理，使行为具有规范、确定性。

我们在进行乡村振兴的调研中发现，尤其在中国西南地区这样相对落后的农村，一说"振兴"、"发展"，相当的干部、村民不约而同地说："还是要搞到钱才算数！"经营、行动，如果简单地归结为两个字"搞钱"是十分危险、不可持续的。只有在一个有合理主义、动态均衡本质内涵并外化为经营机制上"搞钱"，才是具有规范、确定性的，因而才能推动乡村发展、村民可持续增加收入，这才是乡村真正的"振兴""发展"。

11.1.3 构建以解决问题为中心的经济主体行为结构

国务院研究中心副主任马建堂博士，是从经济学角度研究企业主体的经济行为的学者。我们认为，莫里斯·梅洛-庞蒂从心理学角度研究行为，看到的是一个主体"自己的"刺激-反应机制；从经济学角度对行为研究，马建堂博士的创新贡献，是在问卷调查掌握实际基础上，对企业的经济行为进行具体研究。

大家知道，自从"边际革命"以来经济学研究方法日益数学化，数学公式和模型创制又以若干假设为前提，这样经济学的研究成果日益与实际没有关系了，只要善于"假设前提"，就能做出数学公式和模型，也就能够写出经济学文章、甚至专著了！这样的结果，经济学成果日益依靠公式和模型，就能算出来。所以，西方国家几乎包揽了经济学诺贝尔奖，但是，谁发出 2008 年金融危机预警了？谁对走出危机提出有世界影响的对策了？中国至今没有一个人得到诺贝尔经济学奖，但是，提出了管用、见效的，对走出危机有世界影响的"一带一路"。"一带一路"不是依靠数学公式和模型算出来的，而是以历史积淀为基础、具体地分析世界经济格局后创新出来。

由此可见，在掌握实际基础上对经济行为进行具体研究，应该是建构经济主体行为的基本原则、方法。

如何在掌握实际基础上对经济行为进行具体研究？我们综合现有研究成果，提出构建以解决问题为中心的经济主体行为结构的观点。解决问题为中心，关键是经济主体解决问题的能力与所解决问题之间动态均衡问题。有多大、多少能力就及时、实事求是地解决多少问题。在方法论上把具体情况具体分析的辩证法方法、数学方法也结合起来了。主体解决问题的能力与所解决问题之间动态均衡，不能靠公式和模型在书房中计算，要调查研究；动态均衡量化，可以用公式和模型计算。

主体解决问题的能力有多大、多少？所能解决的问题是什么？同等重要。相对而言自己拥有多少资源、手段就等于主体解决问题的能力有多大、多少，在现实中还是比较容易搞清楚、也是弄得清楚的事情。可能难点聚焦在只有这些能力，能解决什么问题，怎么寻找和锁定啊？"剥离法"可能可以提供一些帮助，也有成功的例子。2019 年 8 月底，中央纪录频道播出了 5 集《城门几丈高》历史电视纪录片节目，介绍重庆近代开埠史。其中，介绍了聚兴诚银行发展的例子。聚兴诚银行由光绪年间重庆富商杨文光及其族人所组建的聚兴仁商铺演变而来，并于 1914 年由其子杨希仲开始筹设。聚兴诚银行旧址建于 1916 年，建成于 1917 年，由杨希仲委托日本留学归来的工程师余子杰仿照日本三井银行样式设计。1915 年获得批复，在全国开设了 32 家分支机构，因此聚兴诚银行是近代四川最早成立的一家民营商业银行。聚兴诚银行成立前，上海、武汉金融业已经有几十年的发展历史了，面对众多成熟金融机构强手，刚成立的聚兴诚银行怎么生存？这是一个严峻问题。聚兴诚银行首先对行业内的竞争态势作了比较广泛、扎实的调查，通过调查发现，从重庆直接汇兑到上海 1 万元的费用是 80 元，从重庆汇兑到武汉 1 万元的费用是 30 元，从武汉汇兑到上海 1 万元的费用是 5 元。一般银行主要经营存款贷款，聚兴诚银行则独辟蹊径经营汇兑业务，从 45 元汇差中寻找利润来源。经营实践证明，聚兴诚银行解决"利润从哪里来"这个问题的经营行为选择是对的。聚兴诚银行成立于民国四年（1915 年），在民国二十六年（1937 年）从家族制改为股份制时，资本金从 100 万元翻成了 200 万元，20 年左右翻了一番。

11.2　西南地区乡村的经营机制状况分析

西南地区乡村的经营机制当前面临的问题是什么？经营机制要抓本质，但是，现象是切入点。西南地区农村经营机制的现象还没有解决哩！具体表现是组织行为能力弱，发展才是硬道理。西南地区乡村振兴当务之急是要发展，特别是经济发展，发展的原动力是人们对自己合法利益的主动追求。当年亚当·斯密主张启动人的利己心，把它转变为经济发展的动力；韦伯讴歌当年新教徒认识到自己受穷是给上帝丢脸。这些观点，虽然不是"高大上"，但对中国西南地区农村或许管用，经营需要内外合作，乡村居民还不习惯与人特别是企业在共同利益原则与范围内合作，必须尽快学习与干起来，不然农村与国内外市场接轨将夭折。

11.2.1　组织行为能力弱

行为能力，迄今为止仍然是法律学主导研究的一个概念。经济学也研究行为能力，不过要先把经济主体分为生产者、消费者后，再研究他们的行为。这种划分，理论上出于研究需要，本无可厚非。但是，仔细分析，生活中人既是消费者、又是生产者的一身多任或多个角色的事情，在现代社会中越来越常见。以农民来说，从农产品角度看，他们是生产者；工业品角度看，又是消费者；从服务业角度看，对农村既提供生活性服务，也为促进农业现代化提供生产性服务。从个体或群体角度看，生产性服务行动力强，生活性服务中也比较活跃。总之，从人的角度看,经济主体无论是组织或个人,都是既作为生产者、又是消费者而活跃在发展舞台。所以,都应全面提高行为能力。经营,其实是一系列经营行为的结果。什么行为也没有,能说经营能力很强、经营成功吗?

中国西南地区农村,全面提高行为能力问题显得更迫切。

从万达集团董事长王健林过去脱贫捐款到"承包"贵州省丹寨县扶贫,到恒大集团在贵州省大方县承包一个县扶贫攻坚,都可以分析出全面提高行为能力对乡村振兴有多么重要。

在王健林看来,光给钱的扶贫,即使提高了人均收入,也很难做到普遍受惠。他对媒体说,"万达扶贫了 20 年,也没有总结出什么成功经验。"他希望通过这种"承包"一个县的新模式,让 95% 以上的贫困户都能受益:一是搞产业扶贫,授人以渔;二是实现普惠。2014 年,王健林在参加全国社会扶贫工作座谈会期间,他主动向国务院扶贫办主任刘永富建议,由万达公司企业把一个县包下来,通过产业扶持,实现整体脱贫。经过国家扶贫办的牵线搭桥,万达集团很快就决定在 2014 年 9 月到贵州省丹寨县开展包县扶贫。2014 年,丹寨县有建档立卡贫困户 14 542 户 58 737 人,161 个行政村中就有 96 个贫困村,其中深度贫困村 63 个,全县贫困发生率为 37.65%。

在王健林看来,这种"企业包县,整体脱贫"的帮扶模式,既不是简单捐款,也不是单纯投资建厂,而是注重长期与短期结合、产业与教育结合、提高人均收入与整体脱贫相结合。万达集团 2014 年开始对丹寨县实施整县帮扶,累计捐款 21 亿元,通过长、中、短期结合的方式对丹寨全面帮扶。长期项目是 3 亿元捐建贵州万达职业技术学院,可容纳 2 000 名学生,万达承诺每年招收 50% 的毕业生到万达就业,通过教育从根本上阻断贫困;中期项目就是要根据丹寨的产业特点,确定带动性强、可持续发展、直接富民的产业项目;短期项目是捐资 5 亿元建立丹寨扶贫产业基金,兜底帮扶特殊困难人群,帮助贫困农户发展产业,解决贫困户公益岗位就业。四年多来,万达与丹寨各方创造税收 2.7 亿元,每年拉动丹寨县生产总值增长1.2 个百分点。

万达承包丹寨脱贫长、中、短期都包含着提高经济主体行为能力这个实质性的内容。长期项目办学校,即贵州万达职业技术学院。发展教育,对于提高农村村民的行为能力的作用是不言自明,中期项:搞富民产业,产业是行为能力驰骋广阔天地的条件;短期项目是扶贫攻坚。

恒大集团在大方县的扶贫工作中,同时开工了 40 项重点工程、200 个农牧业产业化基地项目。同时,恒大集团还组建了一个近 200 人的专职扶贫团队,这个团队走村串户,对大方 5 万多家贫困户,逐一摸底,建立起了一套包括年龄结构、家庭状况、从业情况、致贫原因等信息在内的数据库,为后期的精准扶贫提供保障。比如,大方县素有养牛的传统,但当地的黄牛个头小,"远看是条狗,近看是头牛",被老百姓戏称为"狗牛",经济效益低。该团队邀请畜牧专家对大方气候、土壤、牧草实地考察后决定,从澳大利亚引进 3 000 头安格斯牛作公畜,从内蒙古、吉林牧区引进 5 000 头牛作基础母畜,对全县土牛改良,用 3~5 时间,将大方建成中国的安格斯牛之乡。

恒大集团也有把搞项目与提高经济行为效益相结合的特点。比如养牛,把原来狗一样的品种不好的本地牛淘汰,从澳大利亚引进 3 000 头安格斯牛。

在现实生活中,搞项目、办学校、发展产业与提高行为能力,水乳交融、良性循环,要区别它是这个或那个,着实有些难!所以,列宁说,理论是灰色的,生活之树常青!

11.2.2　经济利益的原动力还有新的发挥空间

说中国西南地区农村的经济利益的原动力还有新的发挥空间,这个观点是"将来进行时"的命题,从"现在时"来看这似乎有点天方夜谭!就像 2010 年有一个单位修住宅时修了 2 层地下车库,当时只有 3 辆私人汽车停在偌大的车库里。仅仅过了 5 年时间,车库早就停不进去了,现在买车只能停在单位道旁。

中国西南地区农村的经济利益的原动力还有新的发挥空间,首先是从国内、国际农民收入的比较中得到的认识。2018 年美国农民收入 20 万美元,日本农民收入 4.96 万美元,以色列农民收入 1.8 万美元。这些数据折合人民币都是 10 万~100 万元。中国浙江、江苏、山东的农民收入才是 2 万~3 万元,比如,2018 年浙江农民收入 33 198 元人民币,与国外农民相比较只相当于他们的 30%~50%。中国西南地区农民收入就只有 1 万~1.5 万元,比如,2018 年四川省农民收入 13 331 元,只相当于中国沿海农民收入的 30%~50%。

农民从哪里去增加收入?向市场。市场怎么才能让农民不是单纯、也不可能长久"靠涨价"增加收入?经济学开的药方是规模效益、品质效益。

规模效益、品质效益使农民可持续增加收入可行吗?在发展初期,人们对"靠涨价"既相信、又热衷,对规模和品质效益既不那么相信、又觉得做起来难。

乡村要真正振兴,必须让农村不单纯、不企图长久"靠涨价"增加收入的发展道路。现在关键是让人们相信这么做可能、且可持续!

2016 年年底,我国农产品批发市场已超过 4 400 多家,其中年交易额亿元以上的市场 1 671 家,全国有各类农贸市场 2.7 万个,2016 年全国农产品批发市场交易额达 4.7 万亿元,同比增长 8.8%,交易量达 8.5 亿吨,同比增长 5.1%。前瞻产业研究院发布的《2018—2023 年中国农产品流通行业发展模式与投资战略规划分析报告》发布了最近 5 年农产品市场扩大空间预测。

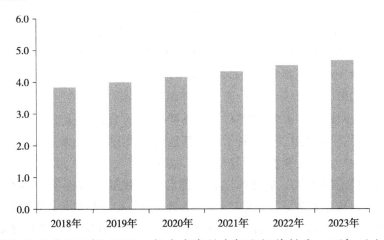

现有数据与这个表相比较,最近 5 年内农产品市场空间将扩大 1 万亿元人民币,这也是中国西南地区农村把利润"蛋糕"做大的客观前提。

市场空间有,怎么在市场中多分得一些"羹"要在竞争中取胜。有人提出了掌握农产品"三化"特征、"采取9项竞争策略"的观点。

农产品"三化"特征是:

(1)小型化。主要是家庭结构变了,三口之家居于主导。

(2)特产化。因为,一方水土出有特色的农产品,这种农产品的自然规律特征永远会存在。特产,就只出在"原产地",这就是"稀缺价值"。

(3)精致化。精致化的内涵是美化,产品本身遵从自然属性可以展现其美,比如人参之根须。包装更强化其美。

可以"采取9项竞争策略"是:

(1)高品质。2019年7月18日,由中国化工报社《农资导报》主办,北京裕丰金必来公司、意大利比奥齐姆、河北三农公司协办,全国农技推广中心、农业农村部耕地质量监测保护中心、中化农业《熊猫指南》、京东农场、中国果品流通协会、中国农学会葡萄分会、中国植物营养与肥料学会等30余名行业大咖共同参与见证下,中国农产品品质提升大行动在京隆重启动。中国化工报社社长崔学军表示,通过本次大行动,目标将推广一批好的农资产品和优秀解决方案,通过普及现代农业技术知识,帮助农户提高种植水平,引导农户从追求增产转向注重品质,推介优质绿色农资产品和方案,带动整个产业向优质、安全、高效、生态发展。京东农场负责人乔志伟认为,农产品品质提升最重要的是标准化、规范化种植。

(2)低成本。原农业部市场司司长张合成认为,2006年至2013年,我国稻谷、小麦、玉米、棉花、大豆生产成本年均增长率分别为11.0%、11.6%、11.6%、13.1%、12.0%。目前,农业生产成本还在上升。农业已全面进入高成本时代!应该采取调结构与启动保护双管齐下,才能使农民在成本优势减少下取得比较收益。所谓调结构,张合成认为,要根据市场供求变化和区域比较优势,推动农业结构向市场紧缺产品、优质特色产品、种养加产销一体化调整,拓展农业多功能性和增值空间。所谓启动必要保护,就是据世界银行测算,2013年,我国农业劳动力人均农业增加值仅为世界平均水平的64%。但我国农产品进口的平均关税只有15.2%,世界农产品平均关税水平为62%,国内农业补贴与发达国家比还有很大差距。

(3)大市场。农业专家大多数人认为,只有特色农产品才能扩大市场。特色农产品由于有"名、特、优、新、稀"优势,2014—2017年我国特色农产品市场规模稳中有增,从1 288.1亿元到2017年1 563.16亿元,每年的增长幅度为6%以上。

(4)多品种。2016年11月16日,原农业部副部长余欣荣就指出,农产品品种问题,是一个农业科研能力问题。近年来,我国优势新品种研究、开发能力稳步提高。农业部将支持企业提高育种创新能力,推进国家级种子生产基地建设和现代种业发展。

(5)反季节。大多数从事农村理论研究与实际经营人士都认为,农产品反季节上市,是当前农民增收的有效途径。虎林市迎春镇迎春村农民就靠着棚室蔬菜种植,种出了他们的好日子。以每栋棚室蔬菜平均年产量4~5吨、总收入20 000元计算,除去种子、肥料、农膜、人工等生产成本8 000元,每栋棚室蔬菜纯收入可达12 000元。全村棚室蔬菜总产量在500吨左右,总计收入达250余万元,利润150余万元,可为迎春地区2/3居民提供新鲜蔬菜。

（6）鲜嫩卖点。有人总结出了农产品找到"卖点三步曲"：一是通过电商的市场调研和数据分析，确定好预备进军的农产品行业，接下来就是做好相关农产品卖点的挖掘和定位。二是学会以差异化的思维在众多同质化农产品中发现自身产品的独特性。三是进行各方面的塑造，寻找消费者的购买"欲点"，从而打造出既能满足消费者需要又能和竞争对手直接区分的独立卖点。

（7）深加工。中国农产品深加工，目前已经形成若干亮点，比如，以汇源品牌代表的果汁加工、以伊利和蒙牛为代表的牛奶加工等。但是，由于基础薄弱，起步较晚，中国的农产品深加工业距世界发达国家水平还有很大差距。我国有 5 万多食品加工企业，仅有 100 多个达到国家二级标准，而且多数以乡镇企业、私营企业或集体业为主要形式，有的甚至是一些手工作坊，对国外农产品加工企业的挑战根本无力应战。做大规模，可以扩大产量，降低成本，可增强资金和技术实力，及时开发市场需要的品种；也可以树立品牌，打名牌战略，提高知名度影响力。主要问题是，农产品的深加工技术和装备普遍落后于发达国家 10 ~ 80 年，各种高新加工技术的应用很不普遍。所以，中国农产品产后产值与采收时自然产值之比仅为 0.38：1；产品粗加工多，精加工少；初级产品多，深加工产品少；中低档产品多，高档产品少。

（8）掌握标准"门槛"。农业农村部已启动农产品等级规格标准制定和推广应用工作，引导农产品分级包装上市，提高农产品的"三化"（质量等级化、重量标准化、包装规格化）程度。原农业部副部长牛盾表示，中国的出口农产品必须适应现代农业发展的要求，从树立农产品的整体形象入手，积极推进标准化，提高国际竞争力。

（9）品牌。一方面，我国农业品牌建设已经取得了显著成绩。截至 2016 年年底，农业部已认证登记"三品一标"优质农产品 10.8 万个，农产品注册商标已达 240 余万件，为培育农业品牌奠定了基础。同时，当前我国仍然是农业产品多、品牌少，普通品牌多、知名品牌少。"品牌建设的关键词之一就是协同发展。"浙江大学中国农业品牌研究中心主任胡晓云表示，"农产品和其他产品不一样，需要原产地的物种、原产地的文化来创造。所以，企业家应当正确理解品牌战略，区域公用品牌与企业品牌之间的关系，要以区域公用品牌作为背书，以企业品牌、产品品牌作为主体走向市场。"

竞争中取胜，既可以依靠产品本身，也可以做某些农产品市场的集散地，通俗说就是办大型市场批发中心。山东寿光蔬菜发展经验就是大棚+市场。重庆荣昌生产"荣昌猪"历史悠久，办了生猪期货市场，成了中国猪产品一个集散地，促进了经济和社会发展。

11.2.3 要建立农民与龙头企业更好的利益合作关系

关于农民与龙头企业的关系，现实中的具体问题不少。但是，从农民与龙头企业的关系发展趋势来看，学术界对农民与龙头企业的关系持肯定观点始终占主导地位，对于农民与龙头企业关系的具体问题，实践中也在创造着各种解决办法。中国有句话，不要因噎废食！这句话用在农民与龙头企业的关系上面，仍然是适用的。

从全国龙头企业发展特点来看，"大而专"是其发展趋势。按这个标准来看，中国西南地区龙头企业需要按"大而专"的要求加快发展，同时要在创新中探索解决农民与龙头企业的各种具体问题。

2012年3月,国务院出台了《关于支持农业产业化龙头企业发展的意见》(国发〔2012〕10号)。农业产业化龙头企业达13.03万个,同期增长了1.27%。农业产业化龙头企业年销售收入约为9.73万亿元,增长了5.91%,比规模以上工业企业主营业务收入增速高1%;大中型企业增速加快,销售收入1亿元以上的农业产业化龙头企业数量同比增长了4.54%;农业产业化龙头企业固定资产约为4.23万亿元,增长了3.94%。在龙头企业的带动下,农业产业化组织数量也达到了达41.7万个,比2015年底增长8.01%。

各种数据表明,龙头企业是解决农户小生产与大市场矛盾的力量,是带动农户较快增收的主要途径。广西钦州灵山县龙头企业,采取农业订单、合同契约、保护价收购、股份合作等多种方式,以"公司+基地+农户"等多种经营模式,与农户建立合理的利益联结机制,从而实现了企业发展、农民增收。广西灵山园丰牧业有限公司,与农户签订养殖合同,对养鸡户实行鸡苗、饲料、技术及防治疫病一条龙服务扶持,并保价收购养鸡户饲养的肉鸡以降低市场风险,保证了养殖户经济效益。目前,公司已在广西灵山县武利、平南等8个镇开发养殖基地,养户1 000多户,每年解决2 000多名农民工就业,农户最高每年养鸡纯收入15万元,有力促进了当地农民增收致富。2010年,灵山县农林牧渔业总产值63亿元,农民人均纯收入5 200元,比上年同期增长10.5%,首次超过城镇居民人均纯收入的增幅[①]。

根据农民日报社三农发展研究中心调查的833家农业产业化龙头企业(不含流通性农业企业)数据显示,我国农业产业化龙头企业的营业收入主要集中在2亿~15亿元,占比53.3%。以营业收入为100亿元以上的农业产业化龙头企业为标准,从中可以看出,东部沿海地区有31个龙头企业的营业收入高于100亿元,占比63%;中部地区有13个营业收入高于100亿元,占比27%;西部地区只有5个营业收入高于100亿元的龙头企业,占比10%。农村发展龙头企业,西部、包括西南地区与东部地区农村的差距不言而喻。

对于农民与龙头企业的具体矛盾,目前全国创造的解决矛盾的路径是建立"紧密的利益机制"。

重庆一些农民通过土地承包经营权入股和现金出资等方式成立实体性公司,即"农民公司",农民公司再与龙头企业建立联结机制,从而建立起"龙头企业+农民公司+农户"这一新的产业化经营组织形式,并引起了许多专家学者、中央媒体和有关部门的关注。生猪是重庆的优势产业。重庆桂楼食品股份有限公司是该市农业综合开发重点龙头企业,在有关方面的支持下,该企业和农民共同出资成立了重庆涪陵东江生猪养殖有限公司。东江公司工商注册资本100万元,其中桂楼公司以现金出资70万元,占70%股份;江东街道云盘村26户农民以项目所用23.24亩土地承包经营权,按当地土地流转租赁市场价折价入股,占28.5%股份;22户农民以现金入股1.5万元,占1.5%股份。在这种模式中,龙头企业与农民公司是两个平等的市场法律主体,龙头企业与农民公司形成合同关系。

针对农业产业龙头企业与农户的利益联结处于"松散"状态,农民经常处于产业链末端,

① 彭超,扬久栋.深度解析2018年农民合作社发展[N].农民日报,2018-02-23.

无法获得更多增值利润的问题,四川省在农业综合开发上进行了机制创新,有 800 多农户成为龙头企业股东。四川宜宾市翠屏区村民郭太富,是川南地区典型的茶农,多年来都是把鲜茶作为原料销售。"市场上只收芽茶,大宗鲜叶茶根本没人收,只有任其烂在茶园里。"郭太富说,前些年尽管他加入了金秋茶叶专业合作社,但仍没解决大量鲜叶茶丢弃浪费的问题。金秋茶叶有限公司主要业务是把鲜叶茶做成烘干茶,然后交给茶叶企业进行精深加工。鲜叶茶以前茶农都扔掉了,现在能以 6 元钱一斤卖给金秋茶叶有限公司。郭太富与 500 多户社员一样,出资 4 000 元,筹集资金入股公司,成为企业的股东。每年除有固定分红外,还可获得企业的二次返利。

11.3　西南地区乡村振兴的经营机制选择

比较优势、共同利益、单一品种做大做强闯市场,是下面内容的关键词。市场不相信眼泪,但是相信实力。比较优势是实力基础,没有比较优势的经营行为,无论从现象看或本质看,无异于炮制一场笑料。比较优势不是与生俱有的,是在不断扩大了的共同利益基础上,滚雪球做大的"蛋糕",不谙于此道,比较优势如叶公好龙!比较优势最终要通过产品来体现。整合一个较大区域的单一农产品品牌闯市场成功,已经是国际农产品市场的一抹风景线:以色列番茄产品、荷兰郁金香、澳大利亚畜奶产品、美国大豆玉米等。

11.3.1　围绕比较优势建构经营机制

我们主张从主体行为、活动视角看经营机制。所谓经营,是主体(个体或群体)借助组织在制度框架内一串活动的结果。

前面已经引用了中国农村龙头企业发展数据,溯推可以看见即或在农村西部、西南地区与东部沿海差距较大。从自然地理看,西南农村资源总量优于东部地区,但是,在市场竞争的比较优势中,西部只有 5 家龙头企业营业收入上 100 亿元人民币,东部则有 31 家。

现有研究中国农村的"村",已有资料显示,不少同志还将"村"看作执政的一级基层组织、单位。所以,不少文章无论是谈制度、组织,包括行为,多是从政治、社会角度多。"村",特别是中国西南地区农村,当下应强调发展、经济功能,因为马克思、恩格斯在《德意志意识形态》中讲的"普遍贫穷"没有消除以前,一切陈腐的东西都会死灰复燃!在这种情况下去执政,犹如在长满荆棘的原始森林中行走,会觉得举步维艰。所以,在中国西南地区农村这个特殊的空间、在乡村振兴这个时间节点建构经营机制,特别应该凸显围绕比较优势建构经营机制。

农产品本身也是一个复杂、变化的大家族。有人将农产品分为以下三类:

(1)土地密集型产品,如谷物、油料、畜牧业和水产捕捞业产品等。在生产过程中耗用劳动力较少,占用大量土地和水域。

(2)劳动力密集型产品,如蔬菜、水果、部分经济作物和养殖业产品等。

（3）技术密集型产品,如花卉、药材、部分经济作物和养殖业产品等①。

可以借一个 VEC 模型,从土地资源禀赋状况、农业劳动成本投入、农产品贸易比较优势的因果链条,分析出农业比较优势是"怎么炼成的"。农产品的优势,要"落地",体现在农产品各具体项目中,反映为贸易专业化程度指数、相对贸易优势指数来测算,又综合中国或区域农产品生产及对外贸易状况。由此可见,农业的比较优势,不能抽象说,必须具体到产品上,要根据农产品品种的特质去打造比较优势。实践证明,一个地区乃至一个国家不可能每个农产品都能打造出优势来。在打造农产品比较优势上,可能一要比较,要多层次比较筛选出优势来,再集中组织、标准、技术、地理、人才等优势全力造出最有(起码是全国、甚至世界)竞争力的产品,按照工业生产"产品生命周期"、利润平均化付诸一系列经营行动。从"农产品品种的特质",到"农产品比较优势"可不可以看作是农产品在市场经济竞争环境中成长的路径、逻辑呢? 值得研究。中国农耕文明历史虽然悠久,但是,农业运行机制长期采用的是自然经济、计划经济,关注"能生产什么"多,关注"什么农产品能有市场竞争力"不足。这是乡村振兴中迟早需要注意的事情。

11.3.2 围绕共同利益解决决策问题

商鞅初到秦国时,面临当时农村一个削弱国家整体实力的问题:百姓"勇于私斗,怯于公战"。意思是,秦国人口主要是农民,他们为自己一点小利益,互不相让,甚至械斗死了不少人;但是,为了国家需要奋勇杀敌时,又害怕了。商鞅费了好力气,才使这种风气有所好转了一些。

自己一点小利益,互不相让;为了国家需要奋勇杀敌时,又害怕了。这个问题解决了吗? 没有。清代康熙年间,大臣张英收到老家一封信。信中说,邻居吴家要侵占张家三尺地,修围墙。希望张英能用自己影响力,阻止吴家的行为。张英回信写了一首诗:"千里修书为一墙,让他三尺又何妨。万里长城今犹在,何处去寻秦始皇。"在落后农村地区,村民之间为了一丁点事,吵架、打架、记仇例子不少,甚至酿成一些恶性案件。

2018 年 12 月 8—9 日,中国合作经济学会主办、农业科技报社等支持的首届(2018 年)农民合作社理事长大会在农业农村部干部管理学院举行。大会明确提出了"乡村振兴、合作共赢"的战略主题。共同利益是合作的必然性、基础、边界。只有合作,在市场经济条件下大家才能赚钱。合作共赢的敌人是传统自然经济的"吃独食"、为了蝇头小利不惜拆散合作组织与撕毁合同!

乡村振兴中第一是产业振兴。产业振兴肯定有利益问题,利益由共同利益与各自利益组成,各自利益不过是共同利益中的某一部分。就像共同分一块蛋糕,每个人分得的只是这块蛋糕中的一部分。如果整块蛋糕没有了,还分什么? 马克思批评封闭环境中形成的"狭隘自私性"眼中,看不到共同利益即"整块蛋糕"的存在,抛开整块蛋糕去计算、争执自己要想得到、并且想多得的! 这不是可笑么!

包括西南地区在内的村民在乡村振兴中越来越认识到了共同利益才是重要的。广西南宁武鸣区双桥镇合美村,5 位水果专业种植户自己富了以后,他们又成立了良缘合作社,走

---

① 王菲菲,吉洁. 中国农产品贸易比较优势及其影响因素分析[J]. 中国商论,2015(2):146-147,183.

"合作社+种植户+经销商+消费者"发展模式,抱团合作,以团购方式与厂家直接对接,为社员采购质优价平的农资产品,减少中间环节,确保产品质量,降低种植成本。来自城区各镇200 多户的果农加入合作社,种植面积超过 5 000 亩,种植水果品种涉及沃柑、砂糖橘、皇帝柑、茂谷柑、火龙果、沉香树、番石榴、芒果、龙眼等。

11.3.3　乡村振兴中品种型国际市场经营机制的建构

农产品在国际市场中的份额、竞争力,已经成为衡量一个地区、国家现代化水平的客观尺度。一个地区、国家现代化水平越高,不仅工业、高科技产品的市场中份额多、竞争力强,农业亦如此。2018 年中美贸易战中,美国制裁我国的中兴通讯、华为,中国反制的第一是大豆。中国东部沿海现代化水平高于中、西部,农业龙头企业营业收入超百亿人民币也远高于中、西部。因此,中国西部地区农产品在国际市场"争一席之地"势在必行。

2019 年 6 月 1 日,农业农村部副部长韩俊在一次讲话中指出,要全方位开拓农产品出口国际市场。韩俊说,中国一方面继续加大力度开发东盟、日本、欧盟等传统市场的潜力,另一方面强化与"一带一路"国家的贸易投资合作,积极开拓新兴替代市场。

一个地区农产品不可能都出口,根据以色列西红柿、荷兰郁金香、美国大豆等大宗农产品在国际市场都有较大市场份额、竞争力经验来看,农产品"品种型参与国际市场竞争"可能是成功之道。所谓"品种型参与国际市场竞争",是指在一个地区或国家筛选单一或一类比较优势最大的农产品,参与国际市场竞争。浙江一个打火机、一个纽扣、一个拉链,进入了国际市场,不也有相当市场竞争力与经济效益么?有人概括为"小产品,大市场,高收益"。中国西南地区农产品进入国际农产品市场,为什么不可以考虑走这一条路呢?

事实上,中国西南地区有农产品,就是以一个、或者一类已经进入国际农产品市场了。

不仅云南花卉出口成绩斐然,重庆涪陵榨菜 2018 年出口 2 万吨,创汇约 2 000 万美元。但是,榨菜出口只占产量 0.59%,出口空间扩大余地不小。重庆柑橘已经出口加拿大以及印尼等一些东南亚国家。

云南在花卉出口基础上,全面推动其他农产品出口。据昆明海关统计,"十一五"期间,云南农产品累计出口 296 万吨、创汇 43 亿美元,较"十五"期间分别增长 77% 和 130%。2011 年前 3 季度,云南农产品累计出口 57 万吨、创汇 12.2 亿美元,与上年同期相比分别增长 14.2% 和 28.9%。云南农产品出口已连续十多年位居西部省区市第一。云南正拟深入研究企业国际市场选择、国际市场进入方式选择,力图在这两大问题突破基础上,使云南农产品进入国际市场再上一个新台阶。

有一个问题是,国际农产品市场还有增长空间供我们进入吗?有。一是国际市场空间的存在,有历史数据支持。比如国际大豆市场增长空间,FAO 数据显示,过去 2001 年到 2012 年,世界大豆贸易量由 5 354 万增长到 9 970 万吨,增长了 4 600 万吨。二是国际市场空间的存在,有对未来研究数据支持。到 2050 年,世界人口将从 2010 年的 69 亿增至 91 亿,增长 34%,届时全球 70% 的人口将住在城市。联合国粮农组织《2050 年如何养活世界》报告认为,城镇化势必带来生活方式和消费结构的变化,谷物直接消费下降,而果蔬、肉类、乳制品和鱼类消费将增加,最终导致粮食需求的增长。

要发挥领导作用,不包办具体事务,掌握领导对象,又让专家、群众的作用充分发挥出来。以摆脱贫困为目标的经济建设的领导,实在比打胜仗的军事战争更困难!列宁这些教导,值得我们深思!

西南地区乡村振兴中的领导,既有做好的各种条件,这个条件就是各种优势;真正做好又十分不易,因我们的领导对象"横看成岭侧成峰"。

第 12 章　西南地区乡村振兴领导机制的建构

前面已经提及,强制性制度变迁主要特征是自下而上,具有政府主导、革命性、实施难度大、先易后难等过程性特征。这种制度变迁下,有力的领导显得特别重要。这个道理很简单:"事情是上面领着干的,那就只能成功,不能有别的结果。因为,结果不那么理想,领导威信受损,群众会怨气很大!""谁让你开这头?"从俄国到中国历史都证明,共产党确有通过坚强、正确的领导,把许多不可能变成可能的本领。所以,本章对"西南地区乡村振兴的领导机制"的探讨,首先还是要以马克思主义(重点以列宁为例。因为,马克思和恩格斯并未生活在社会主义社会,列宁以后才有共产党领导经济建设的历史)理论为基础,也要吸收成功的资产阶级管理思想家、企业家的有益观点。并对中国西南地区农村领导机制主要现状作出分析,提出一些建议。

12.1　关于发展中领导的观点

人类任何发展不是乌合之众混乱的结果,而是有序、自觉奋斗的产物。要有序、自觉,必须要有领导。特别是"自上而下"顶层设计式的强制性制度变迁,领导就显得更重要了。下面关于发展中的领导观点介绍,是沿着从宏观到微观的关系进行的。我们进行的中国特色社会主义现代化建设,列宁关于党如何领导经济建设的观点,当然是我们理论的最高层次。乡村振兴中数量最大的发展,还是微观行为,所以德鲁克关于如何领导好企业的发展也是需要的。松下企业,世界级企业。它的创始人松下幸之助,不仅成功创造企业松下电器,而且还总结了如何在企业经营中处理好工人与设备、工人与老板关系的实践经验。20 世纪 80 年代"松下幸之助的经营哲学",曾经风靡中国。松下的经验,今天仍有其价值。

12.1.1　列宁"新经济政策"后关于党如何领导经济建设的观点

列宁以后才有共产党领导经济建设的历史,学术界又公认列宁"新经济政策"成功地领导了俄国的社会主义经济建设,并取得了阶段性的成绩。成功的实践,反过来可以证明成功的理论。所以,我们讲经济建设思想的马克思主义理论基础,直接源头追溯到列宁,具体又以列宁"新经济政策"后的社会主义经济建设思想为依据,学术上应该是严谨、可以成立的。

通过梳理有关列宁"新经济政策"后的社会主义经济建设思想,我们感到,列宁的逻辑重点不是讲经济建设"为什么",重点讲"怎么干",即共产党如何领导经济建设。关于共产党如何领导经济建设? 列宁有 9 个方面的观点值得重视①。

(1)共产党领导经济建设,首先是对政策的领导。列宁在"新经济政策"的纲领性文件《论粮食税》中指出,无产阶级专政就是无产阶级对政策的领导。无产阶级作为一个领导的统治阶级,应当善于指导政策,以便首先去解决最迫切而又最"棘手"的任务。

(2)共产党的领导能力,要从学习中获得。这个观点也是列宁在《论粮食税》中指出的。列宁说,"还有很多东西可以而且应当向资本家学习",为了领教要不惜破费,只要学习能收到成效就行。列宁这些文字,是在 90 多年前写的,联想后来经济建设中反复出现的动辄问"姓社姓资"我们作为共产党人应该汗颜!

(3)党领导经济建设,不是"包办"一切。要让成百成千的非党分子,要让成千上万的普通劳动者,来担任苏维埃的工作,首先是经济工作,并把他们提升到更高的职位上去。

(4)要把握经济建设不同于战争的特征和规律。经济建设的特征就是"一步一步地,一寸一寸地前进"。列宁说,谁对经济工作这样的特征"感觉乏味""没有兴趣""不能理解",嗤之以鼻,或惊慌失措,或沉溺于大谈什么缺乏"过去的兴奋"和"过去的热情"等。那最好是"解除他的工作",送他到档案馆去。

(5)党要善于从经济战略上把活跃经济与善于掌握经济统一起来。活跃经济的内容是什么? 活跃商业、小企业、资本主义,又要审慎逐步掌握他们。什么是掌握? 就是调节。活跃与掌握,看似矛盾,又必须统一。怎么才能统一? 依靠经济战略。也可以借用毛泽东同志谈到工作要"学会'弹钢琴'"来理解这个问题。

(6)要像爱护眼睛一样爱护专家。列宁指出,我们所爱护的专家他们可能同共产主义还格格不入,这也不能成为不爱护专家的理由。列宁特别指出,共产主义实现以前,专家都是一个特殊阶层,我们要使专家在社会主义制度下生活得比资本主义还要好,不仅是物质方面,还包括同工农合作、思想方面。

(7)在经济建设中共产党员要从头学起"做生意"。1922 年 3 月 27 日,列宁在俄共(布)

---

① 　中共中央马克思 恩格斯 列宁 斯大林著作编译局.列宁选集:第 4 卷[M].2 版.北京:人民出版社,1972.

第十一次代表大会中央委员会的报告中说,要丢掉"共产党员的狂妄自大",过去不怕死是优秀的共产党员,现在要向"懂这一行的普通店员学习",并且还要迎接俄国和国际市场考试。对于经济建设中共产党员一时半会学不会的专业性很强的复杂知识怎么办?解决办法是重用、聘请专家。列宁曾经亲自批准过专家工资,比党的领袖还高!

(8)社会主义经济建设具有重要的政治意义。摆脱贫困,也决定着共产主义政权的命运。列宁在俄共(布)第十一次代表大会中央委员会的报告中还指出,农民会说,你们(俄共(布))最敬爱的执政者,你们找到了摆脱贫困方法(即"新经济政策",即5种所有制并存的市场经济),你们要证明,要受到考试。这次考试,归根到底决定着"新经济政策"命运,也决定着共产主义政权的命运。

(9)革命热忱要和商人本领结合起来。列宁在《论合作制》中说,"我们对社会主义整个看法根本改变了"。这个"整个看法根本改变了"内涵是什么?列宁谈的是工作"重心改变了",即从夺取政权转变为"和平组织'文化'工作",也就是发展生产力。其中一个条件:革命热忱要和商人本领结合起来。如果条件不具备,我们就达不到自己的目的。

总之,列宁关于共产党如何领导经济建设的思想,主张党从"总揽全局"的高度实施领导[1]。不是让党组织陷入经济建设的具体事务,具体事务则应大胆让非党群众、专家去做。

党对经济建设实施"总揽全局"的高度领导,会不会被"架空"?这个问题被一些"左派"反复问起。党组织在实施"总揽全局"的高度实施领导同时,共产党员又作为冲锋陷阵勇士奋战建设一线,怎么会被"架空"呢?改革开放40年间,很多高精尖、急险重的工作,共产党员都作为顶梁柱、第一线战士而存在,就是证明。全国"杰出青年"共产党员的比例达42%,两院院士中共产党员的比例达63%。

12.1.2 德鲁克"信任、责任、权力"三角鼎立的观点

德鲁克是当今世界公认的管理学之父。只要领导这种角色付诸行动,就是管理,是管理过程使领导地位显示出来,领导的作用发挥出来。

德鲁克出版了30本管理学书籍,文章著述多,观点也复杂。有人概括了德鲁克十大观点,三大管理精髓等。我们认为,从德鲁克观点与领导机制相关性角度看,信任、责任、权力三角鼎立关系,可能最应该优先被重视。为什么?领导无论是个体或团队,首先应该受到被领导信任,因而在被领导人们中享有崇高威望,他或他们的领导才有权威,领导的现实行为和持续性才能继续下去。为什么被信任?领导无论是个体或团队,负有非同一般的责任。责任本身可以、也必然一分为二,过去责任的结果,转化成了实实在在解决问题的效果或提高人们生活的好处,因而累积成为信任。未来责任实现的条件之一,是管理的权力[2]。

如果结合德鲁克的观点,有利于加深对信任、责任、权力的理解,也有利于领导机制向发展"落地"。

① 魏泽焕.列宁关于党"总的领导"的思想[J].党建研究,1992(6):47-48.
② 罗珉.德鲁克管理思想解读[M].北京:北京燕山出版社,2017.

大家知道,现代管理的第一种范式是泰勒的"科学管理"。科学管理以效率为中心,泰勒认为,管理就是确切地知道你要别人干什么,并使他用最好的方法去干。

德鲁克认为,管理是所有的人类组织都有的一种活动,这种活动由五项要素组成:计划、组织、指挥、协调和控制。只有从人的权利、责任和价值观来展开对管理的研究,才能说出这样的话。

德鲁克曾说管理的本质是建立在组织的信任上,不是建立在强权上,领导力是信任的成果。由此可见,领导首要不是树立权力观念,而是信任关系。信任是人类一种双向交流,领导者与被领导者,"互相要主动给信任"。如果领导对被领导,以一种高高在上、瞧不起被领导,认为他们素质低,这种情况下要被领导对领导信任就困难了。这种"互不信任"的规则是会"传染"的,上行下效。上级单位之间的互不信任,导致各种明争暗斗,会让下级单位看轻、逆反乃至效仿。主管间的"与人斗争"会耗费掉他们大量精力,下属们也只能被动跟随,最终导致要求发展的地区、企业在衰退和不景气中陷入困境。如果信任问题解决了,也应该建构领导在有序中运作的责任。在《管理:责任、任务与实践》一书中,德鲁克明确表示,管理的第一层含义就是"责任"。1999 年 1 月 18 日德鲁克在谈到自己最重要的六个贡献时认为其中最重要的一个贡献就是,"我围绕着人与权力、价值观、结构和方式,尤其是围绕着责任,来研究这一学科。"在德鲁克看来,责任包括经理人、员工以及企业三方面的"责任"。现代社会无论是企业或社会、政府,都是团队责任,领导者个人的责任不过是团队责任的细分或授权。如何打造责任团队,德鲁克认为,可以通过四种方式来造就负责任的团队,这四种方式包括:慎重安排团队成员的职务、设定高绩效标准、提供他们自我控制所需的信息、提供团队成员参与的机会以培养管理者的愿景。

德鲁克认为,权力必须与责任对称,否则就是专制。但是,没有责任,权力也会变得无所作为。德鲁克还认为,对于组织及其管理者而言,权力与责任是一个统一体,两者相辅相成,密不可分。也就是说,为了承担、履行一定的责任,必须赋予、行使一定权力。用责任与权力对称看权力,就不存在随意扩大权力、减轻责任问题,也不可能发生权力争夺。

12.1.3　松下幸之助"先制造人,再制造产品"的观点

在庆祝中国改革开放 40 周年大会上,对中国改革做出贡献的 10 名外国人进行表彰。日本松下电器产业的创始人松下幸之助先生是受表彰人之一。

松下幸之助先生是中国改革开放起步阶段很大困难时期,给予中国以帮助的日本企业家。1978 年 10 月,邓小平同志应日本首相福田赳夫的邀请访问日本。在大阪,邓小平同志一行冒着细雨参观了松下电器公司茨木工厂,已 83 岁高龄的松下幸之助,作为松下电器公司最高顾问亲自到工厂门口迎接。邓小平同志在展厅参观了双画面电视机、高速传真机、汉字编排装置、录像机等产品,并挥毫题词:"中日友好前程似锦"。在这次访问中,邓小平同志对松下幸之助说:"松下老先生,你能否为中国的现代化建设帮点忙?"松下当即允诺:愿为中国实现现代化提供协助。他说,世界繁荣的中心曾经由亚洲转到欧洲,近百年来又转到美洲,相信到 21 世纪,世界繁荣的中心将回到亚洲。日中两国要加强合作,为世界的繁荣、和平和幸福做出贡献。1979 年 6 月 25 日至 7 月 4 日,受中日友好协会廖承志会长的邀请,松

下幸之助访问了中国,并同邓小平同志会谈。此后,松下电器公司的山下俊彦社长多次访华,最终 1987 年在华合资成立北京松下彩色显像管有限公司,双方投资规模达到 248 亿日元,是当时最大的中日合资企业。

西方出了一个管理大师德鲁克,东方出了一个"经营之神"松下幸之助。这都是全世界公认的。松下幸之助先生从没有钱到"首富",从学徒到大公司董事长,这种奋斗的经历可以给中国西南地区乡村振兴提供启迪。

松下幸之助的成功主要不是他有多富,而在于"经营哲学"。人们从不同角度解读、概括了经营哲学。什么是松下的"经营哲学"? 从外延讲,是把西方的市场经济规则、效率等精髓和东方的人文传统精华相结合;从内涵讲,是从人的角度、高度看待经济,在经济过程中通过发挥人的积极性增加效率。他首创的"终身雇佣制""年功序列"等日本企业的管理制度,都是在这种"经营哲学"思想指导下出现的。

松下幸之助为人谦和,他用一句话概括自己的经营哲学:"首先要细心倾听他人的意见"。以下反映松下"经营哲学"思想,读起来真有字字珠玑之感。

(1)"你可以口袋空,但绝不可以脑袋空!""日本经营之神"松下幸之助非常认可这一观点:"你可以口袋空,但绝不可以脑袋空!"富人允许自己的口袋空,但绝不允许自己的脑袋空;而穷人呢,只想让自己的口袋不空,从不管脑袋空不空。

(2)"经营是'自来水'事业。""经营的最终目的不是利益,而只是将寄托在我们肩上的大众的希望通过数字表现出来,完成我们对社会的义务。企业的责任是把大众需要的东西,变得像自来水一样便宜。"相对于"股东利益最大化""企业价值最大化"的豪言壮语,松下幸之助用简单而朴实的语言道出了企业使命的真谛:把大众需要的东西,变得像自来水一样便宜。

(3)"将自己的产品呵护负责到底。"松下强调"销售产品要像嫁女儿"一样,"将自己的产品呵护负责到底",还强调"以质量竞争和以服务取胜,为消费者提供价值""厌恶压价倾销和排斥同行的不正当竞争手段"。

(4)"日本式的集体主义。"松下将人性与经营结合起来,创立了"日本式的集体主义"。他在公司中充当家长角色,号召全部员工和睦相处、同舟共济。作为雇主,松下幸之助与员工坦诚相待,互相信任。他坚持"玻璃式经营",定期对员工公开盈亏、阐明规划,从而有效激励士气,保证上下一心。

(5)"经商本身即是佛法。"认真依照商业道德去做,此即佛家的行为。何况一般人所说的"经济",不就是"经世济民"的意思吗? 改善动荡不定的物质生活,拯救人类于穷困之中,这就是"经济"一语的真意。

松下的思想值得从事经营与从事经济学理论研究的人同时反思:什么是经济、经济学? 把经济、经济学人性主观性和制度及机制客观性相结合,克服片面性。如果在乡村振兴实践中克服了任何借口操作性、学术性、专业性排斥"多学科交叉点突破"规律,乡村振兴就有可能产生"后发优势"。

12.2　西南地区乡村振兴的领导机制优势分析

有人说,什么是好领导? 就是把领导对象的优势发挥到极致,把自己的短处或劣势的影响降到最低。这个话还是有道理。当年毛泽东同志领导中国革命就是把红军、根据地的优势发挥出来,接连消灭"围剿"根据地的敌人。后来,李德指挥红军,就是以己之武器装备差、总兵力不如敌人等短处暴露出来,并作为御敌武器。岂有不败的! 邓小平同志领导中国式的现代化建设,把我们坚持四项基本原则、集中力办大事等原有优势不丢掉,又增加改革开放新优势。优势叠加岂能不成功! 因此,西南地区乡村振兴还是要研究优势。我们有什么优势? "城乡互动"优势、"帮扶机制"优势、"联合指挥机制"优势。

12.2.1　"城乡互动"优势

下表是西南各省(自治区、直辖市)截至 2018 年的城镇化率。

省(自治区、直辖市)	四川	重庆	贵州	广西	云南
城镇化率/%	52	65.5	47.5	50.22	47.9

2018 年国家统计局公布全国城镇化率是 59.58%,中国西南地方的城镇化率稍低于全国水平。但是,通过 10 年西部大开发战略,西南地区的高速公路为代表的基础设施,以渝新欧和广西对东南亚的国际开放度,以省会、地级市、县城为代表的城镇发展质量与全国平均水平又差不多,甚至某些指标还领先全国的平均水平。总之,中国西南地区初步具备了实施乡村振兴的直接外部条件:城乡互动。

乡村振兴过程中的一个重要方面,是通过领导行动促进城乡有序、可持续互动与融合发展。

国务院发展研究中心农村经济研究部副部长、研究员金三林认为,要实现城乡融合发展,采用"搞工程"模式,也很有效。金三林研究员列举了"五大工程":农民工市民化工程、强镇带村工程、乡村道路提档升级工程、城市公共服务下乡工程、"三乡"(即城市科技人员下乡、农村大学生回乡、农民工返乡)创业创新工程①。

如何通过领导行动促进城乡有序、可持续互动与融合发展? 这方面浙江为中国西南地区创造了先行先试的经验。

(1)以规划为切入点,打破城乡隔绝。浙江推进规划体制改革,建立健全统筹城乡发展规划体系。制定市域、县域总体规划,制定完善村庄布局规划,完善城乡交通、供水、教育、卫生等规划体系。特别要配套以专项规划,一点点,一步步,城乡分割、各自规划的格局被

---

① 金三林.新时期推进城乡融合发展的总体思路和重大举措[EB/OL].中国经济时报,2019-07-01.

打破。

（2）构建城市辐射、乡村融入机制。以杭州、宁波、温州、金华—义乌四大都市区为核心，浙江不断激发它们的辐射带动功能，支持和鼓励周边县（市、区）积极融入中心城市，实现一体化发展。"城市辐射"与"乡村融入"同等重要，如此良性循环，农村落后的穷根，必将在这种良性循环中被逐步破除。

（3）以镇为据点，以人为核心。城乡互动、融合发展，采取什么模式？浙江采用的是"以镇为据点，以人为核心"。具体路径是，通过培育特色小镇、中心镇，城市的资本、智力、公共服务等要素，迅速向特色小镇流动聚合，使之成为城乡融合的新平台。建制村则根据镇发展的需要，进行生产、人口、社会等调整，甚至重组或重塑。可能其中关键是把传统农村改造为社区。"美丽乡村"，就是新时代的农村社区。2003 年，习近平总书记到浙江工作不久便提出"用城市社区建设的理念指导农村新社区建设，抓好一批全面建设小康示范村镇"。

12.2.2 "帮扶机制"优势

"帮扶机制"，学术上是一个"反哺"问题。这可以看作现代化过程中的"马太效应"。一方面，工业化、城市化，拉动了农业和农村的发展，使整个社会发展速度和发展质量都比传统社会快、好多了。"快"，大家没有分歧；"好"，可能大家认识就不那么一致了。有人会问："市场经济始终存在相对贫困，人与人之间收入差距根据皮凯迪在《21 世纪资本论》中资本主义社会 300 年收入数据，说明差距拉大了。这'好'在哪里？"好就好在尽管相对收入差距在拉大，但整体生活水平在不断提高。"好"在这里！另一方面，工农差距、城乡差距，进一步拉大了。在这个新的起点上，城乡互动、工农互促，就不能单纯靠非农化、城镇化来带动农业和农村自然的发展。而是要直接以农业、农民和农村为发展对象。因此，工业反哺农业、城市反哺农村是一个新课题。

所以，南京大学经济学教授洪银兴认为，城乡融合发展上，要克服"自然带动论"。即认为城市发展了，农村也自然就发展起来了。无论是世界工业革命后发达国家农业现代化的经验，还是浙江、江苏改革开放的经验都证明，没有自然带动的事情！这也在学术上说明了党中央、国务院实施、推进乡村振兴战略多么审时度势、十分正确与必要[①]。

怎样才能使城乡之间互动起来、在互动中融合起来？学术界目前主张两条：一是统筹，二是流动。

统筹城乡发展，是主张改变过去重城市轻乡村的发展指导思想和一切政策。实际上是顶层设计。特别是城乡户籍、公共投入、社会保障等政策方面重城市轻乡村的特点。为什么会这样？不能责怪个人与政策本身，这是社会发展阶段本来无法避免、又有人为加剧的弊端。根子在投入效益、劳动生产率的城乡巨大差距。20 世纪 50 年代后期，"大跃进"期间，也尝试给农民发工资，使农民和城里人一样。结果几个月就搞不下去了，原因在于半年才能

---

① 洪银兴.城乡互动、工农互促的新起点和新课题[J].江苏行政学院学报,2009(1):58-64.

计算出农业效益,效益又低,提前发出去的钱变成了财务上的亏空。由此看来,农村、农业出路还是在搞市场经济,提高效率与收入水平。城乡之间互动起来、在互动中融合起来,本质是使农村在互动、融合中提高效率与收入水平。

使城乡生产要素在市场经济规则、平台上,相互流动起来,这是城乡之间、农村与农民之间互动起来、在互动中融合起来的路径。市场经济在发展速度、效益上的优势是无敌的! 前些年温家宝任总理时实行了一个政策,"种粮直接补助",当时标准是每亩地种粮补助 20 元。恰好当时农产品又涨价。有人计算过,农产品涨价给每个农民带来增收 160 多元。当时有人感叹:"一个市场,当 8 个总理啊!"城乡要素流动,目前主要是城市资金、人才、技术向农村流动,这个是符合发展阶段性特征的。只有当农村各种要素被资本、政策激活后,才能出现城乡相对均衡流动。

这里要特别强调一下农村与农民之间互动的直接带动作用。2019 年 9 月 24 日,中央农业频道在"田间示范秀"节目中,讲述了种桃专业户牛庆花,帮助打工残疾回家种桃的云云搞短视频直销的故事。云云第一次运用短视频直销效果就很显著,平时自己手机直销一个月20 多单,一天短视频直销就是 50 多单! 现在乡村振兴发展主要办法就是同市场经济对接。难点在搞产业:生产出来不容易,卖出去与卖个合适价格更不易。生产出来要靠组织、技术、人努力;卖出去,不管客观效果多么数据化,过程还是靠人与人之间互动,每个人改变自己特别是提高自己的素质即"本事"。云云在直播镜头面前,开始不知道说什么、怎么说,一个劲地吃自己种的桃,后来慢慢说到点子上了,就是形象的示范!

这里需要特别强调的是城市资金、人才、技术向农村流动,是按市场经济规则、平台"游戏规则"办事的。市场千规则、万原则,根本是投入与产出、成本与效率原则。城市资金、人才、技术向农村流动,不是去做慈善,要谋取合法利益的。农村干部、农民这点要想得通! 各级领导在这点上要"主持公道!"有一段时间有个传闻,说丹寨县领导要求万达公司把 5 亿元利润留下,受到网友指责。如果有这个事情,确实需要反思。万达是一个企业,把丹寨贫穷面貌初步改变了,创造了一些利润,企业应该拿走的! 好像 5 亿元变成了基金。这从市场经济规则上,是"下不为例"!

目前城市与乡村的资金、人才、技术双向流动,主要是借助园区、项目、电商等平台。2017 年,贵州省依谷堡园区,通过淘宝、京东、美团等电商平台,累计交易 5 544 次,成交3 210 万元,销售收入 1 923.84 万元。金融机构向农村发放贷款 56.87 亿元。入驻龙头企业 71 家,农业产业化企业 78 家,这些企业也带进了不少资金、技术、人才流向农村。

12.2.3　"联合指挥机制"优势

关于联合指挥机制,前面已经提及。前面是从静态制度建构角度讲的,这里的动态角度联合指挥机制也是经营机制的一个重要方面的内容。

联合指挥机制,其实分为两个性质不同的层次,政治层面和技术层面,这两个不同性质、也是不同层次的"联合指挥"是遵循不同的规律。在政治层面,农村党支部是乡村振兴领导核心;在技术层面及其各业务环节,遵循各自技术规律与操作程序,比如,农产品深加工、林产业及林下养殖、养猪与养牛,这些技术规律与操作程序存在很大区别,不按这些技术规律与操作程序办事,就会造成巨大损失。在遵循技术规律与操作程序基础上,设置符合这些技术与程序要求的组织机构与工作流程,但是,共产党员以自己技术上的过硬业务与模范作用,用一个个实在的成果体现党的作用,这也是实际的"作用型指挥"。

看来乡村振兴的联合指挥,存在两种类型:农村党支部"组织型指挥",共产党员先锋模范"作用型指挥"。俗话说:"喊破嗓子,不如做个样子。"共产党员先锋模范作用,就是无声指挥。且在技术成果取得中起"顶梁柱"作用,谁能轻视党员作用? 是这么好的党,才能培养出这么优秀的党员,党组织在"组织型指挥"中不是更有底气和权威么。

这里主要探讨农村党支部"组织型指挥"怎么干。我们在调研中发现,中国西南地区农村许多党支部已经在乡村振兴中发挥了领导核心作用。条件那么艰苦,起点那么低,待遇那么菲薄,中国西南地区农村的中国共产党农村支部及其干部、党员们,"白加黑,五加二"成年累月地撸起袖子加油干,这样的景象实在令人感动。学术界对农村党支部"组织型指挥"怎么干,作了一些探讨,我们将目前的主要研究成果概括如下①。

第一,农村党支部要当好上下联结纽带。从全国、省、县、镇、村的行政架构,从城乡关系的经济内部性与外部性来讲,农村中共村党支部都是联系上下,沟通内外的关键环节。农村中共村党支部要把上至中央下到镇有利于农村发展的理论、文件、举措及时地传达到村民中,形成乡村振兴的民意基础与共识。同时,党组织要发挥远见又卓识的政治优势,利用城乡一切可以转化发展成果的关系、要素,把它们变成一个个项目,推动乡村发展。

第二,要对本村发展实事求是地提出既符合实际,又能与市场对接的发展目标、项目、举措。简单说来是,农村中共村党支部要对本村发展负起责任来。现在一些农村基层党组织存在软、懒、散状况,就没有领导与指挥能力,无法对本村发展负起责任来。这样的基层农村中共村党支部数量很少,影响很大。一个村支部就是几千农民的生家生计!

第三,解决影响发展的重大问题。这些问题归纳起来主要是三类:重大内外工作矛盾、人心问题、人才问题。农村中共村党支部要在调查研究基础上,审时度势、权衡利弊,作出既能解决问题、又符合各种规定的决策来,着实不易,考验农村中共村党支部及其班子成员的见识、水平。所以,要当好乡村振兴中的农村中共村党支部成员、书记不容易! 上级要派"农村支部第一书记"原因与此有关。

12.3 完善西南地区乡村振兴的领导机制的选择

领导机制建构实质是个人才问题,可能不少人容易忽视这个问题。试想,一个没有人才、嫉妒人才、"武大郎开店或王伦式不能容人"的地方,领导机制问题可能搞好吗? 人才也是一个多维度、多层次的概念,凡是能胜任岗位工作、并且在岗位上做出了突出业绩的人,都

① 孙剑.突出基层党组织的领导地位 为乡村振兴提供坚强保证[J].四川党的建设,2018(20):38.

可以叫"人才"。西南地区乡村振兴中需要的人才内容也是丰富的,下面阐述沿着这个思路展开。

12.3.1　行政人才、经营人才、技术人才"三队伍"的质量与整合

清华大学教授于永达认为,乡村振兴有一个关键性的问题,如何提高农村党组织为核心的各种发展相关方面的领导力。领导力本质上又是一个人才问题。有人提出了"人才型领导"概念。回顾古今中外,杰出、成功的领导,都是人才在实施领导。

相对而言,中国西南地区乡村振兴的人才也是稀缺的。在探索乡村振兴中建构以基层党支部为核心的"联合指挥机制"时,不得不同时强化人才问题。

行政人才、经营人才、技术人才"三队伍"的质与量,在一定程度上决定乡村振兴的进程。乡村振兴涉及农村基层单位的方方面面,所以,人才需求也是多方面、多层次的。目前西南地区农村当下最缺行政、经营、技术类人才。

什么是行政人才? 目前学术界还没有共识性的观点。但是,有人说行政性人才是想大事,能干具体事,善沟通的人才。可见,不能简单地把有职务的人和行政人才简单划等号。

经营性的人才,就是熊彼特所说的有"企业家精神"的企业家。熊彼特讲"企业家精神"聚焦于创新,根据这个标准,有"企业家精神"的企业家条件也不低。这里要破除农村落后不需要"企业家精神"的观念。这种看法不合适,20 世纪 80 年代农村如果没有吴仁宝、鲁冠球、刘永好等一批有"企业家精神"的企业家,许多发展奇迹也就不可能发生了。

技术人才,这支人才队伍的重要性没有人否认。但是,农村特别是中国西南地区农村这方面人才的稀缺也是突出的。怎么解决? 一方面培养乡贤、实用人才;另一方面"借脑"。不为我所有,但为我所用。苏南 20 世纪 80 年代就有"星期六工程师"实践,现在乡村振兴中争取外部智力、技术支持的条件好多了。

什么是"领导机制"? 可能要将中国与西方的理解结合起来。据来宪伟等三位比较熟悉东西方领导价值观差异的文章来看,西方人看领导、领导机制是用公平、交换作为理论基础,而中国则是用人才、身份作为理论基础。用西方的理论标准来看领导是选票公平选出来的,领导个人是可以"交换"的。具体选举"只要不是最坏的人,都可以凭选票(哪怕是选举语言骗来的也可以)当领导!"西方人重选票,不重视谁当领导,绝没有人才难得观念! 中国人认为,既然能当领导,总有别于普通人之处,属于人才系列。担负重大责任或者能做出别人没有成绩的人才难! 中国、西方的领导、领导机制的观点各有所长,可能结合较好。在中国西南地区的崇山峻岭中搞乡村振兴,没有人才是不行的。但是,任何人才单枪匹马也成不了事情,西方人看重的"选票"可以理解为得到人民拥护,既是人才又得到人民拥护,还有什么事情办不成呢!

12.3.2　村级"社会乡村"递进式职能回归

传统社会乡村职能是什么? 梁漱溟和后来众多学者认为,中国传统社会乡村有"中国特点",不能简单用西方中世纪农奴社会来套。梁漱溟先生就认为,中国乡村是一个以"礼教伦

理"的中国精神为核心的宗族或宗族单位①。用学术语言来表述是,中国传统社会乡村是一个"宗族或宗族"的社会单元。"皇权不下县"、"礼不下庶人",就是对这社会单元的整体性描述。梁漱溟先生主张,从改造乡村文化入手,改造乡村社会。梁先生的观点今天看来未必都正确、适用,他对中国乡村社会的观点,对于认识乡村振兴对象的农村特别是中国西南地区乡村还是有启迪作用的。一些农村党支部为什么缺乏战斗力、凝聚力? 与宗族文化的传统性没有得到改造很有关系。

没有得到改造的宗族文化的传统性,会影响党在农村的领导。对这个问题的严重性,毛泽东同志在井冈山斗争时期就注意到了。中国井冈山干部学院赖宏教授就认为,井冈山斗争时期就提出要用无产阶级思想改造农村的家族文化。

1949 年新中国成立以后,中国农村长期实行"人民公社"体制,经常搞"社教运动""割资本主义尾巴",中国农村从传统家族社会单元变成了政治斗争的战场。

改革开放后,以小岗村搞承包制为分界线,中国农村从政治斗争的战场转向以经济建设为中心。2 亿多农民进城务工说明,"以经济建设为中心"在农村并没有干起来。青壮年都进城了,农村经济建设谁来干? 中央从提出"三农"、到新农村建设、直至乡村振兴,旨在城乡都"以经济建设为中心"。

乡村振兴实际上是使十一届三中全会确立的"以经济建设为中心"战略,在中国农村落地、落实。领导乡村振兴,必然第一是振兴农村产业。我们的全部领导工作,都要抓住这阶段性特征展开。目前,在抓产业振兴为重点的同时,也要兼顾抓乡村治理、生态。因为,乡村治理好,才能为发展创造必须的社会条件。生态既是发展过程与结果必须顾及的,也是发展本身的内容,"绿水青山就是金山银山"。

乡村振兴还包括乡村治理、生态,在乡村振兴的高级阶段,即产业振兴任务基本完成以后,工作重心、领导重点布局,将转向乡村治理、生态。

12.3.3 乡村振兴"人才蓄水池"的建设

2018 年"两会"期间,习近平总书记在参加山东代表团讨论时指出,要推动乡村人才振兴,把人力资本开发放在首要位置。领导机制建构与人才聚焦形成了互为因果的良性循环关系。

江苏、浙江、广东相对于中国西南地区,农业现代化水平都走到前头上了。他们有一个共同经验,要为农村发展建构"人才蓄水池"。农村要留住人才,条件是一个方面,更重要是人才到了农村有没有发展空间。实践证明,只要有发展空间、施展才华的平台,即使起初条件差点,人才也愿意去。江苏金湖县使企业发展与留住人才形成了良性循环关系,企业通过创新平台吸引人才,政府出台留住人才政策,所以,江苏金湖县虽是唯一 GDP 低于 300 亿元的县,但是,金湖实现了"水清、河畅、岸绿、景美"的宜人风貌,这个只有 37 万人口的县,人才达 4.33 万,引进高层次人才 127 人,这些人才投入了 12.6 亿元人民币创办了企业。金湖经

---

① 杨守森.梁漱溟的乡村之思[J].山东社会科学,2017(10):164-173.

验说明,经济相对落后的地区一样可以建构"人才蓄水池"。

中国西南地区农村不少地方,都有建设"水清、河畅、岸绿、景美"的宜人风貌的条件,在经济努力发展的同时,着力建设宜人风貌区,吸引人才,再推动乡村发展,也是可以考虑的一条路子。

政策是推进事业的资源、工具。所以，政策是重要的。

执行政策资源与在自己可能空间之内利用政策工具，同样重要。

中国西南地区乡村振兴提高执行政策的能力，与运用政策解决各种问题，这两个方面需要结合起来。

第13章　西南地区乡村振兴的政策机制建构

恩格斯说过，从理论上，社会中生产力最有决定作用，其次是生产关系，作为政策制定者国家在理论上排在最后。但是，上层建筑有对生产关系与生产力的反作用。不然，我们为什么要为夺取政权而斗争呢！西方马克思主义科西克主张把时间分为"历史"与"平日"。平时就是平日，历史就是重要历史事件展开、演进、结束的时候，现在我们称为"历史或时间节点"。国家制定的政策，也有平日与节点，社会发展大多数时候是经济本身正常发挥作用，当处于历史节点的时候国家政策反作用也可以开创历史。谁能否定彼得大帝学西方政策、明治维新政策、中共十一届三中全会改革开放不是开创了历史新时代呢？所以，在乡村振兴中善于利用各种政策资源、政策工具也是重要的。

13.1　有关政策的理论主要观点

什么是政策？从形式上看，政策是权威领导机关发布的必须"照着文件执行"的一系列意见、决定的条款内容等。政策是可以研究的吗？可以。研究政策可以更好地理解政策的"初心"，从而更好地执行政策。研究政策从哪里入手？从"政策范式"切入。经济政策和所有政策一样，都有一个从具体政策到全面政策的发展过程，这就是从单项税收政策到以"自由竞争"为代表的微观企业要求，从单项收入政策到宏观的调节政策。

13.1.1　政策范式是设计、解读乡村振兴政策的工具

政策确实在实际表现形式上，平时主要表现为一些被称为"决定""意见""规定"之类的

规范条款。仅从这个形式上去看政策，它都是一些关于行为规范的"形而下学"的东西，没有什么理论性与学术性；加上政策条款直接出于制定主体的笔下，只是由某些程序赋予合法性及强制力。这样对政策容易形成"完全是政策制定者意志、没有什么研究空间及价值"的认识。

其实，政策是有其学术基础的、也有源于"历史情景"中的规律与条件。列宁说，"要对政策作科学的论证，这个要求是必需的"。政策范式，就是目前学术界关于政策的科学性基础的观点。

什么是政策范式？是建立在主导性的观点基础上的一种政策思维框架。政策范式展开、落地就是人们所见的一个政策文件的结构及其条文。美国杜克大学教授高柏在《经济意识形态与日本产业政策》中以日本的产业政策为例指出，日本的产业政策从来不是被作为一个纯经济学问题看待，而是属于政治讨论框架下的问题。因此，讨论产业政策中，"主导性的观点"具有根本影响。政策范式是日本的政治家、产业界人士和普通民众借以理解经济的框架。所以，可以这样理解，政策范式代表着一种主导性的观点；政策范式是一种政策思维框架[①]。高柏同时指出，日本以"增强国家竞争力"的主导性观点或意识形态为基础，引导日本的经济制度建设和政策制定。所以，我们不能不对于这种可以使政治与经济结成关联、关系的政策范式予以关注、并给予肯定。

如果要进行政策创新，必须要有政策范式作为理论依据。政策创新为什么会对政策范式存在依赖性？这个问题需要从理论依据与实证材料两个方面进行探讨。

政策创新对政策范式存在依赖性的有三个主要理论依据。

（1）政策创新对政策范式存在依赖性，这是由政策作为"应用性强的社会科学"的性质决定了的。徐明明在题为《社会科学范式初探》文章中说，理论研究为政策纲领提供理论支撑，而政策纲领的实践效果则检验其依据的理论学说。英国著名经济学家布劳格认为"大多数经济学说不仅是拉卡托斯意义上的科学研究纲领，而且也是政治行动纲领。"例如凯恩斯经济理论。他在理论上否定了传统经济学，在经济政策上也坚决反对自古典学派以来一直信奉的自由放任的经济政策，大力鼓吹只有国家干预经济才能确保资本主义的生存，提出了财政赤字、通货膨胀等具体经济政策。因此，政策纲领，是政策体现其社会科学理论体系的重要因素的表现。政策创新只有以科学的理论假设为基础，政策创新本身才能发生并沿着正确轨道运行。

（2）经济社会发展政策兼备专业性与社会公共性双重属性，决定了政策创新对政策范式存在依赖性。2007年10月23日，北大法律信息网发表了刘性仁题目为《论公共政策理论模型及制定过程》的文章。文章说，任何公共政策都是指政府对于社会价值所作之权威性价值分配。按照文章的这个说法，政府在利用政策工具解决各种涉及公众利益的公众关心问题中，表面上是为解决问题而出台、执行各种政策，但是，解决问题的各种定型政策本身既受问题解决规律的专业性约束、也受政府价值分配的认识水平与偏好影响。

① 高柏.经济意识形态与日本产业政策[M].安佳，译.上海：上海人民出版社，2008.

（3）"政策建制"理论，把政策创新理解为"政策建制变更"。政策创新是一个比较抽象的命题，现实生活中的政策创新是咋回事？可以借用"政策建制"理论来说明这个问题。"政策建制"理论，是威尔逊等人提出的。在威尔逊等人提出"政策建制"的构成中，通常，政策范式是通过一些故事、语言、形象来界定一个政策问题，并支持某一政策解决方案，使之具有"合法性"并被认同。反之，政策范式也可以通过这些路径来否定某些政策。政策范式不是只有观念的力量，还有一批"精英"充当主体承担者。他们是学术机构、专家、利益相关者、利益集团领袖，这些人们对某种"政策建制"的支持或反对，在现代社会中的力量与能量是显而易见的。

用政策范式制定、理解各项乡村振兴政策，我们更可以通过政策纲领、政策创新等理论平台，深刻认识乡村振兴战略是以习近平同志为核心的党中央富有创新性的战略决策。

乡村振兴中的政策范式、即政策思维框架是什么？是城乡协调发展。乡村振兴中的政策建制是什么？就是产业兴旺，生态宜居，乡风文明，治理有效，生活富裕。

乡村振兴中的政策范式、政策建制确立的依据是什么？又必须从乡村振兴战略"历史情景"中的规律与条件中寻找。就是中国共产党领导中国要从站起来、富起来、强起来，必须发展农村；"四个现代化"从来都包括"农业现代化"。

乡村振兴战略相对其他理论，又有其鲜明的"政策建制"创新性，主要是通过政策纲领来实现的。我们通过学习中共中央、国务院印发的《乡村振兴战略规划（2018—2022年）》，就可以体会到乡村振兴"政策纲领"的创新性。如果过去的政策纲领是"以城带乡"，现在政策纲领是"乡村振兴"及其"城乡融合发展"，在这样的政策纲领基础上，政策条文的创新自然被"赋能"了。由政策范式的政策纲领、政策建制等观点去理解乡村振兴战略及其政策，应当有登临绝顶、俯瞰群山之感！

以上介绍，在政策理论上强调了三个概念：政策范式、政策建制、历史情景，这样就使从现象上看"变来变去，恰好又管得到人"的政策，从好像不确定变成相对确定，而且可以认识与研究的对象了。任何政策都是特定历史情景下的产物，当历史情景没有变化或没有发生重大、根本变化的情况下，就应该保持与强调政策的连续性与稳定；反之，则应该适时完善、调整、停止或废止原有的政策，而及时制定与推出新政。现实中，老百姓既盼望改变过时的错误政策、又盼望稳定政策。对"以阶级斗争为纲"的错误政策，对联产承包制的正确政策，中国人与中国农民就表现出了截然不同的态度。

中国西南地区乡村振兴，当下支持性的政策已经形成了体系，政策动力也是乡村振兴的重要动力源，弄清政策有关理论不是没有必要。

13.1.2 从讨论税收政策到斯密的"自由竞争"政策的企业要求

经济学认为，经济、社会发展与政策关系很大，学术源远流长。最初，经济学关注的是国家税收政策，后来才发展成为对国家宏观经济政策提出建议。

法国重农学派创始人魁奈在其《赋税论》和《农业国经济统治的一般准则》两篇著作中，强调了从征税对象和征税形式方面来建立一个税制的基本框架，在一个合理的框架下才能达到轻税和扩大再生产的目标；他还提出了税收不可侵蚀资本的原则，认为这样有碍再生产。

休谟是英国哲学家、历史学家和经济学家,他在《论赋税》中提到,其税收思想主张"三原则":一是适度原则;二是公平原则;三是隐蔽原则。

西斯蒙第提出了国家征税的量的界限,即对穷人要免税,以维持其基本生活的需要。

亚当·斯密的税收思想是"税收的四原则",即"平等、确定、便利和最少费用"。亚当·斯密以"自由竞争"为特征的政策主张,标志着政策视域从关注单项政策税收,发展为一定的宏观政策主张。亚当·斯密的"自由竞争"的政策主张,是以"自利的打算",即"经济人"的理论为基础的。进而亚当·斯密认为,国家是一个有效地增加财富的方法,是规定的法律结构,使个人能自由地在他们的经济活动中追求改善其经济条件的利益,国家有责任使个人利益和社会利益保持一致,即提到经济发展动力和经济发展平衡。这是政策的立足点与出发点。

以上介绍了经济学家关于政策如何才能促进经济发展的若干观点、主张。他们强调若干经济政策中税收政策与经济发展关系最密切,在税收政策中又强调适度即不侵蚀资本、便利两个原则。目前从全国来看,乡村振兴都处于培育、发展产业阶段,国家对乡村产业发展有很多以"免税、减征"为中心的扶持政策。但是,随着乡村产业的发展,乡村产业也应该随着资本积累、利润增加,要主动缴纳税金,支持国家的现代化建设。什么时候交税、交多少?"不侵蚀资本"就行。纳税的便利化随着政府职能与机构改革,再加上运用电子技术,在中国已经不是问题。

借助斯密等人的从税收到宏观政策的主张,我们也要同时强调深入解读、宣传党中央、国务院关于乡村振兴的政策主张。政策宣传就是统一人们思想认识的一个有效手段。执行者只有在对政策的意图和政策实施的具体措施有明确认识和充分了解的情况下,才有可能积极主动地执行政策。

在中国西南地区农村作乡村振兴调研间,听有村民说:"中央乡村振兴政策实在好! 就是不知道什么时候能落实啊!"这种不能正确认识中央有了政策引导和支持后,我们应该做些什么,并不是个别人的想法。所以,有必要从理论上探讨政策的作用、政策同干成一件事是什么关系、政策下我们该做些什么。有人说,政策是天时,搭建发展平台是地利,干起来是人和。在多年解决"三农"问题、新农村建设的基础上,中央又推出了各项乡村振兴的政策,"天时"够好了;城乡融合发展包含着许多资本双向流动的机会也是发展平台,"地利"也是有的;如果村民能够主动干起来,乡村振兴战略目标就一定能够早日实现。

13.1.3 从库兹涅茨收入差距到凯恩斯等现代宏观全面政策主张

回顾 1492 年哥伦布"发现新大陆"开启了世界现代化历史的几百年,社会经济发展政策从无到有、从税收单项政策到全面的发展政策,历经波折。其中,政策与发展相互促进、社会保障、主要运用经济手段促进和调节社会经济发展政策,这三个方面的政策是社会经济发展政策体系的支柱。经济学对社会经济发展政策贡献甚多,以库兹涅茨、庇古、凯恩斯为代表。

西蒙·史密斯·库兹涅茨依据推测和经验提出了经济发展与收入差距变化关系的倒 U 形字曲线假说。这个理论观点被称为"库兹涅茨 U 形曲线",这个曲线如下图所示。

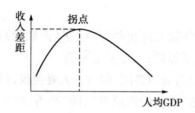

库兹涅茨曲线表明:在经济发展过程开始的时候,尤其是在国民人均收入从最低上升到中等水平时,收入分配状况先趋于恶化,继而随着经济发展,逐步改善,最后达到比较公平的收入分配状况,呈颠倒过来的 U 的形状。用基尼系数来衡量一个国家或者社会的财富分布状况,在该地区经济发展过程中,其基尼系数经历了由小到大,在经济发展到一定水平之后,又从大到小的倒 U 状态的过程。

对"库兹涅茨 U 形曲线",无论是经济学界或社会上争议都很大。一是存在"从倒 U 形到 U 形曲线拐点吗?""经济发展本身会走向缩小差距吗?"特别是皮凯迪出版了《21 世纪资本论》后争议更大了。不管有多少争议,尽管这个理论本身存在多少缺陷,但是,这个理论主张用发展来不断缩小社会收入差距的主张,蕴藏着"发展才能硬道理"的合理内核。认为随着国家综合实力的提升,老百姓的生活平均水平标准也会不断提高,还是有很多实证支持的。中国人"三大件"从手表、自行车、收音机到房子、汽车、股票就是证明。

一个国家的政策,还是要以促进发展为第一要务,只有发展才能解决以往发展中积累的矛盾。如果不以促进发展为第一要务,停下发展来争论"以往发展中积累的矛盾与解决之道",除了撕裂社会、酿成暴乱外,不会有任何正能量产生。2019 年香港发生的从游行到暴乱的事实,证明了"发展才是硬道理",由此有必要从理论上肯定"库兹涅茨 U 型曲线"的合理价值。

凯恩斯提出了"政府有必要的财政能力"的宏观调控思想①。为什么政府用经济手段,能够刺激经济发展?凯恩斯在《就业、利息和货币通论》中,写了一则政府"挖坑"的寓言故事。这个故事的大意是说,乌托邦国处于一片混乱中,整个社会的经济处于完全瘫痪状态,工厂倒闭,工人失业,人们束手无策。这个时候,政府决定发行债券兴建公共工程,雇用 200 人挖坑。挖坑时,需要 200 把铁锹。这就产生了对铁锹的需求,正是由于这一需求的出现,生产铁锹的工厂开工了,生产钢铁的企业开工了,生产铁锹把的木材加工厂也同样开工了。当铁锹被使用之后,就给工人发了工资,这时与衣食住行相关的行业也发动了。通过挖坑,带动了整个国民经济。大坑终于挖好了,萧条的市场终于一点点复苏。经济恢复以后,政府通过税收,偿还了挖坑时发行的债券,一切又恢复如常。有一个前提,就是政府有必要的财政能力。

目前世界上大多数国家都建立了不同水平、不同形式的社会保障制度及其相关政策。这一切,都与 1920 年 A. C. 庇古的《福利经济学》一书的出版有关。自从庇古提出了"福利经济学",第二次世界大战后各国才先后提出了有关政策并建立了社会保障制度。所以,福利经济学是福利政策及其社会保障制度产生的标志②。

---

① 弗罗恩. 宏观经济学:理论与政策[M].王秋石,等译.北京:中国人民大学出版社,2010.

② 纳哈德·埃斯兰贝格.庇古的《福利经济学》及其学术影响[J].何玉长,汪晨,译.上海财经大学学报,2008(5):91-98.

福利经济学以边际效用基数论或边际效用序数论为基础,建立福利概念;以社会目标和福利理论为依据,制定经济政策方案。庇古根据边际效用基数论提出两个基本的福利命题:国民收入总量愈大,社会经济福利就愈大;国民收入分配愈是均等化,社会经济福利就愈大。这也就形成了以一定的价值判断为出发点,也就是根据已确定的社会目标,建立理论体系的"经济学规范性研究方法"。

经济发展中差距拉开是必然、但市场包含缩小差距的基因。政府要有财政能力、福利制度。这些要点既概括了发达国家近 200 年发展的历史逻辑、也大致反映政策脉络走向。促进发展,一定时期与程度容忍差距拉开,又是市场经济条件下发展所必需的。"不准拉开收入差距,又要加快发展",在市场经济条件下做不到! 收入差距即基尼系数,市场经济发展的前期比较大,后来会随着发展相对差距逐步缩小。当今市场经济条件下的收入差距关键是比较参照系选择,是一般收入与中等收入比较? 一般收入与资本家比较? 在美国如果以一般收入与资本家比尔·盖茨和乔布斯比较,那差距永远好像在拉大。但是,一般收入与中等收入比较,似乎库兹涅茨理论又存在。比如,美国汽车工人干 1 小时最低工资 80 美元,与中国汽车工人相比较,高收啊! 有资料显示,美国 1914 年汽车工人干 1 小时工作的工资是 5 ~ 10 美元,纵向比较也提高了几百倍。关键是要保障政府财力越来越雄厚,才能建立日益提高的保障制度。依靠发展,不断提高人民生活水平;通过发展社会保障制度,让国民财富分配趋向公平。

乡村振兴中,随着市场经济在农村的发展,农民之间的收入差距拉开、拉大也是不可避免。同时,农村存在越来越多的投资人。怎么认识、采取什么态度与政策日益被提到日程。

13.2　中央关于农村中重大政策的创新、再创新分析

要研究中国西南地区乡村的发展政策,必须以洞观党在农村政策之全局,方可思考、讨论一个地区发展的政策依据及优势。中国共产党对农村发展的政策范式具有指导思想一贯性、创新性两个特点。一贯性主要反映在两个方面:政策出发点一贯,就是问题导向;聚焦点一贯,就是农民增收。创新性体现在历年中央一号文件中,乡村振兴战略的推出,是党的农村政策创新的必然结果。

13.2.1　问题导向:农村发展和解决发展中问题

回顾改革开放以来的 40 多年间,人们印象最深的是,过去每年中共中央一号文件必定都是谈农村和农业问题的。2018 年的中央一号文件内容是"关于实施乡村振兴战略的意见"。中央关于农村、农业、农民问题的一号文件发了 30 多年了,尽管内容每年有变化,但是,中央抓"三农"的思路明确、主线贯一。这个思路与主线用学术语言叫作"逻辑性强"。抓住了中央抓"三农"的思路、明确主线,我们就能从历史纵深的视角看到乡村振兴战略提出的必然性、重大的并且是重大创新的价值。

中央抓"三农"的思路、明确主线即逻辑是什么呢？问题导向。每年中央一号文件都提出、引导解决一个"三农"的必须解决、当前初步具备了解决条件的一个问题。每年问题之间又有内在的逻辑顺序与联系，这种内在的逻辑顺序与联系又是农业现代化规律所规定了的。这些问题主要是两类重大制度体制机制建构问题，重大的农业技术问题如设施农业与水利问题。

有同志认为，对于中央抓"三农"的思路、明确主线即逻辑理解，要抓住文件中有"时间节点"的内容，并且进行连贯性地"瞻前顾后式"的解读。从1984年中央开始发出关于"三农"的一号文件以来，主要的"时间节点"有以下四个：

(1)20世纪80年代中央历年一号文件，是围绕在农村中肯定家庭联产承包制，并且创新性发展"双层经营体制"相关问题进行的。所谓"双层经营体制"，就是以家庭联产承包制为基础，同时发展集体经营。

(2)20世纪90年代中央历年一号文件，是围绕农民增收问题展开。当时的主要措施是增加对农业投入、允许与鼓励农村劳动力转移。"农民工"群体得以迅速增加。

(3)21世纪通过新农村建设加快农业现代化的过程。农业现代化是一个很复杂的问题与过程，涉及农村环境整治、农业基础设施和农业生产设施、农业与全国世界市场经济接轨。所以，中央提出了农业综合生产能力、现代农业、农业基础设施、水利改革、农业补贴与农业进出口调节、农业发展方式转变、产业生产经营体系建设、农村改革等重大问题。

(4)2018年中央"关于实施乡村振兴战略的意见"，是一个"管全面、管长远"的创新文件，开辟了"三农"问题解决的新时代。所谓"管全面"，乡村振兴目标的20个字，就体现了乡村振兴全面性的内容。所谓"管长远"，就是对乡村振兴三个阶段的任务进行了部署。为什么说乡村振兴相对于新农村建设是一个新时代，"新时代"就新在城乡关系从"以城带乡"到"城乡融合"。

联产承包制度变革、农民增收、农业现代化、城乡融合，这是改革开放40年中，中央对"三农"问题认识的线索，回过头看，中央对"三农"问题每一个阶段的认识既准确、又符合经济学的内在逻辑。农村发展，制度是基础。变革农村制度，要从农民最迫切的问题切入，联产承包制代替"人民公社"的脱离生产力的"一大二公"是农民最迫切解决的问题。"联产承包只能解决吃饱肚子，没办法解决'票子'"问题，要解决农民增加收入的复杂问题，又联系着农业现代化与城乡在市场经济基础上的融合。

13.2.2　目标一贯：农村发展与农民增收统一

20世纪80年代由于改革率先发生在农村，所以前期农民收入增长一度超过城市，城乡居民收入差距从1978年的2.3倍缩小为1983年的1.7倍。

20世纪80年代后期，由于改革开放重点转向城市，城市通过引进外资、企业通过承包制增了收入，城乡居民收入差距也从1983年的1.7倍扩大为1989年的2.23倍。20世纪90年代城乡收入差距拉大，城乡居民收入差距从1990年的2.2倍增长到1994年的2.87倍，经过重视与工作，1997年一度有所缩小为2.42倍，2008年又扩大了到了3.23倍[①]。

---

① 王文强.对历年"中央一号文件"的回顾与展望[J].吉林农业,2018(3):13-17.

农民增收问题,实质是传统农业与现代农业、自然经济与市场经济的矛盾。市场经济之所以有高效率、不断创造更高效率,原因在于市场经济有扩大市场容量的规模效率、技术领先的适度垄断价格形成的超额利润,不断在转型中创新形成的更高效率空间。这一切效率的来源,自然经济、计划经济都没有。

转移劳动力、实行保护价格收购农产品,是在农村自然经济影响还不小的情况下,中国共产党领导的政府尽最大努力所能做的。但是,无论是转移劳动力、还是实行保护价格收购农产品,都要受经济规律的制约,因而空间是有限的。

转移劳动力的空间,要受城镇吸收农民工能力限制。有资料显示,2004 年进城农民工人口 1.2 亿,2014 年左右中国进城农民工人口超过 2 亿,2018 年达 28 836 万。但是,有数据表明,城市企业实行转型发展、创新驱动、机器人代替人工之后,吸收农民工能力在降低。2018 年农民工增量为 184 万,仅比上年增加 0.6%[①]。

回顾改革开放 40 年,中共中央、国务院总是在各个历史发展条件下,尽可能让农民增加收入。但是,我们也不能不注意到,具体的让农民增加收入的办法,只是在一段时期内有效,随着发展阶段的变化,过去使农民增加收入的行之有效、甚至立竿见影的办法"失灵"了。

20 世纪 80 年代前期,当时流行一句话"一包就灵"。在大多数农村,只要实行联产承包制,农民马上就通过在承包地上舍得投入,粮食增产,养猪养羊养鸭都可以拿到自由市场即集市卖钱,日子就过好了。"一包就灵",没有夸张成分。

1984 年开始,农民收入增长趋缓,中央又允许发展乡镇企业、外出务工,让农民增加收入。后来,随着市场环境从"供不应求"变成"供大于求",大多数乡镇企业办不下去了。发展私营经济、外出务工、粮食价格实行保护价收购,成为助推农民增收的三个途径。

其中,外出务工,成为农民增加收入惠及人口最多、最重要的途径。各种资料、数据显示,外出务工收入占农民家庭收入的比重从 1990 年的 20%,提高到 40% 以上。

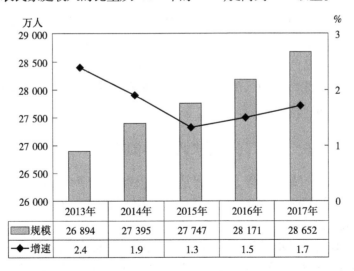

	2013年	2014年	2015年	2016年	2017年
规模	26 894	27 395	27 747	28 171	28 652
增速	2.4	1.9	1.3	1.5	1.7

---

①　彭瑶.2018 年中国农民工总量 28 836 万人[EB/OL].中国日报网,2019-06-11.

从上图中可以看出,通过转移农村劳动力增加农民收入,2015 年以后空间日益收窄。

"粮食价格实行保护价收购",国家可以运用的价格空间也日益被国际市场"行情"压缩。2004 年,我国出台粮食最低收购价政策,但由于粮食生产成本提高,粮食市场价格偏低,最低收购价已不能有效地维护农民的利益,国家也愈来愈不能采用"保护价"来保护农民利益了。过去,国内的小麦、玉米价格比国际市场低 30% 左右,大米价格比进口到岸价持平。理论上,国家可以运用这个价格空间保护农民利益。但是,2008 年后国际农产品价格下降,玉米国内价格高于国际市场 25%,大米国内价格高于国际市场 34%。

农民增收剩下的路径必须使农业现代化、农村从自然经济转向市场经济取得实质性进展。切入点不外是三个。

(1)传统农民变成职业农民。2012 年中央一号文件提出,大力培育新型职业农民。新型职业农民以农业为职业,具有相应的专业技能,收入主要来自农业生产经营。从目前各地实践来看,新型职业农民主要有以下几种类型。一是生产经营型。如种植养殖大户、家庭农场主、农民专业合作社骨干等。二是专业技能型。他们既包括从传统农民逐步转变而来的专业人员,也包括外出务工或学习之后获得各种农业技能的返乡农民工、复转军人或回乡务农的大学生等。三是社会服务型。如农业信息员、动植物防疫员或检疫员、农产品经纪人、农机手等。无论哪一种类型,他们都以农业为职业,拥有一定专业技能,是农村中有文化、懂技术、会经营、有组织的职业化群体。

(2)农村经营主体从传统血缘家庭变成家庭农场。2013 年中央一号文件提出,大力发展家庭农场。家庭农场与参加了合作社的农民的区别在于,参加了合作社的农民在自己土地上种地,参加合作社是为了"抱团闯市场"。家庭农场是独立闯市场,农场主是生产、经营能手。家庭农场与种养大户的区别在于,家庭农场是法人,种养大户是自然人。

(3)农产品生产标准化、品牌化,以适应市场的需求。2018 年中央一号文件提出,大力推进有机、绿色、无公害、地理标志农产品的品牌建设。2016 年中央一号文件指出,大部分农产品已经供大于求,提出了农业供给侧结构性改革的任务。2018 年在部署乡村振兴战略时,提出了深入推进农业绿色化、优质化、特色化、品牌化的任务。2018 年中央一号文件提出"加强农产品质量安全和农业投入品监管,强化产地安全管理,实行产地准出和市场准入制度";"创建优质农产品品牌,支持品牌化营销。"

13.2.3 乡村振兴中"三农"问题解决政策再创新

前面已经提及,乡村振兴开辟了改革开放再出发解决"三农"问题的新时代。怎么来理解"开辟了'三农'问题解决的新时代"内容?有同志认为,要把 2018 年与 2019 年中央一号文件作连贯性解读,这个问题会看得更懂一些、更深刻一些。

总的来讲,2018 年与 2019 年中央一号文件侧重点既有联系,也有区别。这种联系是 2018年中央一号文件对农村发展"管全面、管长远",与 2019 年中央一号文件把"三农"问题定位为中国现代化的"后院"是一致的。"不谋全局,难为一域。"首先必须站在历史深度、现代化建设的高度去看乡村振兴才能看得清楚、理解得深刻,才能增加行动的自觉性。2018 年中央一号文件对农村发展"管全面、管长远",新华社记者孟丽静编制说明这个问题的一张图示。

上图告诉我们，2018 年中央一号文件，从 10 个方面"全面"部署了乡村振兴工作；从 30 年的时间长度"长远"部署了乡村振兴工作。

2018 年中央一号文件对农村如何"融合发展"也提出了 12 个方面需要解决的具体问题。

（1）乡村旅游。要实施休闲农业和乡村旅游精品工程，建设一批设施完备、功能多样的休闲观光园区、森林人家、康养基地、乡村民宿、特色小镇。对利用闲置农房发展民宿、养老等项目，研究出台消防、特种行业经营等领域便利市场准入、加强事中事后监管的管理办法。要发展乡村共享经济、创意农业、特色文化产业。

（2）技术方面。要"大规模推进农村土地整治和高标准农田建设"。比如，休闲农业主体开展以规模种植为主题的农业产业园、田园综合体、休闲农庄，因此，将得到国家大力的技术支持。

（3）特色方面。推进特色农产品优势区创建，建设现代农业产业园、农业科技园。实施产业兴村强县行动，推行标准化生产，培育农产品品牌，保护地理标志农产品。

（4）利益方面。构建农村一、二、三产业融合发展的利益体系。大力开发农业多种功能，延长产业链、提升价值链、完善利益链;通过保底分红、股份合作、利润返还等多种形式,让农民合理分享全产业链增值收益。

(5)农产品加工方面。要实施农产品加工业提升行动,支持主产区农产品就地加工转化增值。重点解决农产品销售中的突出问题,加强农产品产后分级、包装、营销,建设现代化农产品冷链仓储物流体系。

(6)资金和土地方面。土地方面要实施新型农业经营主体培育工程,培育发展家庭农场、合作社、龙头企业、社会化服务组织和农业产业化联合体,发展多种形式适度规模经营。资金方面主要来源有财政、金融机构两个。首先要确保财政投入持续增长。建立健全实施乡村振兴战略财政投入保障制度,公共财政更大力度向"三农"倾斜,确保财政投入与乡村振兴目标任务相适应。金融机构也要通过融资担保、入股从事农业产业化经营。

(7)教育方面。优先发展农村教育事业,促进农村劳动力转移就业和农民增收。健全覆盖城乡的公共就业服务体系,大规模开展职业技能培训,促进农民工多渠道转移就业,提高就业质量。

(8)知识培训方面。大力培育新型职业农民。全面建立职业农民制度,完善配套政策体系。实施新型职业农民培育工程。支持新型职业农民通过弹性学制参加中高等农业职业教育。创新培训机制,支持农民专业合作社、专业技术协会、龙头企业等主体承担培训。

(9)人才引进方面。支持地方高等学校、职业院校综合利用教育培训资源,灵活设置专业(方向),创新人才培养模式,为乡村振兴培养专业化人才。扶持培养一批农业职业经理人、经纪人、乡村工匠、文化能人、非遗传承人等。

(10)资源保护方面。为城里人去农村买房划红线,严禁下乡利用农村宅基地建别墅大院和私人会所,农民进城后村里的地和房还能保留。

(11)文化艺术方面。繁荣兴盛农村文化,焕发乡风文明新气象,传承发展提升农村优秀传统文化。支持农村地区优秀戏曲曲艺、少数民族文化、民间文化等传承发展。

(12)脱贫攻坚方面。要确保脱贫攻坚任务按"两不愁三保障"要求如期实现。

对2019年中央一号文件的理解,中央农村工作领导小组副组长、中央农办主任、农业农村部部长韩长赋认为有"六个突出"。

(1)突出稳中求进。明确要求稳定粮食生产面积、稳定粮食产量。强调支持乡村产业发展壮大,进一步挖掘农村就业潜力。

(2)突出实施乡村振兴战略总抓手。推动乡村振兴一年一个新进展,不断增强农民群众的幸福感、获得感。

(3)突出围绕硬任务抓落实。对脱贫攻坚战、保障国家粮食安全、抓好农村人居环境整治等硬任务,进行再强调、再动员、再部署,细化举措、压实责任。把工作重心、投入保障、政策供给向硬任务聚焦,确保各项任务如期完成。

(4)突出农业供给侧结构性改革主线。对调整优化农业结构,发展乡村特色产业,促进一、二、三产业融合发展等作出部署,着力推动农业供给侧结构性改革这篇文章往深里做、往细里做。

(5)突出发挥农村党支部战斗堡垒作用。把全面加强农村基层组织建设放在更加突出的位置,明确了抓实建强农村基层党组织的总体要求、重点任务和保障措施。

（6）突出农业农村优先发展政策导向。细化实化了五级书记抓乡村振兴的制度安排，强调要把落实"四个优先"的要求扛在肩上、抓在手上，同政绩考核联系到一起，进一步强化政策支持。

中央农办秘书局何予平、陈春良、李冠佑等同志指出，2019 年中央一号文件提出，"坚持农村农业优先发展"有深刻的国内国际背景，我们要予以深刻理解。中美贸易战给全国、全党上了生动的一课，这就是农村农业要优先发展。如果农业落后局面不能得到根本变化，就不能改变中国中兴通讯、华为芯片要从美国进口，大豆等农产品也要从美国大量进口。发达国家不仅在高科技领域要赚中国人的钱，在看似传统的农业领域照样赚中国人的钱！没有什么大道理，事实就这样残酷！

13.3　西南地区乡村振兴的政策"落地"的选择

政策到底有什么用？政策简单说来就是"引导、允许、禁止"。这六个字，字字管用，字字千钧啊！比如，美国政府执行单边主义政策范式，到处搞单边主义、高举"关税大棒"，其政策威力给我们上了一堂生动的"政策到底有什么用"的课。各级政策制定机关都既有必须执行"上级"政策的义务，也有在自己的权力之内制定政策的权力。同样是美国，2019 年 5 月，联邦政府的政策是使中美贸易战升级，但是，"第五届中美省州长论坛"照样举行，重庆市市长唐良智率团出席会议并进行了大会发言。讲这个例子有什么用？政策具有统一性，同时具有层次性，政策空间本来就存在，可以不断开发并运用。中国西南地区向来执行政策有余，利用政策发展能力不足。当下，中国西南地区特别要运用政策来发展"特色+"、解决金融"瓶颈"、提高运用政策的能力。

13.3.1　"特色+"或许是农村发展与农民增收的路径

产业振兴是乡村振兴的基础，在西南地区农村是乡村振兴的核心也不为过。因为，西南地区农村现代农业的产业基础薄弱，更凸显出产业振兴的优先性与迫切性。但是，在东北平原、华北平原、长江中下游平原的农村，沃野千里，可以迅速依靠大型农机具，搞规模生产与增加收入。这些平原地区家庭农场种几百亩、几千亩地也是可能的。可是，西南地区农村山与山就是天堑，即便是从一座山的山脚空手登上半山腰也费劲，无论是土地或山林，要么沿山腰成一小块接一小块，要么坡度动辄 30 度。这样的地方，规模生产空间不大，唯有发展种植、养殖特色产业。

西南地区农村搞种植、养殖特色产业，在没有多少规模优势的情况下，如何增强市场竞争力、使农民增收？"特色+"可能是一条值得重视的路子。这个经验，是从西南地区农村发展的实践中概括出来的。重庆市梁平县发展了 13 万亩"梁平柚"，并成功注册了"双桂"商标。梁平利用特色柚子产业，一方面发展农村产业加旅游，举办"采果节"，另一方面进行深加工制成柚子酒、柚子茶、柚子果脯,使这产业的综合价值大大提高了 5 倍①。

四川省德阳市罗江区以园区基地为基础,以景区化建设为手段,打造休闲农庄、美丽休闲乡村、农业主题公园,并鼓励在规划的美丽乡村旅游环线周边利用农村空闲农房发展餐饮业和民宿。同时,大力发展初加工及冷链物流,发展社会化服务,加强农业品牌培育,补齐发展短板,在一二三产业融合上主动作为。走出了"清理撂荒地,整理山坡地,荒山变基地,基地景区化"的丘陵地区产业发展新路子。

另外,有同志建议,把西南地区农村产业与建少数民族商品市场、休闲产业发展相结合,也可以使农村特色产业发展与其他产业的发展形成良性互动的关系。

"特色+"说明,包括中国西南地区农村在内,仅仅搞特色农产品已经不适应市场需要了,还必须"特色+"。至于起初能加上什么? 这是一个从实际出发的问题,发展到水平较高阶段,加得越多越好,可以加品牌、标准、互联网、创新、世界市场、反季节等。

13.3.2 金融难题是资源向资本转化、资本利用政策流动

一份调查报告显示:西南地区 13 个地州市的农村信贷网点已有 2 669 个,平均到每个乡镇有 1.4 个,1 个信贷网点可以为 9 700 户农户提供服务,农村金融信贷服务面基本上遍布到整个农村。显然,中国西南地区金融供给还不足。

金融服务能力与需求矛盾仍然是焦点。在现行政策性金融体制下,农业发展银行作为政策性银行,实际上仅是单纯的粮棉收购贷款银行,业务仅限于支持粮棉流通,并不面向一般涉农企业和农户贷款;农业银行虽然有涉农贷款,但主要面向农村基础设施和农产品加工企业,很少向农户贷款。

建立与中国西南地区乡村振兴相适应的金融机构布局、贷款产品等改革与创新,仍然需要付出巨大的努力。当下可能要聚焦解决三个突出问题:

(1)发挥政策性银行的作用。政策性银行以西南农业产业化龙头企业为平台,以农业低风险贷款为支撑,围绕农村建设用地复垦、城镇化建设、高科技农业、生态畜牧养殖业和基本农田保护建设等 5 个重点产业,加大新农村建设支持力度。围绕农业产业化经营开办农业小企业、农村综合开发、农业基础设施建设贷款业务和农业科技推广转化运行机制,并支持粮油产业化龙头和加工骨干企业开展粮油收购,带动农民增收。

(2)要通过创新来解决农村"钱从哪里来"。商业性金融、合作性金融和政策性金融这几种金融机构,主要活跃于货币市场,为农村生产和农民生活提供中短期资金服务。因此,要继续鼓励在贫困地区发展新型金融机构,鼓励农民资金互助组织、小额贷款公司、村镇银行、区域性担保公司的发展。

(3)开展合适的消费信贷业务。比如,目前彩电、冰箱等耐用消费品在农村正处于普及阶段,加之"家电下乡"国家优惠政策的配合,是开展消费信贷的最佳时机。此外,住房、农用车辆、教育和医疗等方面的消费信贷也都面临着重大的发展机遇,并且金融租赁业务在农村也有着广阔的发展前景。

---

① 梁丹梅. 梁平:柚子深加工产业园开园[N]. 重庆日报,2013-05-22.

13.3.3 "政策洼地"中还须提高运用政策的能力

西部、包括西南地区一些领导同志不止一次地闹出了这样的"笑话"。一些领导同志感到工作压力大的时候,排在前面的对策总是"向上头要政策!"特别是向北京有关部门"要政策"时,北京部委的同志说:"政策是早给了的呀! 你们要学会用嘛。"然后拿出一沓文件,一件一件地说,这条政策是允许人做什么,那一条是鼓励做什么,等等。

每年一号文件都是讲农村问题,只要中央没有废止这些文件,文件中的政策用得上的都可以用。这是党的组织纪律! 加上西部大开发政策,说中国西南农村地区,是"政策洼地",绝不是夸大!

有人说,东部沿海同志看政策"红头子文件",是看哪些没有禁止的。没有禁止的,就是可以干。再找到那些可以推动发展而且需要干的。经过组织程序后,立即着手干起来! 东部沿海地区干事空间就扩大了。

有人说,政策是什么? 简单来说就是引导干什么,允许干什么,禁止干什么。引导、允许干的都有个"落地"问题。比如,中央不可能具体到"就该做什么"。所以,每个村到底如何进行乡村振兴还得要靠这个村的干部、群众才能干起来。政策执行能力,归根到底还是个人才问题、人的素质问题。如果人才济济,在引导和允许前提下,很快就可以明确该干什么与怎么干,村民素质高,发展共识就容易形成。这样的村庄还不容易振兴么!

风险即灾难,可以认识、控制、化风险挑战为发展机会。

对西南地区农村来说,在乡村振兴中发展是最好的抗风险的办法。

西南地区农村实行以发展抗风险战略,还是要用人才去适应、研究市场。

第 14 章　西南地区乡村振兴的风险防范机制建构

世界上任何事物都有风险,零风险的事物是不存在。一般来说,事物本身包含的风险与机遇像一对孪生兄弟,机会越大风险就越大。乡村振兴,是全面、根本发展农村的机会,自然风险也无可回避。风险理论认为,风险是可以防止、可以控制的。所以,只要我们对乡村振兴中的风险能够采取有效的防治措施,控制风险也是有效的,我们的乡村振兴结果收获的是发展机会,那些风险虽然存在,都被我们有力的工作化解了。

14.1　经济发展中关于风险的主要观点

风险,通俗讲就是"灾难"。长期以来,人们对风险充满畏惧与无知。随着科学知识与手段的进步,人们对风险的认识越来越清楚。世界上任何风险都是一个个复杂的因果链条,只要抓住了各种风险的原因,一切风险都是可认知、可防止、可控制,最后将风险化为机遇。人们把对风险的认识、处置归纳为"风险理论"。风险就是对目标的偏离。乡村振兴过程也是有风险的,我们应该及早认知、防止、控制,最后将风险化为机遇。为了认识乡村振兴的风险,必须学习"风险理论"。下面是风险理论与乡村振兴关系密切的一些主要观点。

14.1.1　什么是风险及风险防控措施

风险一词是怎么产生的? 据说是海上渔民首先发现,在海上打鱼的灾难常常与风有关。海上生大风,就意味着危险可能会发生,于是趁风快起时候赶紧找个避风港躲过灾难。后来,发展成为"风险"概念,表示事情原因与结果间即过程中的不确定性,发生与结果(目标)不一致的可能性。

"风险就是一种不确定性"。但是,风险这种不确定性,也不是像妖风一样不可捉摸,风险也是可以被"锁定"的。风险锁定要依靠正确的目标。风险是对正确目标的一种偏离。目标就像一个照妖镜,一切偏离目标的不确定性,都可以在目标下有可能被锁定。

风险起初只是一种可能性,这种风险也可能发生、也可能不发生。风险发生的可能性有多大?人们常常用"风险概率"来表示这种可能性的大小。风险已经发生了,这种风险就从一种可能性变成了现实性。风险一旦从一种可能性变成了现实性,就是灾难,人们能做的就是抗灾尽量减少损失与灾后重建。由此看来风险本身是中性的概念,它没有变成发生的事实即灾害以前,只是作为一种可能性存在,并不会产生任何实际损失。

由来看来,人们大可不必一说到风险,就想到灭顶之灾。我们只要能够正确认识、防范风险,风险就不会发生。就像海上有台风,只要我们提前预报,及时避开台风,就不会打翻渔船。同时,台风能带雨水,使酷热难耐的地区及时降雨降温。试想,如果没有台风,可能很多自然问题将更难解决。

怎么才能使风险在可能中就被消除,永远不会发生成灾呢?关键要进行"风险管理"。所谓风险管理,就是在风险发生前就要建立战略性、系统性、专业性、全员化的风险控制系统。有人绘制了一张风险管理基本流程图:

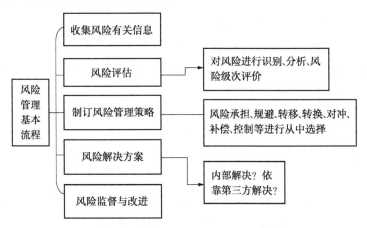

从图中可以看出,风险管理是从信息到监督的各方面、全过程的系统。其中,信息收集、评估、策略与方案可能是最重要的。任何风险都有前兆,人们感觉"很突然"发生的事情,都有丰富的事前信息,只不过人们未能关注这些信息而已。有信息以后,就要组织人们特别是专家对这些信息进行归类、分析。风险一旦与干的具体事情结合起来以后,往往很多事情上风险很带有专业性,没有专业知识很难对这些信息进行评估分析。

通过对这些包含着风险的信息进行评估、分析,然后就要进行策略选择和方案制定。不同的灾难有不同的策略选择应对方案。比如,不是所有的火灾通过浇水都可以灭火,有些化学原料火灾用水灭火就不行了。比如,2010年4月22日,一辆满载化学品的汽车在湖南耒阳收费站附近自燃了。起初,有人不懂用水灭火,反而越烧火越大。消防来了,才根据汽车上的化学品有多少,最后才找到正确灭火的办法。

14.1.2 认识风险的根本方法和主要方法

有句话说,思路决定出路。正确的思路发挥作用的重要表现是变成做事的方法。认识、化解风险很重要的是方法问题。比如,《三国演义》中"诸葛亮草船借箭"的故事,问题是3天要造出10万支箭来。如果按照"造"的思路,无论是时间或造箭用的原材料来说,是不可能完成的。但是,诸葛亮把"造"的思路,变成了"借"的思路,并且解决了如何借的方法:30艘船、500名兵士、雾中抵近曹营。乡村振兴中的风险防范与化解的思路,也要转化为一定的方法论。这种方法论可以概括为"一总四具体"。

"一总"就是中国共产党的思想路线,是化解乡村振兴风险的总方法。实事求是的思想路线,之所以能够成为化解乡村振兴风险的总方法,是由实事求是的思想路线认识、解决问题的路径决定的。党的思想路线认为,认识事物就是把握事物,并且要循着从整体把握事物的优势,找到事情的规律。规律本身也是一个体系。从历史纵向来看,不同时期就有不同的条件,就有不同规律。如果不顾历史阶段的变化,把反映过去正确的认识即规律认识,用在变化了的新时期,过去的成功原因,在今天可能变成曲折的原因。规律从横向来看,不同层次具体条件不同,规律也存在一般与个别的差异。关于规律系统的观点,显然对乡村振兴的指导作用是不言而喻的。党的思想路线又认为,只要解决问题遵循了规律,就能够解决问题,也是长期革命、建设实际经验的总结。我们改革开放40多年为什么能创造西方发达国家一两百年才有的发展成绩?还是中国人民在共产党的领导下,既善于总结自己过去、又善于吸收别人的成功经验。

"四具体"方法是:调查研究,实证分析方法、价值分析方法,群众路线。

毛泽东同志说过,没有调查研究,就没有发言权。毛泽东同志在第一次国内革命战争,写出了湖南农民运动考察报告;井冈山斗争在战火硝烟中还挤时间进行兴国调查,长冈调查。根据毛泽东同志调查后写出的文章可以看出,调查与研究的结合,是调查成功的关键。研究什么?研究调查对象——人。毛泽东同志在湖南调查中研究了农民、农会、地主、家族这些人的个体和群体。井冈山时期的调查研究苏维埃政权、党的基层组织、农民的关系。

实证分析方法,简单说来就是拿事实来说话,透过现象看本质,特别是要数据来说话。山西省阳泉市郊区旧街乡虎峪村"第一书记"谈永刚,就是以"事实来说话",打开乡村振兴的局面。采取"合作社+农户"的形式,通过举办认养梨树、采摘节,教技术、育人才,带领贫困村民大力发展玉露香梨产业,从贫困村发展成为致富村。村民正是从玉露香梨产业发展的实证中,认可了"第一书记"谈永刚,同时对乡村振兴也充满了信心[①]。

价值分析方法,就是以价值判断为基础。只要符合价值判断,都可以办。在乡村振兴中政府支持乡村振兴的资金和社会捐助的钱,可以拿去发展农村产业,但是,不能完全按市场规则"亏了要输得起!"这类资金盈了按比例分红,亏了必须保本!看似不合经济规律,但符合价值判断。还比如,在乡村振兴中,必须保证村民特别是贫困户优先享受乡村产业发展的

---

① 葛燕红,肖秀花.山路弯弯挡不住虎峪脱贫路[N].阳泉日报,2018-05-10.

红利,也不完全符合经济学的股权、风险理论,但是符合价值判断,也是必需的!

中国共产党根本的工作方法,是走群众路线。看似一老方法,屡显奇功。革命成功时问毛泽东同志用什么"锦囊妙计"打败了这么强大的敌人。毛泽东同志说,这个"锦囊妙计"就是依靠群众! 在乡村振兴中群众路线还灵不灵? 答案是肯定的。

在乡村振兴中,"一总四具体"仍然有着重要意义。贵州省黎平县水口镇的罗凯说,在推进乡村振兴战略过程中,必须始终坚持人民核心地位不动摇,方能实现乡村的全面振兴。农村产业发展需结合群众意愿及当地资源优势、区域优势,顺应市场需求,发展与形成特色产业。发展产业势必要造福于当地群众,促进群众实现就业,带动当地经济发展壮大,实现群众增收致富,坚决杜绝虚大空及"政绩产业",所以,群众才是产业兴旺之本。产业发展只有给群众带来红利,才能获得当地更多的政策、资金及人力支持,群众基础方可愈加稳固,反之以损害群众利益、牺牲当地自然资源的产业发展必是竭泽而渔,将寸步难行。

14.1.3　学术界对乡村振兴中风险研究的一些观点

对乡村振兴中风险分类目前处于观点比较分散,共识性观点比较少的阶段。但是,共同认识是乡村振兴中包含着风险,需要认真;仔细研究,以利于建立风险防范机制。

有同志认为,乡村振兴要注意三个风险:搞样板,使乡村振兴同质化;盲目铺摊子,最后变成"烂摊子";政府包办,主体错位。

同质化、变成"烂摊子"、主体错位这些乡村振兴中的风险确实值得注意。全国农村历史、气候、地形、老百姓的习惯与偏好,存在各种差异。所以,如果乡村振兴发生了同质化,就违背实事求是思想路线,怎么不值得防范呢? 不成功,就是"烂摊子"。如果乡村振兴几年以后,"烂摊子"太多,这不是把国家战略当儿戏么? 一堆"烂摊子",若干资金、资源"抛进水里打漂漂了!"怎么对得起国家与人民啊! 主体错位就是村民未能发挥主体作用。如果出现这种情况,说明这种事情违背了人民群众是历史创造者的观点。

还有同志认为,乡村振兴要考虑各方面的承受力特别是农民的承受力。有多少力量办多少事,符合实事求是要求。但是,有些人好大喜功,追求乡村振兴的"有面子,说起来好听",可没有或者考虑不周全,不顾各方面的承受力特别是农民的承受力,干了该干、但不是马上就干的事情,后果可能比我们想象的要严重①。

又有同志对城市资本下乡、助力乡村振兴工作进行了研究。2019 年 1 月 20 日,中央农村领导办公室副主任、农业农村部副部长韩俊在出席"清华·2019 三农论坛"时说,要落实今后 5 年乡村振兴重点任务,投资需求有 7 万亿元人民币。有关资料显示,2018 年流向农村的投资 365 亿元人民币,比 2017 年增长 24.2%,投资平台主要是借助特色小镇、农业园区建设。有关专家认为,一方面要引导、鼓励城市资本下乡;另一方面要建立农村项目与城市资本对接机制。甚至可以考虑运用招投标,使城市资本在竞争中公开、公正地到农村去发展。

---

① 宋栋国.推进乡村振兴可能存在的潜在风险及防范[J].大众标准化,2018(3):26-28.

14.2　西南地区乡村振兴风险的分析

中国西南地区农村在乡村振兴中到底面临的当下可以大致看清的主要风险是什么？这是研究西南地区乡村振兴应该尽力回答的问题。我们认为，从发展特别是经济发展角度看，产业从特色到市场规模与创新风险、金融债务的发展与负债失衡风险、村民发展初心与眼界狭隘的风险，这三个方面的风险是亟待认识的。

14.2.1　产业从特色到市场规模与创新风险

中国西南地区农村，没有经过符合市场品质、营销要求的进行加工的产品仍然是"主流"。因此，无论怎么讲，发展产业，仍然是中国西南地区乡村振兴决定一切的任务。在中国西南地区农村，自然地理本身蕴藏多样性的特色，所以，形成特色产业难度相对较小；从一个县、一个省市角度看，这些自己认为有特色的产品可能有多重"特色雷同"。怎么办？进行多层次地整合，以一个较大地域名义形成品牌，进入市场。这方面的成功例子也不少。比如，重庆江津花椒、石柱辣椒，贵州道真县的蘑菇，云南鲜花与三七等中药，其实这些品牌与产品在当地都联系着若干地区、镇、村生产基地。

但是，从中国西南地区农村全局来看，农村产业薄弱，没有从特色产品做成有市场竞争力、能够占领国内、国际一大片市场份额仍然是主要矛盾。云南省收到著名特色农产品商标申报549个，其中，14个以"地理商标"成功注册；四川省农产品商标有效注册13 452件，获省级特色农产品称号有50个。总之，从这些西南地区农村发展产业较好的地区的数据来看，西南地区农村的产业以国内、国际市场占有规模为标准，差距还是较大的。

我们查到了全国茶叶市场发展一些数据，比较之下中国西南地区农村产业从特色到市场规模与创新风险就更明显暴露出来了。茶叶生产，很多地区都是作为特色产业来发展的。但是，中国茶叶市场标准，以2015年的数据来看，浙江省是"老大"。[①]浙江拥有6个茶叶批发市场，摊位达12 648个，占全国的56%，成交114亿元人民币占全国42%，浙江茶叶出口15.77万吨，创汇5.2亿美元。而西南地区的四川省（5 525吨）、云南省（7 281吨）、贵州省（2 751吨）三个省加起来是15 557吨，只相当于浙江一个省的1/10。

浙江省为什么把茶叶做成了"老大"？从创新到占领国际市场。据"浙江在线"记者报道，浙江茶产业创新是从生态茶园、培育10个著名茶叶品牌、茶科技、茶文化"四个重点"发力。浙江茶叶以销往国际市场为主，全省茶叶产量17.9万吨，出口达16.29万吨，远销80余个国家。

如果中国西南地区农村产业发展能够将浙江这些经验学到手、用起来，并结合西南地区

---

① 虞建萍.浙江：一片叶子高质量发展的"密码"[EB/OL].杭州网,2018-05-17.

实际加以改进与创新,风险就转化为发展机会了! 我们主张把产业风险与创新风险结合起来考察。如果将产业风险与创新风险结合起来考察,产业风险就没有解决办法,创新风险不通过产业化来分散与化解也没有办法解决了。主张把产业风险与创新风险结合起来考察,其经济学的理论根据是熊彼特的"创新反危机"理论。实践证明,新一轮重大、全局性创新成果,可以把世界经济推向新一轮增长。风险也可以说是危机。

乡村振兴风险首先来自于产业风险,只要在乡村振兴中把产业发展起来,其他经济任务与乡村振兴也容易完成。产业振兴不等于乡村振兴的全部,但却是关键的任务。党中央、习近平总书记对此都有明确论述。

14.2.2　金融债务的发展与负债失衡风险

2007 年年末,全国银行业金融机构涉农贷款不良贷款率高达 16.4%,其中农林牧渔贷款不良率 27.1%,农户贷款不良率 12.8%,均远高于全国银行业金融机构平均不良贷款率 7.5% 的水平。

有记者报道,贵州 2017 年不良贷款巨额增加,从 332 亿增加到 550 亿,增加约 66%。幅度之大,实属罕见。贵州兴义农商行不良贷款率,又是一个比较典型的代表。截至 2018 年三季度末,贵州兴义农商行不良贷款率高达 7.45%,相比 2017 年年末下降了 0.45%,但是仍居高位。中国银监会合作部副主任田建华做客中国经济网时表示,自然风险、市场风险使得农村贷款坏账率平均比商业贷款高 5 个百分点左右。所以,相应给予差别化的扶持政策,更需要多方合力[①]。

按照银行内部管理规定,如果一笔贷款变成坏账,银行贷款人终身追责,拿着最基本的 2 000 元/月的工资"收贷款去"。

农业贷款的高风险,和银行内部严格的管理规定,影响着金融机构对农村贷款的积极性。比如,贵州兴义农商行不良贷款率高达 7.45%,远超银行内部规定的 3‰ 比例。

银保监会主席郭树清在提出"125 导向目标"的同时(在新增的公司类贷款中,大型银行对民营企业的贷款不低于 1/3,中小型银行不低于 2/3,争取三年以后,银行业对民营企业的贷款占新增公司类贷款的比例不低于 50%),让银行对民企要"敢贷、能贷、愿贷",为此郭树清提出了"尽职免责"的原则。可见,银行内部机构改革开始出现了微调。但是,银行内部人士在争论,"尽职免责"的原则在"落地"中即变成银行内部考核标准中,仍然存在许多模糊之处没办法解决。"尽职免责"在一般银行是如何执行的呢? 这目前仍然是一个难题,所以,这个问题已经引起了广泛的注意。

可见,农村还是属于高金融风险的地区,中国西南地区农村犹是如此。贵州兴义农商行,不就地处中国西南地区农村么? 这种金融业务环境,不利于乡村振兴对资金的需要。

---

① 孙明浩,曾强.贵州兴义农商行不良率高位震荡　拨备覆盖率回监管红线之上[EB/OL].中国网,2019-01-11.

14.2.3　村民发展初心与眼界狭隘的风险

不少文章指出了一种现象:农村居民对乡村振兴有一种"叶公好龙"心态。一方面急切在吃饭大多数人已经不愁了的情况下,希望"荷包也鼓起来",即有钱花。这也是乡村振兴要解决的基础性、实质性问题之一。另一方面,以市场经济为背景、目标带有不确定的风险的发展项目到眼前的时候,又犹豫、患得患失。可以把这种现象称之为"发展初心与眼界狭隘"的矛盾。

这种"叶公好龙"心态在乡村振兴中出现不奇怪,因为包括中国西南地区的农村为什么不仅比世界发达国家的农村落后,与江苏、浙江、山东农村比也落后不少,就在于这些落后农村不习惯、不善于用市场经济办法发展自己。比如,前面讲到的茶叶,浙江茶叶90%出口到世界80多个国家与地区,在国内市场的茶叶专业市场数量、摊位、销售额,浙江也都占全国一半左右,云、贵、川三个省出口茶叶总量只当浙江1/10! 可见,习惯、学会用市场经济办法实现发展、实现振兴多么重要。

但是,包括中国西南地区的农村在习惯、学会用市场经济办法实现发展、实现振兴的观念、思维方式上存在诸多障碍。我们不得不看到这个问题的现实性、严重性。

对于农村群众理论上属于文化,实际工作中表现为习惯、观念、思考问题方法方面的问题怎么办? 习近平总书记亲自授予的"人民楷模"国家荣誉获得者,独龙族、曾任云南省贡山县长、怒江州人大常委会副主任的高德荣同志给出了答案:不能因此对群众丧失信心,要亲自带头干出好结果即事实来,让群众在事实的教育中自觉转变习惯、观念、思考问题方法[①]。高德荣同志重点工作的独龙江乡,过去并不种草果,刚引种时群众不敢种。"苦劝不听,那就干出样来!"2007年,高德荣摸索着在独龙江边建起示范基地,年过五旬的他像年轻人一样,背起三四十公斤重的草果苗,把自个儿系在溜索上滑过江。来到草果地里,高德荣从腰间抽出砍刀,麻利地砍断老枝叶。"瞧这把式,您不像干部,像农民。"巴坡村支部书记木卫清回忆,第一批草果收获时,高德荣曾发动群众围观销售过程,眼看着草果换成了钱,当地群众纷纷主动要种苗、学技术。"抽象事情具体化,群众工作就好做了。"高德荣说,如今,全乡草果种植面积已达3万多亩,"绿色银行"正在见效。

在乡村振兴中,基础性、前提性、第一阶段的工作是脱贫攻坚,"扶贫先扶志"这是一个大家都熟悉的提法。"扶志"根据云南省独龙乡的经验应包括两个方面的内容:帮助贫困户树立依靠自己努力脱贫的决心,开阔农民发展的眼光。如果光有依靠自己努力脱贫的决心,具体干起来由于眼界不开阔,这也不干,那也怕,结果还是在贫困的泥潭中始终难以走出来。

---

① 岳修宇.高德荣:倾心为民　永葆本色[EB/OL].中国军网,2017-10-11.

14.3　西南地区乡村振兴风险防范的建议

市场竞争力、人才、定价权或定价话语权,或许是西南地区在乡村振兴中的抵御风险的"三件宝"。三件宝中,看得见的是市场竞争力与定价权或定价话语权,看不见的是人才。人才是三件宝中具有决定性的东西。

14.3.1　西南地区农产品的市场竞争力是抗风险的根本武器

风险大与小,关键在有没有发展。借用股市一句话,可以说明风险大小与发展的关系。股市上有一句话:"牛市中,股价再高不觉得高;熊市中,股价再低也显得高。"股票市场点位上涨,绝大多数股票上涨空间被打开,买的价格如果股票继续上涨,也有一定赚钱空间。熊市时,整个股票市场与个股价位趋势下跌,即便与牛市相比,属于低价买进,如果价格继续下降,买股票的具体价位也显高。市场经济条件下,发展是最好的防范风险的办法! 优质企业,利润率有保障且逐年上升,尽管欠银行多少亿,企业不急银行也不急,原因在于利润有保障,还本付息没问题。一旦企业经营出现了问题,利润率下降甚至亏损,银行急、企业领导心急如焚,说不定哪个月付本还息就会停止。

农业企业为什么风险大、贷款难是因为还款难造成的,根源又在农产品市场竞争力总体培育难。我们在进行乡村振兴调研中,有人反映,这个村发展产业已经欠银行几百万,两个月以前付本还息就困难了。还不知道能不能挺过去! 可能有这种担忧的村庄不止这一处。所以,提出"西南地区农产品的市场竞争力是抗风险的根本武器"的观点。

中国西南地区农村竞争力的标志、风向标应该是特色农业产品市场竞争力指数。农产品的市场竞争力分析一般以"1"为基数。以广西为例,具体为:甘蔗17.15,香蕉2.0,柑橘与淡水产品1.10,海产品0.94。这些产品在国内国际市场份额也可以达到3% ~ 10%[①]。广西上述数据说明,特色农业产品市场竞争力指数,与这些产品在国内国际市场份额有直接相关性。中国西南地区农村特色农业产品市场竞争力,总体提高任务还任重道远。四川是中国西南地区的经济强省、农业大省,但是特色农业产品市场竞争力提高状况也不乐观[②]。对照1998 年与2005 年特色农业产品市场竞争力,具体数据见下表。

种　　类	1998 年竞争力指数	2005 年竞争力指数	备　　注
动物农产品	0.979 0	0.956 4	
植物农产品	0.729 3	0.366 2	

① 滕明兰.广西特色农业竞争力评价分学[J].安徽农业科学,2011(8):4897-4899.
② 丁英,孙春林,郑喜云.四川区域农业竞争力分析[J].农村经济,2017(1):66-71.

续表

种　类	1998 年竞争力指数	2005 年竞争力指数	备　注
油脂	0.886 5	0.972 0	
食品、饮料、烟草	0.361 1	0.609 5	

有人指出,四川及其西南地区农产品自生特色优势之所以不能完成向市场竞争优势、市场占有份额及效益优势转变,其原因在于农产品发展长期追求数量,对于质量与深加工缺少关注。怎么才能使农产品从有特色到有竞争力优势、效益优势转变,浙江经验"三招经验"可能值得重视:规划、项目、基地(标准化+投入+科技)①。没有农产品规划引领,农产品始终在生产、研发、营销处于"散兵游勇"水平;没有项目,再好规划也难以"落地",更说不上效益;只有依托基地,农产品生产、研发、营销才能与传统农业"做个了断",只有依托基地或园区,标准化生产、与农业现代化匹配的投入、农业科技等现代农业的一切要求才能展开。

传统农业是大起大落的过程,现代农业是稳定而随市场规律区间运动的过程。传统农业风险大于现代农业,我国包括中国西南地区农业稳定性差,农产品价格的大起大落就是证明。"蒜你狠(大蒜价格曾翻作几番)""猪升天(肉价格暴涨)"等风险,都带有明显传统农业残余痕迹。

14.3.2　从人力农业走向人才农业

在中国,得人才后事业迅速改观,事例不少。汉高祖刘邦总结说,正因得到了韩信、萧何、张良三个人才,所以得了天下。刘备在"三顾"前尽管也努力,但是,始终处于连吃败仗、颠沛流离之中,请出诸葛亮以后,局面迅速改变。在中国搞乡村振兴,始终还要重视人才的作用。

传统农业是劳动力农业(重体力重复性劳动+长时间+经验),现代农业是人才农业(知识+信息+机械+工程设施)。农业中应有的知识+信息+机械+工程设施这一切,都要人才才能驾驭、使用、使它们产生效益。

没有从劳动力农业向人才农业的转变,现代农业就难以实现。所以,美国每一万名农民中就有 80 人是农业专门人才,以色列高达 140 人。西南地区发展水平较高的四川省每一万个农民中,才有农业专门人才 0.531 人;浙江每一万个农民中,才有农业专门人才 7.33 人。中国农业人才一般在城市农业大学、农业研究机构,真正镇、乡、村这三级中,对农业专门人才需求真是求贤若渴。所以,媒体才连续报道各农业院校的农业专门人才毕业时被一抢而空!

目前农村发展水平不高,所以对人才需求主要还是"应用型",浙江一些学农学专业的博士,被热情引进到农业型公司工作,一年之内这些人才走掉一半。浙江那样的农业现代化势头在中国属领先地区尚如此,西南地区农业人才近期可能还是要强调"实用型人才",根据农

① 孙文清.提升浙江农产品品牌竞争力的思考[J].新闻爱好者,2011(11):104-105.

产品竞争力座次的排列,西南地区还得强调"实用型"。

可能"新型职业农民",才能符合西南地区实际的从事农业生产的人才。什么是新型职业农民? 有人将其概括为"四懂",即:掌握现代农业生产技能,并具备一定经营管理能力,"懂文化、懂技术、懂市场、懂管理"。

一般来讲,现代农业的生产经营主体是"四懂"农民,是比在城市就业"门槛"还要高、需要进农业学校、需要拿"绿色证书"才能进行入职的职业农民。以这些职业农民为主体的农业具有运用科技、规模化、标准化、市场占有能力诸多微观优势,自然形成抗风险的"基因";再加上在这个基础上的合作社组织优势,农业就有了与工业近似的抗风险能力。美国加利福尼亚的"新奇士"销售合作社是世界上竞争力很强的合作社。这个合作社联系着 6 500 多户果农,主要业务是柠檬、橙子、葡萄等产品的科研、包装、销售。这个合作社通过市场化运作,解决了农民同市场之间的矛盾,化解了单个农场的经营风险。

14.3.3　从价格信号走向定价权

定价权已经成为中国学术界近来的热门话题。原油、铁矿石、大豆,中国已经成为世界最大买家,根据"需求价格"经济学原理,定价权理应由中国说了算。但是,事实并不是如此,仅原油交易一项,中国没有定价权就要每年多付出 700 亿美元! 可见,定价权有多么重要。

美国至今仍然把持着农产品定价权。有人说美国把持农产品定价权依靠"两下子"。一是发布农产品增产或减产的统计预测数据。美国建立了涉及美国 44 个州,加拿大 6 个省、外加 7 个国家的农产品信息网络,每年政府拨款 15 亿美元,依靠 1 100 余名员工、3 500 余名统计经理人,200 万个农场基础数,采用电话、电视、卫星等综合手段收集信息,涉及 120 种主要农产品,美国农业部统计局每年要发布 340 多种报告。这些报告又形成了芝加哥农产品期货交易价格的基础。另一个就是农产品期货交易。美国芝加哥农产品交易市场,是世界上最大的农产品期货交易市场,成立于 1848 年。美国芝加哥的农产品期货交易价格,又成了农产品股指期货、债券等金融工具的基础。

芝加哥农产品期货市场是美国把持农产品定价权的重要工具,已经有 170 多年历史了,世界上任何国家想替代也不是短期内可以做到的。我们在没有取代以前要看透美国人玩的"西洋镜",不要把芝加哥农产品期货市场的价格当"圣旨"。

中国农产品在世界农产品定价中的话语权总是要提高的,中国西南地区农村应该作出应有的贡献。有人说,中国应以"最大买主"身份,要求话语权,反正"最大买主""最大卖主"都可以成为影响定价、即有定价的话语权的身份。学术界聚焦在影响"交易规则"的制定与修改上面。包括中国西南地区农产品近期在国内、国际市场上的目标可能宜定在争取交易规则制定与修改的话语权。

第4编 西南地区乡村振兴的实证分析

列宁说过，"理论是灰色的，生活之树常青。"理论与生活或实际各有各的长项与短处。

理论的长项，正如毛泽东同志在《实践论》中所言：看到本质，揭示规律，一定程度即轮廓式预见未来。理论也有短处，与实践或生活要么滞后、要么超前，许多实践或生活具体细节与过程是盲区。

实践或生活的长项在于彰显事物的进程与发展，"有用、实在"；短处是容易被眼前利益、现象导入歧途。

理论与现象各自的长项、短处永远无法消除。唯一办法也是如毛泽东同志在《实践论》中所言：互相促进，辩证统一。要克服互相贬斥，互相隔绝。

从理论上讲，农村发展、乡村振兴从经济学角度看，关键是将农村发展的产业与区域、国内、国际市场经济接轨，用市场力量使农村发展和农民致富，为人才、生态、乡村治理等方面工作奠定坚实基础。从理论上看，将农村发展的产业与区域、国内、国际市场经济接轨，形成比较优势，似乎理论上逻辑联系很密切。但是，一旦进入中国西南地区乡村振兴的实际，乡村比较优势的培育、生成是一个充满曲折、奋斗的过程，甚至是一个较长的过程。其中，必须从众多特色产业中甄别出比较优势，必须经历脱贫攻坚、同返贫继续斗争等。

本编以国务院关于《乡村振兴战略规划（2018—2022年）》为依据，课题组从中国西南地区的情况出发，选取了从县到村庄、从四川郫县这样的农村发达地区到重庆武陵山区望岭村这样的落后村庄类型的调研报告，对这些调研报告进行适当的"理论评述"分析。这样做的目的有两个：一是对中国西南地区的乡村振兴有具体了解；二是希望通过这些材料分析，从操作层面推动中国西南地区乡村振兴的工作。从这些材料中可以看出，中国西南农村发展的差距很大，可以叫作"经济的高山峡谷"！

我们选择了中国西南地区从县区到乡村的乡村振兴的实证材料，并作出理论评述，"一滴水可以见太阳"，但是，一滴水不等于太阳！以此作为我们研究乡村振兴从理论向实践结合的努力。

第 15 章　云南省贡山县全力推进脱贫攻坚为乡村振兴工作奠定坚实基础

2018 年 8 月 30 日,贡山县召开 2018 年脱贫攻坚推进会。会议强调,深入贯彻落实阮成发省长怒江调研重要讲话精神和州委八届五次全会及有关会议精神,进一步坚定打赢深度贫困脱贫攻坚战的信心和决心,狠抓落实、克难攻坚,确保如期率先脱贫。

云南省贡山县各村寨零散分布在怒江、独龙江两岸,只有一条瓦贡公路主干线连接外界。脱贫攻坚工作中,贡山县把修建通畅便捷的乡村公路,打通偏僻村寨外联内通的"毛细血管",作为精准扶贫的基础工作。以已经脱贫出列的村庄、50 户以上搬迁的自然村及主干交通网络建设为重点,全力推进村公路硬化路工程,目标是农村群众出行方便、特色农产品出山路更快速。贡山县 28 个建制村(行政村)已实现通畅(已硬化)率 100%,村通客运率 100%。

一条公路带动一方产业,带富一方百姓。茨开镇牛郎当小组的草莓远近闻名,过去没有公路,草莓成熟了,得要一篮子一篮子背运到县城。辛苦不说,主要是新鲜样没了,卖的价位也不是很好。2018 年公路通了,这一条公路很快被当地人称为"草莓路",水泥硬化路修到草莓地,彻底解决村民的搬运之难。"公路畅通了,顾客开车上来自己采摘。外乡人订购草莓,车子上山,一天就送到了。"余新说,现在,大家种植草莓的积极性更高了,他还带头研究出反季节草莓,一年四季都可以卖草莓。

2017 年,贡山县各类扶贫资金投入达 5.1 亿元,同比增长 37.2%,财政专项扶贫资金达 4.28 亿元,同比增长 39.2%;统筹整合财政涉农资金 2.8 亿余元,巩固了"多个渠道引水,一个龙头放水"的扶贫格局。

贡山县的脱贫攻坚还得到全国各地广泛的支持。省、州、县、乡各级驻村扶贫工作队和实战队队员 501 名全部就位;2017 年三峡集团帮扶 5 000 万资金已下达到位,中交集团帮扶资金到位 400 万元;珠海市帮扶资金到位。2016 年利用三峡集团怒族帮扶资金,顺利实施了 19 个美丽宜居安居房建设,2017 年继续实施三峡集团帮扶怒族传统民居改造项目 556 户。

"珠海小区"、金湾区和高栏港援建易地搬迁项目已经开工建设,涉及搬迁 314 户 803 人。

贡山县 2017 年完成脱贫 1 160 户 3 708 人;净脱贫 1 093 户 3 485 人。返贫 67 户 223 人,新识别 284 户 779 人。2017 年全县实现 5 个村脱贫出列。

2017 年底还剩余 3 073 户 8 892 人未脱贫。脱贫攻坚工作取得了突破性的进展。对于剩余 3 073 户 8 892 人未脱贫的准备启动"易地搬迁脱贫",目前,愿意进城集中安置的建档立卡户共 678 户 1 954 人,整组搬迁 28 个小组,共 441 户 1 293 人。

贡山县独龙江乡是共和国勋章获得者高德荣重点工作的地方,也是贡山县脱贫攻坚的一面旗帜。独龙江乡辖 6 个村委会,26 个自然村落,41 个村民小组,1 136 户 4 172 人,独龙族人数占总人口数的 99%。云南省贡山独龙族怒族自治县独龙江乡地处中缅和滇藏结合部,是全国唯一的独龙族聚居地,国境线长达 97.30 千米,全乡总人口 4 272 人,99% 为"直过民族"独龙族。独龙族是我国 28 个人口较少的民族之一,也是新中国成立初期从原始社会直接过渡到社会主义社会的少数民族之一。

独龙江乡具有独特的自然地理环境和丰富的动植物资源。目前,森林覆盖率高达 93.10%,独龙江流域已发现高等植物 1 000 多种、野生动物 1 151 种,是名副其实的自然地貌博物馆、生物物种基因库、"云南旅游的最后一片原始秘境"。

曾经,这里山峻谷深,自然条件恶劣,每年有半年大雪封山,是云南乃至全国最为贫穷的地区之一。2011 年独龙族群众人均纯收入仅为 1 255 元,独龙族群众还处在"居住茅草屋、出行溜索道、吃饭退耕粮、花钱靠低保"的地步。

党的十八大以来,以习近平同志为核心的党中央围绕脱贫攻坚作出一系列重大部署和安排,全面打响脱贫攻坚战。"全面实现小康,一个民族都不能少。"2015 年 1 月,习近平总书记在云南考察时发表了重要讲话,"中国共产党关心各民族的发展建设,全国各族人民要共同努力、共同奋斗,共同奔向全面小康。"

为改善独龙族生产生活条件而长期奔波的贡山县"老县长"高德荣,2015 年,作为独龙族干部群众代表,曾受到习近平总书记亲切接见。

独龙江乡的这种资源禀赋和贫穷落后"落差"极大,在中国西南地区具有典型性、普遍性。独龙江乡生态环境保护与群众脱贫致富之间的矛盾日益突出。

独龙江乡在"老县长"高德荣的率领下,依靠种草果、重楼产业,既解决了生态与产业的矛盾,也为独龙族群众找到了脱贫致富的路子。50 岁的巴坡村村民马文军是独龙江乡第一批草果种植户,现如今他种植的草果已发展到 60 多亩,马文军也成了当地先富起来的人。"村民们都有了自己的支柱产业,钱袋子也鼓了起来。大家以前是种什么吃什么,现在则是想吃什么就买什么。"马文军高兴地说。

独龙江乡目前脱贫攻坚已经取得决定性的成绩。独龙江乡共有建档立卡贫困户 172 户 665 人,2017 年年底全乡共脱贫 157 户 615 人。其中,迪政当村脱贫 45 户 175 人,龙元村脱贫 28 户 119 人,献九当村脱贫 6 户 25 人,孔当村脱贫 41 户 159 人,巴坡脱贫 25 户 93 人,马库脱贫 12 户 44 人。截至 2017 年年底,全乡农村经济总收入 2 069.07 万元,农民人均经济纯收入 4 971 元。全乡共有 6 个行政村,2017 年底已有 5 个村在脱贫村之列。2018 年计划完成迪政当村"摘帽",计划脱贫 15 户 50 人。

云南省贡山县除了像独龙江乡这种依托种植业脱贫外,其他镇、村还创造了其他脱贫产业模式。比如,云南白药,一斤可以卖到 1 200 元,已经种了 100 亩;普通的黄牛一头只卖 2 000~3 000 元,独龙牛可以卖到 10 000 元,有搞独龙牛产业化养殖的。

云南省贡山县对脱贫攻坚经验总结为四条:

第一,将"绿水青山"放在优先位置,不能走以"绿水青山"换"金山银山"的老路。用最严格制度、最严密法治保护生态环境,全力推进独龙江乡生态文明建设,将独龙江乡良好生态环境优势转化为生态林业、生态农业、生态旅游等生态经济优势。

第二,实施生态补偿政策,是解决偏远山区贫困人口脱贫致富最有效的途径。积极探索推广"生态护林员+"模式,不仅增加了贫困户的工资性和劳务性收入,还发挥了护林员、技术员、巡边员、带头员、宣传员、应急员和人力资源储备员等"七大员"作用,从而使生态得到保护、群众得到实惠、民族更加团结、贫困群众赢得尊严。

第三,立足于绿水青山的实际资源禀赋,积极探索生态环境优势转化为生态产业优势的机制和途径,实现"绿水青山"向生态经济发展持久稳定的变化,带来源源不断的"金山银山",实现百姓富、生态美的统一。

第四,能否打造一支思想政治素质、业务素质过硬的帮扶工作队伍,关系脱贫攻坚战役的成败。要将帮扶工作队打造成一支不怕困难、冲锋在前的先锋队,团结人民、凝聚人心的组织队,落实政策、鼓舞干劲的宣讲队,深入基层、技术精湛的指导队,善于打硬仗的突击队,全心全意为人民服务的服务队。

理论评述:"我们这里脱贫攻坚就是乡村振兴!"

云南省贡山县的同志说:"我们这里脱贫攻坚就是乡村振兴!"初听到这话,心里还有些不解。仔细一想,贡山正是敢于从实际出发搞乡村振兴。

脱贫攻坚任务基本完成后,才能正式展开乡村振兴工作,这是中国西南地区发展内在的规律。有一个简单的道理,如果脱贫攻坚任务都没有完成,就开展乡村振兴工作,别人问道:"还振兴哩!有那么多人还没有脱贫,还是先脱贫吧!"何言以对?

当然,脱贫攻坚与乡村振兴是辩证关系,它们的区别是重点与标准不同,它们的联系是前后相接。

所谓"重点与标准不同",脱贫攻坚的重点在消除绝对贫困,标准是"两不愁三保障";乡村振兴重点在解决"三农"问题,标准是"五个振兴"。

所谓前后相接,就是有了脱贫攻坚基础与条件,乡村振兴才能全面展开;乡村振兴的推进,也能够更好巩固脱贫攻坚成果,防止或减少返贫。它们的联系节点或许在产业上面。

产业发展的首要前提是基础设施建设,特别是重要公路。这是高山峡谷地貌的西南地区的共同需要,也是代价、成本高昂的。高德荣为了打通独龙江乡因大雪封山与外界隔绝长达半年以上的局面,亲自到北京向财政部陈情,后来得到云南省财政厅资助 3 000 万元,从 1997 年动工、1999 年通车的 96 千米、总价 9 000 万元的路才打通了。我们提倡自力更生为主,但是,一些像云南独龙江乡、西藏玉麦乡这样的地区,在基础设施建设问题上确实需要

"外力"为主。

　　贡山县独龙江在"老县长"高德荣同志的率领下,摸索出了适合本地特点的草果、重楼种植,一下子就有许多村民脱贫了! 其他地方,也有养独龙牛致富的。产业没有"一招鲜,吃遍天"的事,合适就是好的,增加农民收入才是硬道理。

第16章　四川省郫都区实施"整合"、融合战略,全面推进乡村振兴战略

四川省郫都区是"天府之国"成都平原核心区,距成都市区20多千米,乡村振兴基础较好。郫都区根据自己实际情况,实施"整合"、融合战略,成为四川省乡村振兴示范区。2018年2月12日,习近平总书记曾经到郫都区战旗村视察,就加快实施乡村振兴战略作出了"乡村振兴要走在前列、起好示范作用"重要指示。"走在前列""示范作用"是符合郫都区实际的正确定位与乡村振兴奋斗目标,为郫都的发展指明了方向、注入了动力。

16.1　实施四方面的整合战略,为乡村振兴铸就强大发展动力

成都市郫都区从发展资源的本质和功能,从不同层次、不同方面、不同表现形态的内在属性、功能、关系等方面特点,实施四个方面的整合战略。

第一,继承性整合。郫都秉持古蜀文明的开放合作、善治良治、创新创业、官民良性互动的文化基因,开拓了三类资源齐头并进的整合模式。(1)政府型主导整合。政府通过广泛的社会动员制定合理化的资源利用政策,改善农村居民居住环境,提高农民生活质量,创造科学的、激励与约束相结合的政策环境的方式,调动各类主体建设乡村的积极性。(2)政府和社会协同整合。政府将工作的重心放在环境打造和服务保障上,鼓励发展乡村特色产业和农村合作组织,着力培育乡村经济社会发展实体,为乡村群众自我发展奠定坚实的基础。(3)社会主导型整合。让具备条件、懂得乡村发展规律,且有助于农村经济发展、文化繁荣、社会进步、生态文明的机构如农业科技推广、乡村教育培训和农村互助合作等组织机构在乡村振兴的资源整合中,发挥主导作用。郫都通过继承性的农村资源整合,努力发展自己的后

续资源,对政府和其他主体在乡村振兴中的主导与从属地位的掌控,都契合了新时代乡村发展的价值取向和目标要求。

第二,"三个选择"性整合。为形成自己核心竞争力,郫都运用整合,促进区域核心竞争力的培育与成长。(1)淘汰性选择。2017年以来,郫都区着力于持续提升产业发展能级,采用市场化手段调整区域内的种植结构,有序退出辖区内的花卉苗木等经济作物种植,通过实施"百千万工程",构建了每亩田百斤鱼、千斤粮、万元收入的生产体系。(2)挖掘性选择。对合规律的新兴资源,按照"持续优化生态功能空间布局,大力发展高端绿色科技产业,提升绿色发展能级,保持生态宜居的现代化田园城市形态"的任务要求,坚定不移地落实"西控"战略,积极推进水源涵养生态保护、都市现代农业融合发展,奋力建设全面体现新发展理念的国家中心城市都市新区。(3)特色性选择。郫都区正经历从农村变城市、郊区变市区、代管变直管的历史性跨越,面临成都建设全面体现新发展理念的国家中心城市和全国双创示范基地建设的历史性机遇,发展动力正从要素驱动向创新驱动转换,产业体系正从传统产业主导向有特色新兴产业引领转型。已引进"陌上花开"等农业产业化项目76个,总投资457亿元。中国数码港、成都影视硅谷等11个重点项目开工建设。

第三,开放性整合。郫都按照"借智借力、创新发展"的思路,深化与四川大学、四川省社科院、西南交大等高校院所开放合作。具体模式主要有三种:(1)委托研究。对重点、难点问题,比如,水源保护地范围内水稻种植的适宜性等问题,邀请四川省农林科学院、四川省社科院等机构共同进行论证,其论证结果为当地水源保护区的水稻种植农户带来了额外的补贴收入。(2)合作开发。2018年,袁隆平成都试验田将搬迁至新址——郫都区德源街道,新的成都分中心启用后,将围绕袁隆平院士的禾下乘凉和杂交水稻覆盖全球的两个梦想以及建立一个青少年农业科普教育基地的心愿而展开,计划3~5年建成国际杂交水稻"种业硅谷"。(3)返乡创业的合作开发。主要是打造返乡创业的吸引点。比如在产业方面,生态产业、电子产业为返乡创业人员回乡创业提供可能支持。

第四,内生型整合。1958年3月,毛泽东同志曾赴郫县合兴乡红光高级农业合作社视察。时隔一甲子年,习近平总书记再次来到已"撤县建区"的郫都区视察,提出了"乡村振兴要走在前列、起好示范作用"的嘱托。所以,郫都区本身存在良好的乡村振兴可以直接、间接发挥作用的资源。但是,这些资源分别存在不同时期、不同地方,只有整合才能让它们发挥最大效应。目前主要整合了三个方面的乡村振兴内生资源:(1)土地政策资源。郫都区承担了国家级改革试点任务5项:农村产权制度改革、集体经营性建设用地入市改革、土地征收制度改革、土地二级市场、农民住房财产权抵押贷款改革。郫都区通过顶层设计与地方试验的结合,率先探索出了一套可复制、可推广、利修法的改革经验,并形成了强大的政策资源优势。(2)要发挥有影响力资源优势。战旗村是2000年四川省委、省政府命名的"文明村";2018年2月12日,习近平总书记视察郫都区战旗村,充分肯定"战旗飘飘、名副其实",殷切嘱托"走在前列、起好示范";2019年7月,入选全国首批AAAA级旅游风景区。这样的村庄理应在乡村振兴做先锋!不仅仅是战旗村。农科村、青杠树村、指路村……一大批"明星村""改革村",在郫都区不断涌现。5年内,郫都区力争将农村区域打造形成国家级农业产业化功能区、都市农业融合发展示范区、国际乡村旅游度假区、农业文化遗产核心区"四大现代农业主体功能区"，在成都市率先实现农业农村现代化。郫都区拥有的人才资源更是得天独厚的内生发展资源。郫都区乡村传统工艺的靖蜀绣、唐昌布鞋、古城"三编"等传统工艺及其非物质文化传承人，也可以在乡村振兴中发挥特有作用。郫都区已经出台、或正拟完善政策，加快引导传承和弘扬，加快制定支持传统工艺技能培训政策，打造一批理念先进、技术精湛的乡村工匠，切实壮大以乡村传统工艺为核心的乡村特色产业。

16.2 郫都区当下已经探索出了乡村振兴的五个路径

俗话说"思路决定出路"。乡村振兴思路，中央已经指明，我们的任务是将中央思路具体化，找到各地方乡村振兴的办法、路径。郫都区明确了当下乡村振兴的五个路径：

第一，科学振兴路径。现在抓科学，要"落地"到项目上。郫都区就是实行"农业+项目"，使科学路径不至于成为"空了吹"。郫都区围绕特色产业、生态环境等资源优势，进行土地入市改革、林盘院落改造、田园综合体建设、有机农业、农产品加工、乡村旅游、花卉博览育种研发、生产加工、商贸物流、乡村旅游等重点方向，实施重大项目攻坚，加快构建都市现代农业产业生态圈。

第二，基地路径。"农业园区+基地"路径。围绕现代农业园区和特色产业基地建设，优化农业产业体系，促进高端种植业规模化、标准化、景观化发展。围绕安德、新民场现代农业精品园区及唐元韭黄（韭菜）基地、新民场生菜基地、德源大蒜基地等产业基地，依托多利、湖西岛等有机农业项目，加快现代农业园区和特色产业基地提档升级。

第三，技术路径。主要内容是"农业+科技"的路径。运用现代科技、信息技术，重塑农业产业生产体系和经营服务体系。"借智"川农大、省农科院等大专院校、科研院所等，加快农业科研成果研发、转化、应用；聚焦"互联网+"农业新形态，推广运用大数据、云计算、农业物联网等技术，构建智慧农业服务体系；加快"农业智库"建设，打造"农业大脑"，依托农业专家大院、农业科技人才工作站、专家服务基地，实施高层次人才柔性引聚工程，健全高技能人才培养平台，全力推进袁隆平国家杂交水稻"种业硅谷"建设。

第四，工业化路径。主要内容是"农业生产+工业生产方式或工厂式"路径。以川菜产业化园区为载体，聚焦郫县豆瓣、川菜工业化、复合调味品、微生物工程、食品包装五大产业生态链，搭建产业研发、检验检测、网络营销和金融服务等专业服务平台，构建以郫县豆瓣为核心的食品饮料产业生态圈。推动"郫都造"川菜原辅料和农副产品规模化、特色化、国际化发展，开辟川菜调味品、旅游休闲食品、养生食品等精深加工新空间，促进一二产业融合互动、集群发展。

第五，服务业路径。主要内容是"农业+旅游"路径。实施大地景观再造工程，萃取古蜀望丛文化、川西农耕文化、扬雄文化等文化精华，重点建设34个各具特色、功能互补的特色川西林盘聚落群，整合形成一个独具魅力的"竹里"林盘景区。

16.3　郫都区乡村振兴已经初见效果

第一,乡村产业逐步强大。按照"接二连三"推动农商文旅融合发展思路,实施"农业+"行动,发展"农业+文创、康养、旅游、互联网"等六大新产业,实现高端种植业产值100亿元、农产品精深加工业产值500亿元、战旗村及周边区域成功创建AAAA级景区乡村旅游业收入22.8亿元、农业文化遗产和"天府水源地"绿色有机农产品、农产品精深加工三大品牌、"郫都灌区轮作系统与川西林盘景观"申报全球重要农业文化遗产。郫都区目前已经获得"三品一标"认证总数达235个,绿色有机农业覆盖面达60%。

第二,城乡环境生态以其宜居而吸引力强。郫都区实施"绿色发展二十条",农用地土壤安全利用率达90%以上;完成磨底河、栀木河等宜居水岸建设;实施增花添彩、亮水治水、拆墙透绿"三大行动",推动稻鱼共生、有机蔬菜等大地景观再造,建成500千米绿道、10个生态湿地、39个小游园、微绿地,促进农区变景区、田园变公园。

第三,因乡贤示范而文明喜获涵养。郫都区在四川率先研究制定新乡贤标准,培养新乡贤人才;持续开展"十大明星示范村"创建,积极推动"三美四好"示范村建设,市级、省级"四好村"建成率分别达40%、16%以上,市级、区级"三美"示范村建成率分别达25%、65%以上,各级文明村镇建成率达到60%以上。截至2017年,已建成市级"三美"示范村21个,创建区级文明镇1个、区级文明村5个。

第四,社会治理因服务而有效推进。全面实施"五大行动",构建完善的村(社区)综合服务设施,拓展社区公共服务、便民服务、专业社工服务、志愿服务功能,大力推广政务"微服务"、社会组织服务等服务平台,构建15分钟公共服务圈。

第五,因农村资本而农民生活幸福俱增。2017年,城镇居民人均可支配收入40 058元,增长8%;农村居民人均可支配收入24 015元,增长8.5%。据统计,截至2017年年底,郫都区已完成33宗399亩农村集体经营性建设用地入市交易,获得成交价款2.53亿元,相关农民集体及个人共获得了1.7亿元的土地收入,其中约1.36亿元用于集体经济的积累和发展,约3 400万元用于农民股东的现金分配。

理论评述:中国西南较发达区的村庄要敢于率先向五个目标前进————

中国西南地区农村与世界水平、与中国沿海地区农村都存在不小的差距。从整体来看,这是客观事实。不看到这一点,就可能在乡村振兴中脱离实际,搞出一套形式主义、"左"的东西。但是,不平衡是世界绝对规律。中国西南地区农村在整体还贫穷落后下,也有一些地方发展水平较高,甚至比起沿海发达地区农村也不逊色。成都市郫都区(原郫县)就是这样的地区。

成都市郫都区以经济、社会发展水平较高为基础,以乡村振兴"产业兴旺,生态宜居,乡风文明,治理有效,生活富裕"五个总要求或目标为引领,在乡村振兴全面发力,积极推进,并取得了阶段性成绩。这是值得肯定的。

经济、社会发展水平较高,这是好事。要是全国农村、西南地区农村大部分都是像成都市郫都区的条件、基础,乡村振兴难题系数要低许多。所以,庆贺中国西南地区有像成都市郫都区这样的地方,他们取得的乡村振兴全面发力的经验与成绩,可以给我们其他地方以力量、以鼓舞。

走在前面的,不一定是最早到达终点的。关键要研究自己基础上发力的规律。成都市郫都区在乡村振兴中注意研究乡村振兴的"郫都版"规律,这个规律就是整合、融合。

成都市郫都区还用开放办法搞乡村振兴,这个问题值得关注。成都市郫都区用委托、合作研究办法,使四川省农林科学院、四川省社科院等省级研究机构的智力资源为我所用。

第17章　贵州省铜仁市采用"五个一点式" 递进推进乡村振兴

贵州省是全国比较滞后的省区，贵州省铜仁市根据自己发展底子薄的特点，在乡村振兴中量力而行，采用"五个一点式"递进推进乡村振兴。虽然表面上似乎"阵仗不那么轰轰烈烈"，但是，并不妨碍乡村振兴扎实推进。

第一个"一点"是强化乡村振兴的理论武装。

2018年11月23日，习近平新时代中国特色社会主义思想暨乡村振兴战略理论研讨会在铜仁市举办。研讨会由贵州省社科联主办、铜仁市委党校承办，中央党校原副校长赵长茂等7位专家受邀到会参加研讨。此次研讨会收到70家省内外单位投稿文章130篇，100余名论文作者参加了论文交流会，其中43篇优秀文章分获一、二、三等奖，10余位获奖作者先后作交流发言。来自福建、重庆、江苏、湖北、湖南的9所市、县（区）党校和贵州省10所省、市（州）、县党校共300余人参加研讨会。

第二个"一点"是发挥党组织在乡村振兴中的核心作用。

实施乡村振兴，必须把党组织政治功能和发展功能有机结合，以政治功能引领乡村振兴的风向标和前进方向。一是把握好服务方向。铜仁市以建设服务型党组织为目标，探索建立"合作社党组织—党员产业大户—党员—农户""农业龙头企业党组织—党组织党员骨干—党员—农户""党组织—合作社—党员"三种利益链接机制，始终发挥党组织在乡村振兴中的服务功能和引领作用。二是把握好发展方向。乡村振兴以经济振兴为先要，经济发展了，但是其性质不能变。铜仁市很注意发挥基层党组织在加强对集体经济、专业合作社等组织管理引导的作用，铜仁加快推进集体经营性资产股份合作制改革，坚持农村集体产权制度改革正确方向，防止内部少数人控制和外部资本侵占集体资产，确保土地股份制不改变农村土地公有制性质、集体经济发展由集体共享这一初衷，绝不能让发展由个别人享有，更不能让发展私有化。三是聚焦基层党建，让组织强起来。铜仁市闵孝镇在全面推行杨再炼"十个一"工作法的基础上，探索实施"动车组支部"创新提升工程，使得基层党组织真正成为巩固提升脱贫成果的"红色引擎"。推行1名致富党员联系3名困难群众和帮助1名贫困户的"1+3+1"党员帮带模式，充分发挥致富党员在乡村振兴战略实施中的示范引领作用。建立"1+1+1"帮扶机制，明确每名党政班子成员分别牵头包抓1个行政村，并配备1名主任助理和1名党建特派员充实到村级班子，帮助抓党建、促增收、谋发展。探索实施基层党建嵌入特色产业模式，在具有规模效应、带动效应的冷水鱼、猕猴桃、中药材、玫瑰等基地建立党组织，通过支部领办、能人创办、村组联办等形式，鼓励党员致富带头人创办领办专业协会、专业合作社等经济实体，打响闵孝党建品牌。

第三个"一点"是选择人才的切入点。

闵孝镇以发展需求为导向，统筹建立农村实用人才信息储备库，为农村人才分门别类建档，实行动态管理，着力把农村知识青年、巾帼人才、致富带头人、"雁归"人员等人才培育好、管理好、使用好，为实施乡村振兴提供智力支持和人才保障。采取"理论学习+实践锻炼""请进来+送出去"相结合等方式，加强人才队伍能力综合提升，现有致富带头人、乡村储备人才48名，水产养殖、畜禽养殖、种植业人才57名，其中专业技术人才20名。大力实施春晖社人才培育工程，将各类人才摸底登记，建立春晖社人才信息库和"春晖励志金"，为实施乡村振兴战略提供人才保障和资金支持。现已建立春晖社11个，吸纳社员262人，建成春晖人才创业示范基地9个、春晖产业扶贫基地7个，募集"春晖基金"58万元。

曾南雨是志愿放弃城市工作单位，回到农村探索改变农村贫穷落后面貌的年轻人。曾南雨放着好端端的工作不做，主动向部门申请调回乡下，回到自己从小生活的村庄，干起了别人都不愿干的事情。顶着巨大的压力，他硬是把山重水复、迷雾重重的乡建工作给扛了下来，这一扛就是6年。梳理过往的种种经历，结合国家的发展方向，曾南雨提出"乡村振兴五步法"，即"卫生+文化+产业+人才+道德"五步法，特别是把"善良"提到了"最值得挖掘的文化旅游资源"的高度。其"人心不善，风景完蛋"的言论得到了业内专家的高度认可，先后为沙坝河乡老寨组和茅坪村争取了"贵州首批少数民族特色村寨"；为老寨组争取了"中国景观村落"国字号招牌；在老寨实施了松桃第一个"春晖家园"项目；落地了"中国古村落保护与发展专业委员会铜仁工作站"；引进铜仁餐饮龙头企业壹城一味打造松桃第一个"老品种景观菜园"，实现全村101户蔬菜致富全覆盖；建立铜仁首个乡村振兴课堂并顺利开课；促进民宿写进《铜仁市2017年政府工作报告》；带领松桃民族文化交流协会探出一条具有松桃特色的"文艺全域化"改革路径；第一次提出书香村寨的概念，并成功推出"书香老寨"乡村品牌；由其带队在沙坝开展的2014年松桃民族文化现场交流会开了铜仁文化反哺边远乡村的先河。而他本人，也因工作突出，先后被评为"中国统一战线先进个人"、"贵州省春晖使者"等，成为铜仁参与"住建部·铜仁乡村振兴国家级试点"专家。其帮扶的村寨获松桃县委、县政府2019年9月颁发的"先进村民理事会"单位。

第四个"一点"是选择发展产业的切入点。

贵州省铜仁市从本市生产力发展水平的实际出发，紧紧围绕乡村振兴战略，确立了"念好山字经、做好水文章、打好生态牌，奋力创建绿色发展先行示范区"的发展思路，坚守发展和生态两条底线，充分挖掘和利用区位资源、生态资源、人文资源，选择了大力发展乡村旅游的产业切入点，让乡村旅游成为旅游业增长新方向，目前已经成效显现。近年来，高楼坪乡积极发展乡村旅游,采取农家乐、休闲垂钓、农旅观光等形式,助推乡村振兴,帮助村民增收致富。走进万山区高楼坪乡,一股现代化小镇的气息扑面而来。一排排白色的二层小楼、池塘里鲜花盛开、依荷塘和小溪而建的木栏,还有周围的树木、鸟声、鲜花相映成趣,无不在展示乡村的嬗变和振兴。该乡青年湖村黄家寨组围绕"农民增收、农业增效"目标,依托九丰农业 AAAA 级景区、朱砂古镇及江南水乡·滨河公园旅游景区发展,以侗家民族风情、田园自然风光、农业产业观光、垂钓休闲游憩等资源为卖点,结合打造"庭院休憩型"农家休闲旅游度假区,大力发展乡村旅游,目前发展乡村农家乐 12 家,2016 年年底成为全乡首个年人均纯收入超万元的自然村寨。此外,黄家寨组还充分依托自身区位优势,大力发展生猪、肉牛和黄桃、中药材、大棚蔬菜等特色种养业,进一步加快了村民增收致富的步伐,群众以入股分红、入棚务工、土地流转等方式获得收益。

采用"以短养长、以长护短、长短结合"发展思路,在突出抓好生态茶、冷水鱼、猕猴桃 3 个主导产业和中药材、蔬菜 2 个增收项目的同时,按照强龙头、创品牌、带农户的思路,大力推广"公司+合作社+农户"模式发展山地特色高效绿色产业,并采取"621""721"利益联结模式,推行打捆抱团发展,切实保障贫困群众红利。目前全镇共组建农民专业合作社 35 家,龙头企业带动重点产业 15 个,流转土地林地发展精品果蔬、山地种植万余亩,发展特色水产养殖 240 余亩,畜牧养殖 1.5 万余头,年产值达 5 300 余万元,实现贫困群众利益联结全覆盖。

第五个"一点"是良好生态环境是实施乡村振兴战略的支撑点。

聚焦生态治理,让村子靓起来。良好生态环境是实施乡村振兴战略的支撑点,闵孝镇大力推行村级环境卫生"亮分制",定期在村与村、组与组和户与户进行环境卫生评比,并将考评结果张榜公示,接受群众监督,培养群众主动参与环境卫生、爱护环境卫生的良好习惯,全镇上下实现了由"脏、乱、差"到"净、齐、优"的大转变。同时,结合"四在农家·美丽乡村"建设,统筹推进山水林田河系统治理,全面落实林长制、河长制和路长制,大力开展农村饮用水源保护、生活污水治理、厕所革命和垃圾处理、畜禽养殖污染治理等整治行动,全面整治清理违法建筑、违法占地及乱搭乱建、临时搭盖栏棚、旱厕、猪圈等废旧建筑 345 户,极大改善了农村人居环境和居住条件,确保农村常年天蓝、地绿、水清、气爽。现已实施退耕还林 1 211 亩,森林抚育作业设计 3 343.24 亩,建立了鱼良水库、闵孝河、官阴河生态功能保护区,栽植绿化苗木 3.2 万余株。

着眼于新产业新业态,打破城乡二元经济结构,推动一、二、三产业融合发展。大力发展家庭农场、专业大户、农民合作社、产业龙头企业等新型主体,鼓励新型经营主体探索不同模式,提升农业产业化程度,实现小农户和大市场的对接。延长农业产业链,提升农产品附加值,重点发展农产品加工、观光旅游、农村电商等新业态。让农业成为有奔头的产业,让农民成为体面的职业,让百姓富生态美的动人画卷在广袤的乡村大地铺展开来。

理论评述:在"点上突破"也是乡村振兴的选择

贵州是全国欠发达地区之一。在经济水平较低的情况下搞乡村振兴,选择就显得特别重要了。古代"田忌赛马"的故事就说明,实力虽然重要,选择更决定成败。同样的力量,选择正确,也可能事半功倍。

贵州铜仁根据自己的实力情况,选择了在"五点"上突破,推进乡村振兴战略。这种选择表现了中国共产党不愧为现代化建设的领导核心!她的各级组织及其共产党的领导和党员创造力与实干精神都很强。在不利因素甚多的客观条件面前,不是丧失信心无所作为,也不是盲目乐观蛮干硬上,而是动脑子分析。

只要一分析,任何事物都有两面性,不利中也有有利的方面,我们可以在有利方面有所作为。长此以往,像愚公移山一样,总有一天,不利因素终会让位给有利因素,我们这个地方就发展起来了。

辩证法告诉我们,事物变化是一个量变到质变的过程。有学者认为,"学术上的量与质,可以转换为空间与操作上的点与面"。讲量与质还比较抽象,讲点与面就具体及可操作。贵州铜仁农村在乡村振兴中"五个一点式"递进策略,是符合辩证法的。

贵州铜仁农村的这种情况,在中国西南地区农村类似的地区还不少,所以,这个报告有一定代表性与典型意义。

第18章　广西壮族自治区龙州县五积"跬步"，扎实推进乡村振兴工作

广西壮族自治区龙州县五积"跬步"扎实推进乡村振兴工作方法，来源于党的实事求是的思想路线。广西壮族自治区党委负责人在接受记者采访时说，各地的资源禀赋、产业基础、环境条件、民情风俗等都不尽相同，农村情况千差万别。因此，乡村振兴没有固定套路、统一模式，只有结合实际、因地制宜，走特色化、差异化路径，才能推动农业全面转型、农村全面发展、农民全面进步。就目前而言，广西属于农业大省区，第一产业、农村人口比重还比较高，农村居民收入和生活水平相对较低。实施乡村振兴战略，必须坚持问题导向，紧扣农业农村发展的实际，充分发挥自身优势，靶向施策，精准发力，方可依靠区情作出"广西注解"，走出一条具有广西特色的乡村振兴之路。

广西崇左市龙州县按照自治区委、区政府对"区情"的这种认识，再结合龙州县实际，在乡村振兴方面取得了扎实的进展。

龙州县是一个有着光荣革命历史的地方，是中国工农红军第八军的故乡。但是，也是国家级贫困县之一。龙州的同志说，我们这个既有光荣革命历史、又是国家贫困县之一的地方，在乡村振兴方面也要"撸起袖子加油干，不然就是'丢脸'"。

豪情壮志鼓舞士气，具体干起来时还得尊重规律。

龙州县委、县政府认为，在中国干事要有两个条件，办成事、办大事的规律才会发挥作用。

第一个条件是党的坚强、正确的领导。龙州县为了充分发挥县党委、政府"一线指挥部"的能动作用，全面落实党政一把手脱贫攻坚"第一责任人"责任和五级书记抓扶贫责任，成立了"县级扶贫开发领导小组和脱贫攻坚指挥部"。夯实了龙州县脱贫攻坚上层力量；再压紧压实县、乡、村屯及对接帮扶单位等各级帮扶责任，层层签订《脱贫攻坚责任状》，确保帮扶责任到岗到个人和保证脱贫政策层层落实、层层见效。

第二个条件是找准乡村振兴的切入点。龙州县结合贫困程度深、脱贫人口基数大、贫困

面大的具体县情,深入贯彻脱贫攻坚政策执行工作,以深度贫困村屯为脱贫重点,以帮扶措施精准到村到屯到户为标准,对症下药、因地制宜、精准施策,集合各方人力、物力、财力,坚决打赢脱贫攻坚战。具体举措主要有以下几个方面:

(1)将网格化管理运用到脱贫攻坚中。龙州县创新网格化管理模式,组建由第一书记带头,驻村工作队员、村干部、村民小组长为成员的网格化管理小组,负责对屯内贫困户、非贫困户进行细微管理。

(2)组建"马甲队伍"。龙州县采取"照片上墙、马甲上身"办法,亮明身份,消除障碍,主动融入基层,拉近党群、干群关系,以提高群众满意度为前提,做到办实事解民忧。龙州县打造出了一支敢于担当、实事求是、作风优良、勤政廉明的"马甲书记"队伍。把群众满意指数、幸福指数作为执行标准,紧绕脱贫目标,真蹲实驻、真帮实促,而且提高了脱贫政策执行的精准度。

(3)发挥制度在扶贫攻坚中的支撑作用。领导驻村夜访制度、半月汇报会制度、每日夕会制度及每周例会制度,保证随时有问题随时解决。

(4)健全正向激励机制和严肃督查问责并举,在表彰奖励的同时,也严盯、严查脱贫政策执行中的腐败行为和懒散作风。

(5)激发村民脱贫的内生动力。驻村干部带头宣传帮扶政策,通过短信、板报和标语等多种宣传方式,对扶贫成就、脱贫致富典例进行宣传,营造脱贫攻坚良好氛围,坚定群众信心,增强贫困群众对脱贫政策的知晓度、认可度和认同感,从而取得了良好的政策执行效果。

2017年,贫困人口从2015年的50 828人降至37 554人,贫困发生率降为1.88%,低于3%,且比2015年下降了27.04%,2018年成为广西33个扶贫开发工作重点县中第一个脱贫摘帽的县。

龙州县在脱贫攻坚取得了决定性成绩后,再接再厉地转入了乡村振兴工作。他们根据龙州实际,龙州的乡村振兴从那些可以办得到的事情做起。这些"办得到的事情"连续起来、串联起来,不也可以推进乡村振兴吗?这是毛泽东同志在《中国革命战争的战略问题》的"积小胜,为大胜"思想在乡村振兴中的应用。龙州县有哪几件乡村振兴中的事情可以办到呢?

第一件是易地搬迁。易地搬迁为贫困户搬来幸福"家庭梦"。"房子拎包入住""孩子现在在西北民族大学读大二""老公在保护区做护林员,我做保育员,收入稳定……"这是贫困户之一梁桂莲搬迁进城南幸福家园的话。梁桂莲一家以前是以种植甘蔗和外出务工为主,在易地搬迁政策的支持下,她一家住进了城南幸福家园,她也成了"城里人",家庭生活发生了极大的变化,原先还担忧在城里吃不上饭的她很快就没有了烦恼,当地优越的就业政策和各级干部的悉心关怀,让她和她老公在家附近就业,她还能抽出更多的时间在家里照顾老人和小孩,如今梁桂莲全家月收入能达到4 000元。

第二件是发展有基础的特色产业。比如,坡姆屯全体村民说干就干,短短3个月,2 600平方米的公共蚕房建成,并成立了种桑养蚕合作社,结合发展产业对屯内进行了基本整治。据估算,坡姆屯村民发展种桑养蚕产业,当年人均纯收入可翻一番,种桑养蚕产业产值可达120万元,可为村级集体经济增收6万元以上。

第三件是用"众筹"办法成立旅游股份制实体。龙州县下冻镇扶伦村板端屯发展乡村旅游激发出活力,托起了村民的增收梦。村民梁克真接受记者采访时说,"我家2018年已经脱贫了,去年我参与跑马洞景区的入股,年底拿到了3 000元分红,平时我在景区上班,每天还能得到80元收入,现在生活越来越好了。"跑马洞风景区位于下冻镇扶伦村板端屯的提督山脚下,是一座规模巨大的喀斯特天然溶洞,资源优势十分突出。村民就用"众筹"办法,自发筹集资金组成"旅游+公司+农户"实体。共投资155万元。2018年春节,景区正式营业,仅春节期间游客量就达5万多人次,收入超过50万元,带动板端屯18户贫困户脱贫。

第四件是挖掘边疆少数民族文化资源。龙州县是一个少数民族聚居地,少数民族人口众多,有许多优秀独特的民族文化,挖掘这些边疆少数民族文化资源,既可以拉近人与人之间的距离,还可以一定程度上促进民族团结。比如,龙州起义纪念馆就举行了《我和我的祖国》快闪活动。网媒记者、红领巾讲解员、壮族天琴女子弹唱组合、群众代表等百人合唱团带来的《我和我的祖国》快闪燃动龙州革命老区。

第五件是利用地处边疆的优势缔结为国际友好村屯。龙州县武德乡隘口屯与越南高平省下琅县瑞华社岜旦屯缔结为国际友好村屯。截至目前,龙州县已有5个边境友好村屯。按照友好村屯协议,中越双方在文化、文艺、体育、生态环境保护、边境治安、禁毒等方面合作将得到加强。同时,双方的传统友谊也将得到更好地传承和发展。

龙州县获评2016、2017年度全区33个国家扶贫开发重点县、滇桂黔石漠化片区县党委和政府扶贫开发工作成效考核一等奖;2018年度全区33个国家扶贫开发重点县、滇桂黔石漠化片区县党委和政府扶贫开发工作成效考核综合评价"好"等次。2018年8月,龙州成为广西首个脱贫摘帽的国家扶贫开发工作重点县。

理论评述:莫嫌跬步小

"跬步"有多大? 半步。迈出一脚,才半步,有人可能嫌小。但是,累积起来,可以行千里。

广西龙州县在乡村振兴中积跬步的精神,我们认为值得肯定。在中国西南地区搞乡村振兴,有不少地方有"欲速则不达"的问题。中国西南地区农村高山峡谷、发展滞后、自然经济残余,在这样的地区搞乡村振兴,把从实际出发与量力而行结合起来特别重要。

当然,我们说哪怕前进半步也好,并不是歌颂慢。速度问题"加速度"也是一个规律。事物发展,往往是初始跬步,慢慢地速度越来越快。比如,中国人从300美元左右越过1 000美元大关,2003年左右才实现,用了近20年;从1 000美元到5 000美元,2012年实现用了8年;中国从人均GDP 5 000美元到突破1万美元,估计8年可以达到。从以上数据的加速度,我们没有理由嫌龙州乡村振兴速度"好像不快"。

> 乡村振兴关键在行动。这种行动又是有顺序、相互间有逻辑联系的。
>
> 努力弄清乡村振兴的这些关系、顺序、联系,不仅是学者的任务,也是每个乡村振兴第一线农村党支部的任务。
>
> 黔江区金溪镇望岭村"六大行动"的价值在于此!

第19章 黔江区金溪镇望岭村乡村振兴中的"六大行动"

重庆市黔江区望岭村,作为重庆市 18 个深度贫困乡镇金溪镇的 8 个村之一,在深化脱贫攻坚、有效对接乡村振兴方面做了有益探索。现对望岭村整体情况做一些介绍,希冀对实现乡村振兴有借鉴意义。

19.1 重庆市黔江区望岭村概况介绍

望岭村位于黔江区西南面,面积 9.339 平方千米,平均海拔 650 米,东接水田乡石朗村,南连太极乡石槽村,西与太极乡李子村接壤,北与白土乡凉洞村相连。由原金溪乡高尖、望岭、木根 3 个村合并而成。森林覆盖率 58%。

全村可用耕地面积 4 176 亩,现已发展产业 3 780 亩。其中,蚕桑 1 742 亩,猕猴桃 163 亩,李子 280 亩,桃子 380 亩,其他水果 135 亩,青菜头 100 亩,辣椒 140 亩,南瓜 100 亩,其他蔬菜 160 亩,经济作物 230 亩,中药材 80 亩,桂花 270 亩。

全村辖 8 个村民小组,720 户,2 237 人,常年外出务工人数约 900 人,常住人口约 350 户 1 387 人,劳动力 1 360 人,全村党员 46 人。

现有重点优抚对象 17 户 17 人,城镇低保户 1 户 4 人,农村低保户 41 户 81 人,特困人员 12 户 12 人。望岭村原属于市级贫困村,按照"七有四通三解决"的标准,2011 年实现了整村脱贫。但是,2014 年新一轮脱贫攻坚中,作为非贫困村,按现有标准与程序,有建卡立档贫困户 91 户 336 人。

19.2　乡村振兴中的以"六大行动"为代表的主要做法

19.2.1　实施基础的提升行动,脱贫攻坚为乡村振兴打好基础

乡村振兴与脱贫攻坚,既可以做到"无缝对接",又有先后顺序。脱贫攻坚是实施乡村振兴的前提、基础。脱贫攻坚任务没有完成以前,乡村振兴事实上是很难展开的。望岭村党支部根据脱贫攻坚与乡村振兴这种内在关系,首先全力按照中央部署,望岭村 2015 年有贫困户 91 户,贫困发生率为 15%,全国 2015 年贫困发生率是 5.7%,但是,重庆市 2015 年贫困发生率是 18.4%,望岭村贫困发生率高于全国水平,又低于重庆市水平。根据这些情况,望岭村党支部作出决定,提前完成脱贫攻坚"扫尾"工作,转入乡村振兴工作。望岭村对这 91 户贫户,进行了分析,这 91 户贫困的原因还是基础设施不好,发展条件受制太多。于是,把脱贫攻坚"扫尾"工作的重点放在为 91 户脱贫创造五个方面条件。

1)交通

2018 年为推进基础设施建设,召开"一事一议"小组会 10 次,调处矛盾纠纷 50 余次;目前,已实现新建村道公路 3 条 12 千米,硬化村道公路 9 条 18.7 千米,扩宽道路 1 条 3 千米;新建产业路 5.5 千米,人行便道 14.8 千米,村民小组通达率和通畅率实现 100%。2019 年以来规划实施硬化路 4.8 千米,扩宽路 6 千米,新建人行便道 5 千米,已建成产业路 14 千米。

2)水利

2018 年安装太极水厂至金溪集镇供水主管网 2.5 千米(已完工);实施饮水安全巩固提升工程,以太极水库为水源,通过太极水厂及金溪水厂管网延伸,对居住在海拔 800 米以下的农户进行集中供水;对居住在海拔 800 米以上的农户进行二次增压供水,现已规划设计完成。确保一年四季不缺水,喝上干净水。

3)电力

2017 年年底前全面完成全村的农网改造升级,实现户户生产生活用电有保障;全面完成农户"一户一表"改造,确保每家每户用上安全稳定电;实现城乡用电同网同价;动力电到桂花园居民安置点、产业大户。

4)通信

在行政村通光纤和 4G 基础上,新建通信基站 1 个,推进光纤、4G 网络由行政村向 8 个自然村延伸,全面提高通信基础设施支撑服务能力,实现 4G 信号全覆盖,户户通电视、通网络。

5）人居环境

实施农村人居环境整治,对 40 户农户住房实施"五改"（改房、改厨、改厕、改地平、改圈舍）；户户建卫生厕所,对 7 组实施人居集中整治,打造人居建设示范点。实施土地整治 1 000 亩,农业综合开发 1 000 亩。

通过大力实施连通村外村内到户的基础设施建设,目前以交通为代表的基础设施网络体系已经形成。行政村通畅率 100%,小组通达率 100%,户户通人行便道；实施整村人饮工程,实现户户有安全饮用水,生产用水有保障。完成农村电网改造的农户达到 100%,实现城乡用电同网同价以及组组通宽带、户户有信号。加强人居环境整治,农村危旧房到 2019 年改造达到 100%,建立保洁制度,实现村容村貌文明整洁。

发展条件得到了根本改善,91 户贫困户 2019 年只剩 9 户未脱贫,贫困发生率从 2015 年的 15% 降至 0.7%。已实现 81 户 320 人脱贫。2018 年全村年人均收入 9 100 元。

19.2.2　产业提升行动,为乡村振兴工作选好切入点

望岭村由于离黔江城区不远,在城市的辐射带动下,产业过去有些基础,但是,规模与质量长期处于自发状态。于是,村党支部从实际出发,乡村振兴工作从产业提升行动切入,既充分利用过去的产业基础,又按产业振兴与市场经济的要求,在规模与质量上下功夫,争取望岭村的产业在乡村振兴中特点、质、量"三点一线"。

1）优化种植业布局,在结构调整中促进产业量与质统一

发展,就是反复进行结构调整。望岭村大力调整种植结构,2019 年年底实现粮经比 1：9,重点发展适合当地气候特点、经济效益好、市场潜力大的品种,建设一批贫困人口参与度高、受益率高的种植基地。大力发展设施农业,适度发展高附加值的特色种植业。全村已经形成了蚕桑、脆桃两大支柱产业:蚕桑 1 742 亩,脆桃 380 亩。重点还将新发展脆桃基地,打造成产业示范片和乡村旅游示范点,形成"一村一品"产业格局。

2）大力发展养殖业,促进产业特色与优势统一

一个地方的优势产业,总是从传统中孕育特色,在特色产业中产生优势。望岭村由于地理、气候等禀赋,种植业有传统即形成了特色。在乡村振兴中按照节约化、规模化、标准化、特色化的思路,走"公司+专业合作社+贫困户"的发展模式,积极推广农牧结合、粮草兼顾、生态循环种养模式。全村围绕猪、鸡、牛三大养殖业,发展林下养鸡 10 000 羽,养牛 400 头,养猪 3 700 头（其中香猪 2 000 头）。建立中蜂养殖专业合作社,扶持发展中蜂养殖 200 桶（箱）,打造生态蜂蜜品牌。重点建设香猪规模养殖场（年出栏 2 000 头）,将养殖香猪打造为本村特色产业。

3）探索建立农村电商,促进产业与市场对接

黔江地处武陵山区,其他技术应用难度不小,唯有以电商为代表的电子技术应用难度较

小、成效显著。望岭村高规格建好电子商务服务站 1 个,招募 1 名农村电商带头人,每年组织开展电商培训 30 人次。实现超市、金融网点到村,推进本村产品"一户一品一码",开展特色农产品"爱心购"电商促进活动。

4) 贯彻落实金融助力行动,促进产业发展的加速度

农村金融是乡村振兴的加速器、助推器。望岭村深入实施扶贫小额信贷,实现有意愿、有条件的扶贫对象全覆盖,落实扶贫信贷规模达到 200 万元。大力实施产业大户无抵押贷款、易地扶贫搬迁贷款、农产品收益保险、扶贫小额信贷保证保险。加大对扶贫再贷款、再贴现支持力度。

19.2.3　生态保护提升行动,为乡村振兴提供可持续发展动力

加大望岭村生态保护修复力度,退耕还林、天然林保护、石漠化治理等生态工程。充分发挥望岭村生态优势,积极支持发展生态农业、生态旅游等生态经济,将生态优势转化为经济优势,让绿水青山变为金山银山。

1) 环境整治

积极开展河流和公共环境卫生整治,实施桂花园安置点污水管网整治工程,配置垃圾箱 6 个,安装太阳能路灯 150 盏。

2) 林业建设

加强生态环境保护与治理修复,提升可持续发展能力,大力实施退耕还林 600 亩,天然林保护 1 000 亩,确保森林覆盖率达到 60% 以上,实施森林质量精准提升 1 000 亩。

3) 乡村旅游

发挥农业资源优势,推动现代农业产业园建设,以三清桃产业示范片为依托,形成农业观光、果蔬采摘、农业科普等旅游新业态,促进农旅融合发展。强化乡村旅游线路整体打造,新修建登山万步梯一条,构建以绿色生态为主题的生态采摘线路,将生态优势转化为经济优势。

19.2.4　易地搬迁行动,进行人的空间结构调整

国外在发展农村中,有重视人的空间结构调整的成功经验。黔江望岭村由于地处武陵山区,山高坡陡谷深,过去农民哪里能修房子就在哪里住,客观上造成了"能生存,不能致富"的旮旮角角! 必须进行易地搬迁,进行人的空间结构调整,才能推进乡村振兴。望岭村根据村实际,在人的空间结构调整做了以下三个方面的努力。

1) 合理确定搬迁范围和对象

以扶贫开发建档立卡信息系统识别认定结果为依据,以生活在自然条件严酷、生存环境

恶劣、发展条件严重欠缺等地区的贫困人口为对象,具体执行的标准是:农户必须搬,吊脚户必须搬,深度贫困组的院落必须搬,地质灾害区的农户必须搬。在充分尊重群众意愿的基础上,加强宣传引导和组织动员,保障搬迁资金,确保符合条件的建档立卡贫困人口应搬尽搬。

2)实施土地复垦

所有搬迁户必须按照"一户一宅"的政策将旧宅基地进行复垦;符合农村建设用地复垦条件的可自愿申请实施农村建设用地复垦项目,复垦后产生的结余建设用地指标(扣除新建面积后)可用于地票交易,享受地票相关收益。已完成104户以上宅基地及附属用地复垦。

3)以良好居住环境引导农户搬迁

(1)通过配套建设安置区(点)水、电、路、邮政、基础电信网络以及污水、垃圾处理等基础设施,完善商业网点、便民超市等生活服务设施以及必要的教育、卫生、文化体育等公共服务设施,让农户想搬。

(2)通过支持搬迁户发展后续产业,实施"三权"改革,建立完善新型农业经营主体与搬迁户的利益联接机制,提供就业岗位、民政兜底等确保每个搬迁户都有脱贫致富产业或稳定收入来源,让农户愿搬。

(3)通过提供建房用地,实施土地复垦,按照政策补助搬迁资金等,让农户能搬。

19.2.5 人口素质提升行动,为乡村振兴奠定活力基础

乡村振兴,关键是发挥村民的主体作用。在现实中,有村民主体作用"发挥不了"的问题,障碍还是人的素质问题。望岭村在提升村民素质上做了五个方面的工作。

1)大力开展素质培训

深入实施产业骨干人才和 "一户一人一技能"培训计划,加大贫困人口订单培训和职业技能提升力度,确保每个贫困家庭劳动人口接受一次以上技能培训,学会至少一项实用技能。结合蚕桑、猕猴桃、李子、蔬菜、食用菌等特色产业发展,在村开展种养殖培训,已培训20余次。青壮年劳动力接受实用技术、非农职业技能或创业培训率达90%。

2)多渠道促进劳务就业

每年安排公益性岗位20人,落实资金10万元。有剩余劳动力的贫困户家庭至少转移一人,结合易地扶贫搬迁安置点建设,支持搬迁群众自主创业,鼓励本土人才返乡创业,鼓励发展居家就业新业态。

3)培育优良乡风民俗

深入开展全国文明城区创建活动,坚持精神文明与物质脱贫同频共振。加快推进农村公序良俗建设工程,开展"家风润万家"活动,树立良好家风。进一步完善村规民约,加强移风易俗工作,推进喜事新办、丧事简办,倡导文明新风。每年开展一次道德模范、身边好人、

"十星文明户"、"新乡贤"等评选活动,树立一批示范典型,培育优良乡风、新乡贤文化。

4)激活老百姓内生动力

开展困难群众脱贫、帮扶干部扶贫、产业带头人致富等宣传,每月高质量开展一次"三个故事"(我的脱贫故事、我的扶贫故事、我的创业故事)宣讲活动,激发群众的干事热情,调动群众的积极性,引导贫困群众主动参与,全力配合各项工作,改变"干部帮着干,农户一边看"的现象,消除"等靠要"思想。

5)建立投工投劳机制

运用生产奖补、劳务补助、以工代赈等多种形式,调动群众参与村道、入户便道等基础设施建设、兴修农田水利,改土改田的积极性,不大包大揽,包办代替。

19.2.6　公共服务提升行动,在乡村振兴中全面加强农村社会建设

"村",是一个多样性的存在。其中,一个村就是一个"微型社会"。因此,在乡村振兴中全面加强农村社会建设是很重要、很必要的。

1)加强医疗卫生服务体系建设

望岭村新建了一个90平方米的标准化村卫生室,在全面落实贫困人口基本医保、大病医保、商业保险、医疗救助、农村医疗救助基金"五重保障"全覆盖的基础上,采取"普惠+特惠""分级+分类""政府+社会"等方式,为每个贫困人口购买"精准脱贫保",为低保户、特困人员等民政对象购买城乡居民合作医疗保险实施补助;对特殊困难贫困人口的重病、慢性病患者费用自负部分,进行叠加报销和专项救助,确保个人实际负担费用在10%以内。建立义诊、巡诊长效机制,每年对辖区群众开展健康普查一次;为贫困人口建立电子健康档案和健康卡,实行医生签约服务,推行贫困人口"先诊疗后付费"结算机制,实现基本医保、疾病应急救助、医疗救助等"一站式"即时结算。

2)建立健全困难学生资助体系

全面落实贫困家庭子女从学前教育到高等教育等各学段资助政策,减少困难群众教育支出,构建全程化教育阻断贫困代际传承机制。不让孩子因贫困上不了学,稳步推进农村义务教育学生营养改善计划。落实建档立卡贫困家庭学生以及非建档立卡的家庭经济困难残疾学生、农村低保家庭学生、农村特困救助供养学生实施普通高中免除学杂费,做到应助尽助。

3)完善社会养老及救助体系

维修整治村幸福院,提升养老条件,充分利用党员支部日活动、节日慰问等积极开展农村养老、敬老关爱服务。围绕"三留守"人员和残疾人员等弱势群体,开展困难救助、矛盾调处、人文关怀、心理疏导、行为矫治、关系调适、危机干预等专业化社会工作服务。

4)加强乡村文化建设

开展送设备设施、送文艺演出、送电影、送直播卫星接收设备、送图书、送培训"六送"活

动。目前,已实现村村通广播,人人有书看,卫星电视全覆盖。扩建文体广场,配备体育设施器材,开展全民健身运动。

19.3 望岭村乡村振兴已经取得的主要成效

19.3.1 望岭村"两不愁三保障一达标"已经达标

2019 年实现 8 个村民小组达到小康水平,具体数据见下表。

指标 \ 年度	2017 年	2018 年	2019 年	备 注
贫困人口/人	149	79	实现脱贫	
深度贫困组/个	3	2	全部出列	
脱贫人口返贫率/%	2	1	0	
贫困户参加新型农村合作医疗比率/%	100	100	100	
贫困户参加新型农村社会养老保险比率/%	100	100	100	
贫困户安全住房率/%	85	100	100	
贫困户电力保障率/%	100	100	100	
贫困户安全饮水率/%	70	85	100	
义务教育巩固率/%	98	99	99	
转移就业贫困人口数量/人	90	95	110	
农民人均可支配收入增速/%	11	15	18	
村民小组公路通畅率/%	60	88	100	
村民小组通宽带比例/%	80	90	100	
森林覆盖率/%	58	59	60	
村级集体经济年收入/万元	2	3	5	

19.3.2 群众生产生活条件进一步改善

群众住房得到改善。提档升级市级扶贫搬迁示范点望岭村桂花园安置点,对整体进行美化靓化,配套安装文体运动设施。完成移民搬迁 88 户,兑现搬迁资金 208 万元。实施 C、D 级危房改造 43 户,兑现资金 15.5 万元。通过一系列举措,群众住房得到了保障,极大地改善了群众居住条件。群众出行更加便捷。实现了村民小组通畅 100%,通达率 100%,群众出行更加方便。人畜饮水安全得到全面改善。

19.3.3　农户增收途径进一步拓宽

引进望岭村的老知青张庆陆回乡创业,投入 1 000 万元成立了重庆市望十岭农业专业合作社;建成了一个年产 1 200 吨高淀粉红苕加工厂,年出栏 2 000 头的生猪养殖场,400 亩桑蚕基地,正在建设新建生物质燃料厂;带动当地老百姓 40 余户 120 余人就近务工就业。本村乡贤谢会川回村创业,创办了集采摘、旅游、观光于一体的三清桃产业示范园项目;现带动当地村民 30 余户 100 余人务工增收。本村党员王少友栽桑养蚕成为致富带头人,种植蚕桑 280 亩,新建大棚 2 400 平方米,建成全市一流的自动化养蚕设施,吸引了市内外 20 余个调研团队前来学习考察;带动周边农户 35 户 80 余人务工增收。引进外来企业在村开办榨菜头加工厂,带动目前当地青菜头产业发展 300 余亩,老百姓务工 100 余人。目前,全村已基本实现户户有增收门路。

19.3.4　阵地建设更好完善,为民办实事能力进一步提升

始终坚持党建引领,充分发挥基层党组织在推动乡村振兴中的战斗堡垒作用。两年来,持续开展软弱涣散党组织整顿,对村支部委员 5 名、村委委员 5 名、村民代表 38 名、小组长 8 名等人员进行了先进性教育和培训,夯实了村级班子建设;党支部由原来的后进党支部变为先进党支部。村委会硬件条件进一步提升。2016—2019 年,共投入资金 80 万元对村委活动室基础设施条件进行了改造,改善了办公环境,基本实现了智能化现代化办公。

19.3.5　精神面貌焕然一新

两年来,通过召开党员会、支部会、党小组会、群众代表会、返乡农民座谈会、院坝会等多种形式,围绕乡村振兴,深入开展乡村振兴大讨论、大宣传、大发动,充分激发群众内生动力,实现"变要我干为我要干""变被动干为主动干",推动基层干群从观念上、思路上、方法上实现"三个"转变,形成推动乡村振兴的强大合力。老百姓"家乡情结"得到有效激发,能积极主动参与到乡村建设中来。人居环境进一步改善,基础设施、公共服务、道路硬化、污水治理等提档升级,以及厕所革命、危房改造、旧房整治等,基本实现村容村貌干净整洁。村民素质得到进一步提高。通过反复的引导,村民卫生习惯、卫生意识得到改观,也进一步建立完善了管护运营机制。

19.4　目前还存在的主要问题

19.4.1　产业势头良好但惠农不够有效

全村产业达到 3 780 亩,粮经比达到 1∶9,农业产业规模得到了提升。但就目前的发展

情况来看,在质量、效益上还有较大差距。就主导产业蚕桑而言,大部分基地和项目是由企业主体经营,农民仅以土地流转方式参与,基本只能享受到土地流转和劳务两部分收入,未能充分享有土地增值红利,且前两年经营主体收益仅能持平,无更大利润空间;部分产业还面临亏损的风险。农村"三变"改革尚未取得实质进展,集体经济刚刚起步,农户与产业发展利益联结不够紧密。

19.4.2　发展经营主体缺乏

全村劳动力1 360个,常年外出务工劳动力1 050个,劳动力外出比例高达77%,劳动力的大量外流,造成农村建设存在较大困难。加之部分老百姓仍存在依赖思想,存在"上热下冷"现象。村内各类人才匮乏,农民整体文化程度低,大多数村民都无一技之长,缺乏"领头雁",整体效能不够高。

19.4.3　文化特征不够明显

在大力培育和践行社会主义核心价值观,积极开展移风易俗和最美家庭、星级文明户和新乡贤评选等活动中,虽都有开展,但取得效果不明显;部分群众的孝老文化、家风家训、文化素质等有待进一步提高。特色文化"名片"尚未形成,放大效应不突出。

19.4.4　环境明显改善但保持不够理想

两年来强力推进基础设施建设,大力实施农村旧房改造、厕所革命、环境综合整治等工程,农村生活污水、垃圾治理覆盖面达90%以上,村容村貌明显改善。但部分群众还未养成良好的生活习惯,特别是在垃圾处理、污水排放、室内卫生等方面还有较大差距,农村环境"户外好、户内差"现象较为突出,污水处理设施运行维护、乡村保洁常态化机制有待进一步健全。

19.5　对望岭村下一步乡村振兴的工作思考

19.5.1　做好"加减乘除"

"加":就是加快推进资金、人才、技术三下乡,加快补齐基础设施短板,加快推动农业产业增量提质和接二连三融合发展。"减":就是减去"城市味",守住"乡土味",减少土地承载人口数量,有序推进农民工进城转移,提升发展容量。"乘":就是强化发展动力支撑,深化农村"三变"改革,盘活"人、地、钱"等要素资源,抓好农村电子商务和智慧农业发展,提高科技水平和发展效率,推动农村经济"成倍数"增长。"除":就是除去不和谐因素,常态化开展"三清一改"行动,全面整治农村人居环境,除陋习、弃陈规。

19.5.2　延伸产业链条

重点围绕将三清桃、脆红李打造成村内"地标性产业品牌"的思路,扩大产业规模,探索发展庭院经济,全力打造"花果山"的农业景观。推进农业绿色化品牌化发展,按照"专业合作社+产业+市场"和"产业+体验+观光+电商"等模式,推进水果产业提档升级,精细培育"吃、住、行、游、购、娱"等旅游业态,推动"拍照走人式"旅游向"卖产品""卖风景""卖文化""卖体验"转变。加快推进旅游环线公路建设,打造精品旅游环线。

19.5.3　人居环境整治常态化

按照"小组团、微田园、生态化、有特色"的思路,加快建设更加生态宜居的人居环境,打造望得见山、看得见水、记得住乡愁的美丽家园。常态化开展"三清一改"村庄清洁行动,优化完善基础设施,集中打造 2~3 个农村人居环境整治示范大院。积极发展花卉、盆景、藤蔓植物等庭院经济,打造绿色"网红村庄",立足特色保护,完成对部分百年四合院的保护与改造,充分彰显土家建筑的特色。

19.5.4　强化人才保障

强化党建引领,持续推进"网格+""产业+"和联合党支部等机制创新;每年培训村级干部 2 次以上,每村培养储备后备干部 3~5 名、发展农村青年党员 1 名以上;加快发展返乡创业青年队伍。从资金、技术、信息等方面加大力度支持党员创办领办致富项目、农民合作社、农村电商等,积极培养一批党员致富能手。积极发展集体经济,力促集体经济经营性收入较上年度增加 10% 以上。加大新型职业农民培育力度,每村培育 30 人以上,每年组织农民外出考察学习 100 人次以上。积极探索"党建+人才+N"(产业、技术、文化、生态、市场、集体经济、乡村治理、服务等)助力乡村振兴创新模式,力争组织、人才振兴取得突破性成果。

19.5.5　深化机制创新

创新乡村治理机制。充分借鉴贵州塘约经验,强化党建引领作用,积极探索村民自治、法治、德治相结合的乡村治理机制。创新推进"三变"改革。探索建立"集体经济组织+企业、合作社、家庭农场、大户"等多种模式,推动集体、农户、经营主体利益深度联结。创新"五大振兴"推进机制。坚持问题导向,抓好产业利益联结机制、集体经济发展等创新项目。

19.5.6　巩固深化脱贫攻坚成果

把防止返贫摆在更加重要的位置,探索开展"临界非贫困户"精准帮扶工作,推进基础设施建设和基本公共服务均等化,积极探索脱贫攻坚与乡村振兴战略无缝对接、融合发展的有效路子,确保贫困群众脱真贫、真脱贫、不返贫。

理论评述：顺序也是规律

毛泽东同志说过，饭要一口一口地吃。如果违背了，就会噎着！世界上做任何事情，都有一个弄清它们之间关系后，确定做事的先后顺序的阶段。事情越复杂，先后顺序头绪越多，有时是若干先后顺序同时进行，时而相对独立操作、时而相交或相连或相续。许多事情没有做好、或半途而废、或功倍事半，常常是做事顺序出了问题。

乡村振兴，也是横向、纵向关系十分复杂的存在和过程，努力弄清关系、顺序也是十分重要的事情。

重庆市黔江区望岭村在乡村振兴中至少在探索横向、纵向关系与顺序有两个方面的经验值得关注。

如何处理乡村振兴与脱贫攻坚的关系。我们介绍了云南省贡山县"脱贫攻坚就是乡村振兴"的认识与做法，这是符合贡山县实际的。但是，脱贫攻坚与乡村振兴的关系、连接、顺序也是因地、因时而异的。比如，望岭村贫困户高于全国水平、低于重庆市水平，望岭村又地处黔江城区之郊，综合以上因素，望岭村既没有跳过脱贫攻坚阶段，与乡村振兴搞"硬连接"，也不像贡山县那样用相当长时间脱贫攻坚，而把乡村振兴当作"扫尾"，这实际上是搞脱贫攻坚的"决战"，这就像毛泽东同志当年在中国人民解放军对国民党反动军队并无绝对优势的条件下，及时组织"三大战役"战略决战，从而加快中国革命进程一样。共产党战争年代的经验，在经济建设中同样可以运用。

如何处理乡村振兴与过去几十年农村发展的基础关系，也是非常重要的。人们常说，今天是昨天的发展，明天又是今天的延续。乡村振兴是以中国农村几十年的发展为基础的。望岭村充分利用过去产业发展的基础，又按市场经济的要求进行了一系列创新，较快建立起了乡村振兴的产业基础。这一做法，是值得称赞与肯定的。

第20章 重庆市巫溪县双阳乡七龙村抓好脱贫攻坚,助力乡村振兴

中共中央、国务院《关于实施乡村振兴战略的意见》下发后,重庆市巫溪县委、县政府积极作为,配套制定了一系列推进落实措施。重庆市巫溪县双阳乡七龙村党支部抓党建、助推脱贫攻坚,以"四改一平一治"为切入点,加强农村环境综合整治,改善人居环境,提高群众生活质量,有力推动了双阳乡七龙村以"四改一平一治"、脱贫攻坚为主要内容的乡村振兴阶段性的战役。

现对重庆市巫溪县双阳乡七龙村以"四改一平一治"、脱贫攻坚为主要内容的乡村振兴阶段性的情况做一些介绍。

20.1 全村基本情况

七龙村地处巫溪县东部,距巫溪县城40千米,距双阳乡政府驻地6千米,辖区面积21.2平方千米,海拔650～1960米;有耕地2526亩、林地27000余亩,森林覆盖率达71.1%。其中,阴条岭国家级自然保护区、大官山、兰英大峡谷旅游景点尤为显著。

七龙村辖三个村民小组,205户749人,现有建档立卡贫困户78户267人。全村有本地优质核桃3000余株,退耕还林栽植核桃3400亩,种植中药材1700余亩,种植烤烟200亩,养蜂150桶,形成了"长短"结合产业格局。

20.2 七龙村脱贫攻坚所面临的七个问题

七龙村在乡村振兴面临的"七个问题",归纳起来属于基础设施、发展环境、产业瓶颈问

题。第一至三条,属于基础设施方面的问题。基础设施上不了台阶,像修房子一样,产业发展就缺乏基础。第四至六条,属于发展环境方面的问题,表面上是文化(教育、医疗、文化服务)问题,实际是产业发展中人的观念与素质问题。文化问题不改善,村民在产业发展中就因思想不解放而视野不开阔、办法不多、新产业新技术嵌入也困难重重。最后在发展方面陷入产品销售难与产业发展难的恶性循环。

20.2.1　交通

地理位置偏远、对外联系不便,乡村基础设施条件、公共服务状况较差,村级公路建设程度较低,路面较窄,村社道路以碎石和土路为主,路况差,群众出行便捷难问题普遍存在。

20.2.2　水源

村民用水全靠小水井,水资源安全问题亟须改善。

20.2.3　住房

不少地区还存在20世纪70—80年代修建的土木、石木结构的房屋,存在大量的危旧房,群众的住房条件得不到及时的改善。

20.2.4　文化教育

双阳乡有1所中心小学,无村级小学,基本上可以满足本乡教育教学工作的需要,但随着教育教学水平的不断提升,教育资源又显得不足,教学条件和水平不高。

20.2.5　医疗建设

七龙村无村级卫生室,即使个别村有卫生室,但基础设施落后、医疗条件差,不能为群众提供优质的医疗服务。

20.2.6　文化服务

乡文化站、村级农家书屋虽然提供了一定的文化资源,但因缺乏文化活动场所和健身器材,不能很好满足人民群众日益增长的美好文化生活需要。

20.2.7　产品销售

对外联系不便,村民所生产的大量中药材滞销。

20.3　七龙村脱贫攻坚所采取的三个措施

乡村振兴从基础设施、公共服务的"补短板"中切入,逐步向产业发展延伸是七龙村在乡村振兴中的基本做法。

20.3.1　抓基础设施建设,为脱贫攻坚和乡村振兴奠定坚实基础

脱贫攻坚和乡村振兴,都需要以基础设施的建设为基础。通过 10 多年以"村村通"为代表的基础设施建设,农村基础设施已经有很大变化。重庆市巫溪县双阳乡这样的边远山区,农村基础设施欠账主要表现为"四改一平一治"。即"改厨、改厕、改电、改铺、平地坪、治污染"。七龙村党支部根据群众需求,以"改厨、改厕、改电、改铺、平地坪、治污染"的"四改一平一治"为抓手,采取"帮扶单位+农村支部""党员+群众""帮扶责任人+贫困户"三方联创机制,对全村 78 户贫困户、169 户非贫困户的居住环境进行集中改造,联创农村宜居环境,变过去"慰问式帮扶"为"目标任务式帮扶",让改善贫困户生活居住条件成为打赢脱贫攻坚战的重要基础。在乡党委的坚强领导、林业帮扶集团的大力支持、同驻村工作队的带领下,双阳乡七龙村村民紧紧抓住脱贫攻坚的时代发展机遇,坚持村干部的领导,积极投身于乡村基础设施建设,助力打赢脱贫攻坚战。于是,七龙村党支部从五大方面对乡村基础设施进行了合理改善。

1)交通

所谓"要想富、先修路",村支部按照这一思路对七龙村进行了公路交通条件改善。2018年为改善公路条件,召开村民会议 12 次,联系地质专家勘察地形地质 3 次;目前,已新建公路 3 条 12 千米,硬化村道路 4 条 8.9 千米,村道路护栏已实现全面建设 5.3 千米,加固公路 3.6 千米,硬化人行便道 13.6 千米,村级公路全面通畅,成功解决村民出行便捷难问题。2019 年已实施拓展公路 4.8 千米,目前正在接通与大九湖之间、巫溪与神农架的道路,正在进行大官山至县城的道路环线升级。

2)水利

新修大型储水池 4 个,以燕坪"小九寨沟"高山水源为依托,供水水管全部换新,总长约9.8 千米,村民安全饮水问题全面解决。

3)电力

2018 年年底前全面完成全村的农网升级改造,实现户户生产生活用电有保障,到目前为止全村电网全覆盖,205 户村民户户安装"漏电保",村民通电安全问题得到保障。

4)通信

在 4 G 基础上,新建通信基站 3 个,推进 4 G 网络乡村全覆盖;205 户村民按照自愿的原则安装无线网络,现已安装 179 户;村村通卫星接收器全面升级,户户实现通信便利。

5)环境整治

全面贯彻"改厨、改厕、改电、改铺、平地坪、治污染"的"四改一平一治"政策,加强环境

整治。对 205 户居民厨房、房屋全面升级,积极引导农户进行农村无害化卫生户厕所建设和改造,到目前为止,已有 108 户无害化卫生户厕所建设改造完成,剩余 97 户厕改正在有序推进;205 户村民地坝全面实现水泥覆盖;对乡村危房进行全方位整治;对居民房屋外表进行刷漆,形成了独具特色的文化氛围。

20.3.2 加强美丽乡村建设,为乡村振兴奠定社会人文基础

公共服务体系建设是乡村振兴的有力保证、社会人文基础。七龙村以社会主义核心价值观为引领,以乡风文明为核心,积极加强乡村公共文化体系建设,使广大村民既能"富口袋",也能"强魂魄"。

1)持续推进美丽乡村建设,打造宜居宜业的乡村人居环境

不断贯彻"四改一平一治"政策,加强乡村环境整治,对乡村基础设施维修 3 次,新建 90 平方米标准化村卫生室 1 个,重建 200 平方米乡村文化活动广场 1 个,新建 50 平方米村级图书馆 1 个,不断完善文化活动、图书阅览、就医等服务职能。进一步完善村规民约,加强移风易俗工作,推进喜事新办、丧事简办,积极倡导村民树立文明新风。注重挖掘、传承和开发传统文化、民俗风情、民间艺术、居民文化等非物质文化遗产,不断增强村庄建设的文化内涵和品质。让七龙村成为农民既熟悉又新奇,看得见青山、望得见绿水、延得了文脉、留得住乡愁的宜人居所。

2)紧抓群众自治

继续贯彻"四议两公开"制度,落实村级义务监督员制度,由群众集体决定美丽乡村建设新格局、新方向,并对各项工作实行常态化监督,召开民意恳谈会 4 场,征集意见建议 20 余条。

20.3.3 产业发展走"先有—特色—比较优势产业"路子

村党支部坚持一切从实际出发、实事求是原则,发挥村民首创精神,围绕"烟、药、果、蜂"解决"产业有无问题"。

1)发展中药材和烤烟

近三年七龙村每年打造药材示范村,以奖代补引导农户转变旧思想,减少"三大坨"面积,引导村民多发展经济作物。村委会通过村民示范引导,由原来的 10 亩发展到 20 余亩。中药材发展的品种主要有云木香、党参、苍术等。2017 年约收 25 吨,2018 年约收 30 吨,2019 年估计产量可以达到 50 吨。

2)发展核桃种植

七龙村把核桃产业建设作为经济发展的一个突破口,在原有核桃面积约 40 亩的基础

上,2016 年扩大种植面积 26 亩。其中定植嫁接核桃苗 10 亩,合格面积达 16 亩,成活率达 80%。通过乡村文化活动,以颁奖形式给发展核桃种植走在前面的村民鼓励,有效推动了核桃产业的持续发展。2017 年以来,三年累计扩大核桃种植面积约 100 亩,其中嫁接核桃幼苗约 54 亩。村民胡自保根据自身实际情况 2018 年嫁接核桃幼苗 10 亩,成为七龙村为数不多的核桃大户。2018 年,村党支部组织相关技术人员下乡,指导村民如何培育管理核桃发展。在技术人员的指导下,以胡自保为首的七龙村村民核桃管理技术不断改善,核桃易发病症黑斑病、炭疽病等与病虫核桃举肢蛾灾害易发率大幅下降。2018 年,胡自保等依靠核桃人均收入突破 5 000 元,顺利实现脱贫摘帽。

3)发展养蜂

七龙村养蜂历史悠久、基础扎实、具有发展潜力。2016—2017 年,七龙村党支部对全村养蜂业进行了全面调查和养蜂户摸底:全村约养蜜蜂 100 余群。蜜源好的年份每群蜂(桶)可产蜜 15 斤左右,全村蜜蜂全年产蜜约 600 斤。近年,由于交通等基础设施不断完善,七龙村的养蜂业与乡村旅游业的结合,加之蜂蜜纯正、市场条件好,经济效益显著,农民的养蜂积极性也不断提高,养蜂农户不断增加,规模不断扩大。村民杨自富的蜂蜜产量高、蜜蜂群质量高,2018 年杨自富不断扩大蜜蜂养殖规模,年底成功饲养蜂群 20 余群,蜂蜜年收入达 4 500 元,成为七农村"蜜蜂达人"。

4)发展乡村旅游

七龙村党支部从实际出发,依靠七龙村特有的旅游文化资源,白草坝大草原、巫溪瞭望台、燕坪"小九寨沟"、官山大美景、阴条岭自然保护区等,积极引导发展相关旅游项目、开设高山农家乐,支持将中药材销售、乡村特产与旅游业发展相结合,鼓励种植高山绿色蔬菜,逐渐形成了一条可持续乡村绿色发展之路。

20.4　七龙村脱贫攻坚主要成效

20.4.1　基础设施不断完善,居民生活条件全面改善

七龙村全面实现公路水泥覆盖,村级公路全面通畅,成功解决村民出行便捷难问题;住房条件不断改善,实现了房屋砖瓦全覆盖,形成了各具特色的"乡村小洋房"村落;安全饮水问题全面解决,实现乡村水管全覆盖;乡村教育基础设施不断完善,教学条件、师资力量、教育水平不断提高;公共服务体系建设不断完善,美丽乡村逐渐建成。

20.4.2　乡村旅游业逐渐崛起,居民致富途径进一步拓展

村民积极将农产品销售与乡村旅游发展相结合,形成了可持续发展局面。自 2018 年以来,村

民抓住机遇,旅游业收入从人均收入个位数提升到人均收入三位数,致富途径进一步拓展。

20.4.3　脱贫攻坚加强了全面建成小康社会进程

通过实施大扶贫行动,加速了七龙村全面小康创建进程,提升了其创建质量。居民收入不断提高,居民幸福感、满足感不断增强。

20.5　七龙村还要为乡村振兴战略继续做诸多准备工作

作为重庆市地处大巴山深处的巫溪县双阳乡七龙村,近年来的脱贫攻坚取得了阶段性显著成效,主要表现为基础设施从水、电、路向农村人居环境延伸,村庄公共服务设施按现代化标准有了长足进步,产业也从自生自灭到面向市场发展出适宜本地的特色产业。但是,要形成有特色、更有市场竞争力的品质、规模、品牌产业,从而具有"比较优势",足以支持"乡村振兴"还任重道远,还要做诸多准备工作。主要反映以下四个矛盾:

(1)乡村中"人"的问题突出。农村劳动力人均知识教育水平低,农村居民人口老龄化程度度深,"三农"带头人数量少、能力更显不足。乡村振兴归根到底还是要使农业成为吸引数量多、质量高的人才地方。七龙村并未成为外来人才关注之地、域外资本也没有将七龙村作为投资的地方。

(2)基础设施的"连通"功能离"达标"差距还很大。七龙村的乡村基础设施建设虽然不断在完善,但是,距离万州、达州、重庆都有几百千米之远,基础设施的"连通"功能离"达标"差距甚大。

(3)七龙村的农产品还像一群在家门前叽叽喳喳的小麻雀。七龙村的乡村特产居多,但是,离标准化生产、市场化营销差距还较大。

(4)乡村一、二、三产业融合发展深度不够,农业供给质量和效益亟待提高。现代化农业,是若干纵向运用科技成果的产业集群。传统农业低效率的原因在于纯搞生产,将价值增值空间广阔的第二产业深加工、价值增长潜力最大的电子服务业都拱手出让。乡村振兴,从一定角度看,是乡村一、二、三产业融合发展。

理论评述:比较优势在中国西南地区千呼万唤不出来————————————

乡村振兴某种意义上是同中国农村千百年的贫穷落后作决战。但是,毛泽东同志说过,决战是根本上改变力量的行动。因此,决战是有若干条件与时机的,条件不具备就不能贸然进行决战。

重庆巫溪县双阳乡七龙村的事例告诉我们,在中国实施乡村振兴,可能存在若干理论上没有想到的若干过渡形态、阶段。

重庆巫溪县双阳乡七龙村寻找为乡村振兴作基础性工作的切入点、延伸带都较好,产业建构也能从实际出发,先解决"有没有"的问题,再解决市场竞争中"强不强"的问题。若干适宜本地种植、养殖的产业,如核桃、养蜂、旅游,有特色应该不假,但是,能不能在市场竞争中作成优质品牌,不好现在贸然下结论,要市场说了才算。要把本地农产品推到市场中去检验,像战斗英雄只有上战场才能产生一样,先解决"有没有"的问题,再解决市场竞争中"强不强"的问题。

比较优势在中国西南地区千呼万唤不出来,在中国西南地区农村可能是一个比较普遍现象。因为,中国西南地区受自然经济、高山峡谷限制,长期农产品需求在家庭、至多在十里八乡小市场,没有经历区域、国内、国际市场血与火的洗礼,像小河里的舢舨,真说不清楚在大江大河中能生存多少? 成长多少? 马克思说,一个行动,比一打纲领重要。七龙村的做法是:先干起来!

第21章 攀枝花福田镇在乡村振兴中,使芒果产业跃上了"规模收益"的台阶

乡村振兴的基础、成败,关键在产业。大多数农村地方乡村振兴发展的产业,可能要来自有历史基础、具有一定比较优势、有潜在优势的传统产品。怎样把有历史、有基础、有潜在优势的传统产品,培育成为可以支撑乡村振兴的产业?"规模收益"可能是乡村振兴中发展产业值得关注的事情。因为,经济学的"生产者行为分析"理论告诉我们,生产者行为"长期生产函数"必须落实在"规模收益"上。如果不能跃上"规模收益"的台阶,"利润最大化"的企业目标根本不可能实现。四川省攀枝花市福田镇在具有种植传统的芒果产品,通过"规模效益",使芒果产业成为可以支撑乡村振兴的产业方面作了有益的探索。

21.1 从市场需求角度看,中国芒果产业前景看好

据湖南中医药大学第一附属医院范洪桥研究,芒果有 11 种功效。其中,胡萝素的抗白内障、维 C 的降血脂、芒果氘的抗氧化即抗衰老功能特别引人注目。

芒果的发展前景如何?必须从市场需求与供应关系角度来分析。从供应与需求关系上看,芒果产业还总体处于需求上升、需求潜力大有挖掘空间的状况。全世界 100 多个国家可以成为芒果进口国,全世界目前芒果生产国只有 10 个。21 世纪以来,随着世界经济增长的提高,芒果出口也呈上升态势。芒果出口量,从 1995 年的 33.6 万吨增长为 2003 年的 92 万

吨。芒果的成本与收益之间的比较收益也属于高效益,有专家计算过,收益为 1 000 ~ 5 000 元/吨。所以,芒果被称"热带水果之王",芒果产业因此充满了诱人的前景。

中国芒果生产的地位在全世界排名第二。以下是 2014 年中国各产区芒果产业的生产布局。

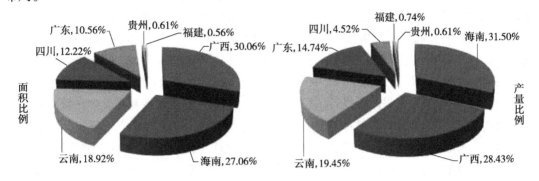

地　区	广西	海南	云南	四川	广东	贵州	福建	全国
面积/万亩	78.07	70.29	49.15	31.74	27.43	1.59	1.46	259.73
产量/万吨	40.84	45.25	27.94	6.50	21.18	1.07	0.88	143.66

注:广西的面积超过海南位居第一,海南的产量第一。

从图中可以得出这样的结论:中国芒果从空间布局来看,存在供应少、而需求空间广阔的基本特点。中国农业完全可以抓住芒果产业仍处于需求上升、需求潜力大有挖掘空间的状况,把芒果产业培育为乡村振兴的重要"产业抓手"仍然是前景可期的"选项"。

"淮南橘子,而淮北枳实"的典故,说明了"特色农产品择产地"。芒果对产地也有似乎苛刻的要求。主要表现在以下四个方面。

(1)温度条件。芒果性喜温暖,不耐寒霜。世界芒果生产区年均温在 20 ℃以上,最低月均温大于 15 ℃,几乎全年无霜的地区为多。

(2)光照条件。芒果为喜光果树,充足的光照可促进花芽分化、开花坐果和提高果实品质,改善外观。

(3)水分条件。芒果在年雨量 700 ~ 2 000 mm 的地区生长良好,因为,花期和结果初期如空气过分干燥,易引起落花落果。

(4)土壤条件。芒果对土壤的要求宜选择土层深厚。地下水位低,有机质丰富,排水良好,pH 值为 5.5 ~ 7.5 的壤土或砂质壤土为宜。

中国 31 个省区中,只有两广、海南、云贵、四川唯有攀枝花 5 省区符合这条件。在攀枝花市发展芒果产业,也有独特的三个条件。

一是自然条件适合发展芒果产业。攀枝花地处北纬 26°,地处西南内陆地区,属于南亚热带干热河谷气候,具有"南方热量,北方光照"的优越条件,地貌类型复杂多样,以山地为主。这样的海拔与地势利于芒果吸收光热,山地种植的通风透光条件好,利于传粉坐果。种植出的芒果具有甜大鲜的特点。攀枝花芒果花期无梅雨,果期无台风。由于光照强,热量足,相对干旱,有利于芒果生长、开花、结果,果型美,外观漂亮;昼夜温差大,有利于果实中淀粉的积累和糖分的转化,可溶性固形物含量高、口感好,品质上乘。

二是攀枝花市有90多年种植芒果的历史。从20世纪30年代开始有芒果种植,多以实生种植,零星分布。1968年8月,毛泽东同志收到了外国朋友赠送的一篮子热带水果——芒果,随后毛泽东同志将此贵重礼物赠送给了工人阶级,其中包括攀枝花市(原渡口市)于1968年10月23日收到了此珍贵礼物——芒果,攀枝花市举行了浓重的迎接仪式,并在全市范围内进行芒果展示,自此,攀枝花市开始大规模发展芒果种植。到20世纪70年代末,农户自发从东南亚和两广引进芒果进行种植。1980—1997年,攀枝花市开始芒果品种筛选工作,并大量引进吕宋等芒果品种进行试种。1995年,原中国热带农业科学院院长黄宗道一行专门到攀枝花市开展调研,并参加了品种品鉴会,最终确定了乳芒、红象牙等3个适合攀枝花种植的芒果品种在盐边县、米易县、仁和区进行品种试验,逐渐成片种植。1997年开始,攀枝花先后从海南引进了凯特、肯特、吉禄、爱文等8个芒果新品种进行试验、示范,并开展专项芒果栽培管理技术培训。2001年,在试验成功的基础上,攀枝花市开始大面积推广凯特、吉禄为主的中晚熟芒果。

三是攀枝花的芒果已经成为驰名全国的农产品。2005年12月,攀枝花市的凯特、海顿、爱文芒果产品在第二届四川·中国西部国际农业博览会上获得金奖。2010年3月25日,农业部批准对"攀枝花芒果"实施农产品地理标志登记保护。攀枝花芒果农产品地理标志地域保护范围包括攀枝花市区部分乡镇,还包括下属米易县、盐边县部分乡镇。共计有27个乡(镇)入围"攀枝花芒果"。它们是:大龙潭乡、总发乡、前进镇、金江镇、布德镇、中坝乡、同德镇、福田镇、务本乡、仁和镇;攀莲镇、丙谷镇、撒莲镇、草场乡、得石镇、白马镇、新山乡、哑口镇;桐子林镇、红格镇、益民乡、新九乡、永兴镇、渔门镇、国胜乡;银江镇及格里坪。

在乡村振兴中,攀枝花市利用这一得天独厚的优势,把发展芒果产业作为乡村振兴战略的重要内容与抓手。

21.2 福田镇构建芒果产业规模所需要的自然、社会两个前提条件

乡村振兴中的产业,绝大多数属于农业范围或要以农业支撑。这些属于农业范围或要以农业支撑的产业,都需要有自然、社会两个前提条件。自然前提条件是土地资源,社会资源则是发展产业所需要的社会前提条件。福田镇在发展芒果产业中,解决自然、社会前提条件也有自己"招数"。

第一,开垦荒山发展芒果产业所需要的自然或土地前提条件。截至2019年福田镇开垦荒山已达3万亩;福田镇拥有宜农荒山53平方千米,所以,福田镇发展芒果产业的这种不在山争地,开荒山为芒果园的做法,以后还有广阔的发展空间。因此,受到了各级肯定。2017年3月20日,扶贫办有关领导在片中福田镇印子山上,鸟瞰漫山遍野的芒果树时感叹说:

"'福田模式'在这如此贫瘠的荒山上就能做出产业,太震撼了! 照这样,全国没有一个地方不能脱贫致富!"

第二,"社会合力"是发展芒果产业所需要社会条件的路径。恩格斯在致约·布洛赫的信中说,社会发展要依赖于社会合力。是"主管部门+科研单位+地方政府"共同推进的"科研团队+示范户+对子户+普通农户"的科技"精、准、快"脱贫成果转化新模式,综合考虑了社会规律、生物生命规律和人文心理规律,整合了行政、科技、生产资料、劳动力、新闻媒介等多种资源,有效破解了攀枝花市建市以来在少数民族地区和贫困山区农业科技成果转化难的难题。2013 年以后,攀枝花市农林科学研究院主动联合攀枝花市民族宗教事务委员会、攀枝花市仁和区福田镇,在仁和区福田镇"无水、无路、无收益"的乱石黄山坡上进行实践,成功共建了"优质芒果科技成果转化示范基地"2.8 万亩。

21.3　福田镇发展芒果产业跃上"规模收益"台阶的具体做法

农村发展有市场竞争力与前景的产业,是一项纵向历史、横向"多方面"都存在联系的系统工程。所以,必须有一套"操作性很强"的具体做法,才能发挥优势、克服发展的困难。福田镇发展芒果产业跃上"规模收益"台阶的规划为引领的具体做法主要有以下三项。

21.3.1　规划牵头,"规划—项目—资金"良性循环地整合各方优势资源

市农林科学院负责组建专家团队,精确编制福田镇产业发展规划、发展方案、年度计划、月度内容,研究制定的解决方案全面详细到每个示范户的每个问题;组织专人责任各团队协同工作、对各方联络和新闻报道等,派专家团队适时向基地无偿提供新品种、新技术、新农资,开展研究新成果的展示、推广和应用,随时抽检示范户、对子户和其他果农对专家安排的任务落实情况。

通过整合行政资源、科技资源、劳动群众资源、生产资料资源和宣传媒介等资源,形成了以农业产业为载体,以科技脱贫项目为依托,以贫困地区人群为服务对象的有机整体。切入点是福田镇政府负责基地基础设施的建设,为到基地开展工作的专家提供服务;组织、宣传、发动农户参加专家每月的技术培训和田间现场技术指导;组织安排联络人员随时向市农林科学院、市民宗委反馈基地农户种植情况,并向果农传达专家意见。

6 年来,通过整合"捆绑"各种支农资金,为福田镇发展芒果产业提供了有保障的资金来源。市民宗委累计向福田镇提供"两项资金"368 万元,支持示范基地内水、电、路等基础设施建设;向市农林院投入培训、农资示范等费用 60 万元。市农林科学院累计派出科技人员 532 人次,深入基地开展成果转化示范推广工作。累计开展培训 188 期,培训芒果种植户 13 329 人次,示范推广芒果种植科技成果 30 余项,发放技术资料 31 200 余册、农资 106 万元。福田镇政府围绕基地建设,做好各项服务配套,修路近 50 千米,架设管道 5 万余米,修建水池近 1 万立方米。

21.3.2　依托科学管理体系,发挥专家作用

自实施项目以后,建设三方逐步建立形成了"专家—示范户—对子户—普通农户"科技精准脱贫管理体系。执行首席专家统一主管技术,团队专家分户(示范户)分片管理(1 名专家负责 5 000 亩以上,3~7 年不变专家),采取"专家—示范户—对子户—普通农户"捆绑考核与动态管理办法,实现了科技专业人才与农业贫困户的紧密结合。

福田镇芒果基地分为四个片区,各片区均以负责专家姓名命名,片区成效是专家考核的重要指标,确保了专家积极性、责任感、成就感相统一。根据种植规模、经济能力、文化水平、思想意愿等情况,专家团队先筛选出一批示范户,每位专家固定联系数名示范户进行帮扶。示范户根据实际情况,选择数名对子户固定结对帮扶。示范户和对子户全面纳入考核范围,建立能进能出的动态考核机制,通过评优评先,让果农看到致富希望,调动果农的积极性。由三方共同组建联络协调团队、专家技术团队和绩效反馈团队。联络协调团队负责每次培训班筹备、开班、考核、服务等工作。技术团队负责每月集中培训和现场操作指导,并根据反馈情况调整改进培训内容和方式。绩效反馈团队负责检查、监督、跟踪、反馈果农落实执行专家技术等情况。

21.3.3　抓住关键,开展针对性技术培训

福田镇农户熊光诚的芒果树挂果率特别低,总有大量的芒果树到了时候既不开花,也不结果。为尽快提升示范户的芒果种植水平,农科院针对这类专业性、技术性很强的问题,组建了专家团队,首席专家统一负责技术,团队专家分户示范户进行技术培训。培训方式主要有以下三种:

一是开展田间课堂培训。初期,组织联络团队充分考虑贫困山区和少数民族地区农户文化低、观念落后,还有不少人不能用汉语进行正常交流的情况,通过借助行政赋予的权利,每月按片区强力动员、组织全部果农就近参加"果园课堂"现场培训指导。授课专业以果园为课堂,每月只讲当月农时内容,着重讲授实际操作技巧,重点打造示范户果园内的样板,当场指导并教会果农相关操作技巧,从而改变过去照本宣科式的授课方式,果农学习几乎没有障碍。

二是培养"土专家"和"田秀才"。市农林科学院专家首先将示范户作为基地自有人才的重点培养对象,针对示范户果园进行田间指导、技术咨询、理论培训、成果示范,让示范户首先了解掌握芒果管理技术,并应用于自己的果园,切实提高示范户农业实用技术的操作能力。专家团队在培训指导中,逐步采取示范户主讲,专家现场点评和补充的方式,逐步培养示范户的综合技能,提升示范户对对子户的培养与技术指导能力。

三是"专家—示范户—对子户"的运行模式。果农从被动接受技术转化为主动学习和传播技术,成为专家二传手,为后期专家团队的退出创造了较好的条件。到 2018 年,基地的 46 户示范户都成为专家的二传手,每月科技培训期间,示范户都在老师的陪同和指导下为果农讲课,担当了各片区专家的部分工作,对提高对子户和整个基地技术水平,改变思想观念发挥了重要作用。

21.4　福田镇的芒果产业跃上"规模收益"台阶已经取得的主要成绩

福田镇通过上述的努力,使传统的芒果产品飞跃上了"规模收益"台阶。这个成果有什么普遍意义? 农村发展产业得跃上"规模收益"台阶。不管是一个产品或几个产品支撑乡村振兴的产业,都必须跃上"规模台阶"这个"坎"。如果这个"坎"过不了,什么比较优势、什么市场竞争力统统都谈不上了!

根据演化经济学的观点,发展是一个"累积—演化"的过程。老子也说,不积跬步,无以至千里。说福田镇的芒果产业跃上了"规模收益"台阶,主要是为以后的发展"累积—演化"的过程奠定了坚实的基础。

福田镇的芒果产业跃上了"规模收益"台阶目前已经取得的四个方面的具体成绩主要数据证明如下。

第一,攀枝花芒果被农业农村部评为"部级农产品地理标志登记保护"。人民群众和政府的共同努力,福田镇已经被农业农村部批准对"攀枝花芒果"实施农产品地理标志登记保护的重点镇之一。

第二,种植面积不断扩大。全镇芒果种植面积也由 2013 年的 0.4 万亩发展到现在的 2.8 万余亩,全镇芒果种植收入 3 万元以上果农由 2013 年的 9 户发展到 2015 年的 50 户。芒果挂果数由 2014 年的 60 万个增加到 2017 年的 320 万个,2017 年福田镇芒果总产量 394.3 万斤,增加 433.33%。

第三,芒果产值产量不断上升。总产值由 2013 年的 19.3 万元增加到 2017 年的 111.1 万元,增加 476.35%;亩产值由 2013 年的 1 634.1 元增加到 2017 年的 6 350.4 元,增加 288.6%。全镇芒果产量由 2013 年的 60.3 万斤增加到 2017 年的 168.5 万斤,增加 179.2%,总产值由 2013 年的 140.8 万元增加到 2017 年的 484.6 万元,增加 244.15%;实现总产值 965.26 万元,仅芒果一项,该镇人均比 2013 年增收 1 084 元。

第四,以"示范户"为主体的基地建设稳步发展。福田镇芒果基地 29 户示范户的芒果总产量由 2013 年的 8.6 万斤增加到 2017 年的 45.7 万斤,增加 431.33%。

后 记

这本目前还少有的专门研究西南地区乡村振兴的专著，经近三年的努力，终于完成。

"立足学术，服务大局。"这是现在外语外事学院历来的办学宗旨之一。正是在这个办学宗旨的鼓励、支持下，这个课题的选项、专著才能形成。

"任何结果看似都简单，经历过程才知不易"。这个成果，都是作为率先人何关银教授和学术团队集体智慧的结果。

感谢外语外事学院学术团队对本课题的选项、专著形成中的支持！

感谢中国教育集团胡剑锋博士给予了本专著形成以特殊关注、鼓励、支持！

感谢重庆外语外事学院院长陈流汀教授作序！

所以，本专著也是献给现在外语外事学院更名成功的祝贺礼物！

本书的写作提纲由何关银教授提出，并广泛征求意见后确定。有驻村第一书记、在校大学生参加本书写作，增强了本书的特色。

本书的统稿、修改由何关银教授、李继樊教授共同完成。

本书各章作者如下：何关银教授写作导论、第 1 章、第 2 章；李继樊教授写作第 3 章、第 4 章、第 5 章；胡洪林副教授写作第 6 章、第 7 章；杨茜讲师写作第 8 章、第 9 章；肖雪讲师写作第 10 章、第 11 章；毕孝儒讲师写作第 12 章；雷晓莉副教授写作第 13 章；汪世婷讲师写作第 14 章；第 15 章至第 18 章实证材料由各个所在地提供基础材料，由何关银教授整理，并经李继樊教授提出修改意见定稿；第 19 章由重庆市黔江区委党校信息科科长、讲师，驻金溪镇望岭村第一书记田富撰写；第 20 章由重庆外语外事学院 2019 级商管院国际经济与贸易 2 班胡小涛同学撰写；第 21 章由重庆人文科技学院工商学院会计 2021 级李坤芮同学撰写。各实证材料的理论由何关银教授撰写。

重庆大学出版社经管分社尚东亮、沈静同志，非常重视研究西南地区乡村振兴这本书的出版，并以他们多年编辑图书的经验和专业技能，为本书增色不少；版面设计也很有创意，突显了西南地区山区特点与世界联通的双重任务，在此一并表示感谢！